Lawrence H. Diller
ADS & Co

Lawrence H. Diller

ADS & Co

Braucht mein Kind Medikamente?

Aus dem Amerikanischen
von Petra Carstens

Walter Verlag

Titel der amerikanischen Originalausgabe
Lawrence H. Diller, Should I Medicate My Child?
© 2002 by Lawrence H. Diller
Basic Books, New York

Bibliografische Information der Deutschen Bibliothek

Die Deutsche Bibliothek verzeichnet diese Publikation in der Deutschen Nationalbibliografie; detaillierte bibliografische Daten sind im Internet über http://dnb.ddb.de abrufbar.

© der deutschen Übersetzung
2003 Patmos Verlag GmbH & Co. KG
Walter Verlag, Düsseldorf und Zürich
Alle Rechte vorbehalten.
Satz: Fanslau, Communication/EDV, Düsseldorf
Druck und Bindung: Wiener Verlag, A–Himberg
ISBN 3-530-40149-8
www.patmos.de

Für Denise, Martin
und Louie

Hinweis

Dieses Buch soll Ihnen helfen, sich zu informieren, bevor Sie Entscheidungen treffen; es ist nicht als Ersatz gedacht für die Diagnose und Behandlung von emotionalen Problemen oder Verhaltensauffälligkeiten bei Kindern durch einen Arzt oder eine andere Art medizinischer Versorgung.

Bei vielen Fallbeispielen in diesem Buch handelt es sich um eine Kombination von verschiedenen Familiengeschichten, die ich in meiner beruflichen Praxis kennen gelernt habe. Wo Individuen betroffen sind, die ich behandelt habe, habe ich Namen, Geschlecht, Familienkonstellation und Beruf geändert, um die Anonymität der Betroffenen zu gewährleisten.

Anmerkung zur deutschen Ausgabe

Eine vollständige Liste der deutschen Medikamentennamen finden Sie im Medikamentenverzeichnis S. 251 ff. dieses Buches. Im Text wurden aufgrund verschiedener Abweichungen einheitlich die amerikanischen Bezeichnungen beibehalten.

Inhalt

Danksagung. 9

Teil 1 Acht Fragen, die Sie sich stellen sollten, bevor Sie eine Medikation befürworten oder ablehnen. . . 13

1. Wägen Sie Ihre Möglichkeiten ab 14
2. Hat Ihr Kind eine Störung? 27
3. Hat Ihr Kind eine vollständige und nach ethischen Gesichtspunkten vertretbare Beurteilung erhalten? 46
4. Wenn Auszeiten keinen Erfolg haben: Versuchen Sie es einmal mit diesen Strategien für effektive Disziplin 74
5. Mrs. Bossy schlagen und Darth Vader besiegen: Können Sie das Problem externalisieren? 99
6. Wie können Lehrer und Schule helfen? 113
7. Wann ist es genug? 131
8. Wie wirken sich die Medikamente auf Ihr Kind aus? 140
9. Was ist, wenn Ihr Kind keine Pillen schlucken kann? (Und andere Fragen zum Alltag mit Psychodrogen) 177

Teil 2 Spezifische Hilfe für spezifische Probleme 195

10. Gefühlsbetont, ablenkbar, energiegeladen,
    zornig: Kinder, die sich ausagieren 196
11. Schüchtern, sensibel, ängstlich:
    Kinder, die sich in sich selbst zurückziehen. 211
12. Kinder mit Kontaktstörungen 224

Teil 3 Jenseits von Diagnosen und Medikamenten ... 241

13. Plädoyer für einen ethischen Umgang mit
    kindlichen Verhaltensproblemen 242

*Kurzes Verzeichnis der Psychopharmaka, die
Kindern am häufigsten verschrieben werden* 251

Register 269

Danksagung

Ein zweites Buch zu schreiben erinnerte mich in mancher Hinsicht an den Kauf eines zweiten Hauses: Der Vorgang war beim zweiten Mal nicht mehr ganz so rätselhaft oder furchterregend. Trotzdem habe ich von der Hilfe und den Ratschlägen vieler profitiert, denen ich an dieser Stelle danken möchte.

Auch dieses Mal haben mich die Offenheit und Unterstützung der Familien, die ich behandle, erstaunt und gefreut. Ihre Geschichten sorgten für eine Fülle an Dramatik und Details, die ich allein niemals in der Weise zu Papier gebracht hätte. Ihre Bereitschaft, anderen, die verzweifelt sind, beizustehen, zeugt von Großzügigkeit und Selbstlosigkeit, gerade wenn sie selbst auch oft großen Kummer haben.

Seit der Veröffentlichung meines ersten Buches, *Running on Ritalin*, haben mich viele Leute mit Material, Ideen und Unterstützung versorgt. Dazu gehören Jon Weil, Sabrina Morganti, Mary Jane Nunes-Temple, Sue Parry, Jack Obedzinski, William Carey, Gretchen LeFever, Julie Zito, Gretchen Feussner, Sam Goldstein, Peter Kramer, Erik Parens, Stanley Turecki, Peter Jensen, Anne Rees und Thom Hartmann. Rich Simon vom *Psychotherapy Networker* und Karen Kroft und Jennifer McSweeney von Salon.com haben gemeinsam meine Arbeit unterstützt, indem sie meine Texte regelmäßig veröffentlichen. Mein Dank gilt auch den Eltern/Lesern/Freunden, die das Manuskript kritisch durchgesehen haben: Jennifer Chinlund, Linda Detert, Cecille Gunst und Kathy Moody.

Meine frühen Diskussionen über bipolare Störungen mit Phillip Rappaport von Free Press Books führten direkt zum allgemeineren Thema Psychopharmaka für Kinder. Meine frühere Lektorin bei Bantam Books, Toni Burbank, ist die Patin des Buches.

Besonderer Dank gilt Paul Wilson, dem Vizepräsidenten von IMS America, der mir wiederholt kostenlos Verschreibungsangaben von Medikamenten gegeben hat. Seine Großzügigkeit und Aufmerksamkeit gegenüber den Problemen sind bemerkenswert, besonders im Zusammenhang mit der Pharmaindustrie.

Ganz besonders zu Dank verpflichtet bin ich Glen Elliott, Chef der Kinderabteilung des Langley-Porter Neuropsychiatric Institute der University of California – San Francisco. Zum zweiten Mal hat er eine maßgebliche Rezension über meine Bücher geschrieben. Seine Bescheidenheit und sein Humor könnten leicht über seine Sachkenntnis und Erfahrung hinwegtäuschen, die er für mich und zahllose andere Fachleute als Führer durch das unerforschte Terrain der Anwendung von Psychopharmaka im Kindesalter besitzt.

Mitglieder meiner Familie haben mich wieder einmal unterstützt und sich mit den obsessiven Ansprüchen, die mit dem Schreiben eines Buches einhergehen, abgefunden. Meine Söhne, Martin und Louie, sind herangewachsen, während sie ihren Dad entweder beim Abendessen oder im Fernsehen über ernste Themen haben sprechen hören. Sie verstanden schon in sehr jugendlichem Alter die behandelten Probleme, und ihre Kommentare zeigten mir eine Weisheit und Reife, die mich sehr stolz machen. Meine Frau Denise bleibt mein Felsen und meine Hauptstütze. Sie sorgt für eine gesunde, mäßigende Perspektive, was sowohl meine Ideen als auch mein Ego betrifft. Ich verlasse mich nach wie vor sehr auf sie. Meine Schwester Vivian Diller, Psychologin, und ihr Ehemann John Jacobs, Psychiater, waren ständig für mich da, in intellektueller wie auch in emotionaler Hinsicht. Ich habe das Glück, eine wunderbare Schwiegermutter zu haben, die ehemalige Sonderschullehrerin Lynda Bostrom, die einen frühen Entwurf des Buches las und kenntnisreiche Kommentare abgab. Meine Tante Sandra, Schriftstellerin und weit über neunzig, ist nicht nur eine große Unterstützung, sondern ein steter Ansporn für meine Produktivität. (»Ich hoffe, du hast bereits eine Idee für dein drittes Buch, Larry.«)

Jo Ann Miller, meine Lektorin bei Basic Books, stand mir mit unermüdlicher Unterstützung und klugen Ratschlägen zur Seite, von denen ein großer Teil auf den Erfahrungen mit ihren eigenen Kindern und Enkeln beruht. Beth Vesel, meine Agentin, ist mir bei der Arbeit an beiden Büchern und beim Aufziehen unserer eigenen Kinder ständige Begleiterin und Freundin gewesen. Ihr

Glaube an mich und meine Ideen hat sehr inspirierend auf mich gewirkt.

Mein letzter und nachhaltigster Dank gilt Leigh Ann Hirschman, einer Autorin, die meinen ursprünglichen Text überarbeitet und ihm den letzten Schliff gegeben hat. Leigh Anns brillante Konzeption and glasklaren Formulierungen haben außerordentlich zum Erfolg des Endprodukts beigetragen. Ihre strengen Ansprüche an sich selbst und mich haben meine manchmal nachlassenden Bemühungen nach nahezu drei Jahren auf ideale Weise ausgeglichen.

Teil 1

Acht Fragen, die Sie sich stellen sollten, bevor Sie eine Medikation befürworten oder ablehnen

1. Wägen Sie Ihre Möglichkeiten ab

Brandon ist gerade drei Jahre alt geworden und treibt seine Eltern in den Wahnsinn. Mehrmals am Tag bekommt er Wutanfälle, wobei er mit seinen Armen, Beinen und sogar mit dem Kopf auf den Fußboden schlägt. Bei einer besonders Angst einflößenden Situation verletzte er sich die Schläfe an der Ecke des Kaminsimses. Wenn seine Eltern versuchen, ihn im Arm zu halten, um ihn zu schützen, stößt, beißt und schlägt er, wölbt seinen Rücken, bis er sich aus ihrem Griff befreit hat.

Wutanfälle sind nicht das einzige Problem. Brandon greift Spielsachen auf und schleudert diese zur Seite, als wäre er eine Unkrautvernichtungsmaschine; trotz der ständigen Bemühungen seiner Mutter, die Kontrolle über das Verhalten ihres Sohnes zu bewahren, ist das Haus übersät von Plastiktieren, Spielzeugrennautos und zerbrochenen Spielen. Seinen Eltern ist es peinlich, Brandon bei anderen Kindern spielen zu lassen; auch die missbilligenden Blicke ihrer Besucher sind ihnen nicht entgangen. Sie würden Brandon gern beibringen, seine Spielsachen aufzuheben, doch alle Versuche haben bislang nur zu weiteren heftigen Wutanfällen geführt – was seine erschöpften Eltern, wie sie übereinstimmend erklären, vermeiden möchten, wann immer möglich.

Carrie, Brandons Mutter, findet die Idee, Kindern Psychopharmaka zu geben, nicht gut. Sie würde alternative Therapien vorziehen und hat bereits einen Ernährungsallergologen konsultiert. Sie denkt daran, Zucker aus Brandons Ernährung zu streichen. Niemand sonst, erzählt sie mir, hat so ein Kind. Sie überlegt laut: Wenn Brandon eine Störung hat, die ihn hyperaktiv und unglücklich macht, wäre es dann nicht grausam, ihm eine Droge zu verwehren, die ihm helfen würde?

Die achtjährige Ruth weint jeden Morgen, bevor sie zur Schule geht. »Niemand mag mich«, klagt sie und fügt hinzu, dass die Lehrerin gemein sei. Aber die Lehrerin hat den Eltern erzählt, dass Ruth in der Schule gut mitkommt, sowohl in intellektueller als auch sozialer Hinsicht. Wenn Ruth fremden Menschen vorgestellt wird, spricht sie nicht, und manchmal versucht sie, unter den Mantel ihrer Mutter zu kriechen.

Ihrer Familie gegenüber ist Ruth jedoch ein Mr. Hyde. Sie will nichts anderes als nur T-Shirts und Blue Jeans tragen – und kriegt einen Anfall, wenn ihre Mutter darauf besteht, dass sie etwas anderes anziehen solle wie – Gott bewahre! – etwa ein Kleid. Mitten in ihren Wutanfällen brüllt sie: »Du bist schrecklich! Ich bringe mich um!«

Natalie, Ruths Mutter, hat Techniken ausprobiert, die von Geduld und Bestätigung bis zu Medikamenten gegen die Angstzustände ihrer Tochter reichen. Sie spürt jedoch, dass es nur eine Frage der Zeit ist, bis ihre Familie unter dem Druck der extremen Sensibilität des Kindes explodiert. »Woher weiß ich, ob sie ein anderes Medikament braucht?« fragt mich Natalie mit eingeschnürter Stimme. »Oder ob ich einfach eine schlechte Mutter bin?«

Jerry, beinahe sechzehn, kam mit zwei Vieren und zwei Sechsen in seinem letzten Zeugnis nach Hause. Seine Eltern erinnern sich an eine Zeit, da Jerry ein Einser-Schüler war, aber nun ignoriert er größere Arbeiten ebenso wie seine Hausaufgaben. Er scheint kein Verhaltensproblem zu haben, doch ist dies schwer zu sagen: Jerry verbringt die meiste Zeit in seinem Zimmer bei verschlossener Tür, vermutlich am Computer oder Telefon. Auch es scheint ihm nicht an intellektuellen Fähigkeiten zu mangeln, da er in Geschichte eine Zwei plus erreicht hat – ein Fach, das er immer schon mochte – und gefesselt ist von dem etwas anspruchsvollen Computerspiel Myst.

Ein Verwandter meinte, dass viele von Jerrys Eigenschaften dem Aufmerksamkeitsdefizit-/Hyperaktivitätssyndrom entsprechen. Seine Mutter Joyce macht sich Sorgen, dass ihr Sohn vielleicht ärztliche Hilfe braucht. Rick, sein Vater, glaubt, dass Jerry einfach faul ist. Joyce jedoch weist schnell darauf hin, dass Rick eine Sieben-Tage-Woche hat, oft unterwegs ist und gar nicht die Möglichkeit hat, die Besonderheiten im Benehmen seines Sohnes zu bemerken. Jerry seinerseits stimmt mit der Diagnose seines Vaters, faul zu sein, überein. Er ist jedoch bereit, Medikamente zu nehmen. »Sie dürfen aber keine schlimmen Nebenwirkungen haben«, fordert er.

Obwohl Anna und Steven MacAteer sich einig sind, dass ihre Tochter Susie voller Energie ist, berichten sie nicht über schlechtes Benehmen zu Hause. Die Lehrerin an der privaten christlichen Schule, wo Susie in die zweite Klasse geht, ruft jedoch Anna beinahe jede Woche an. Susie schweift von ihrer Arbeit ab, verlässt ständig ihren Platz, um zur Toilette zu gehen, mit ihren Freunden zu schwatzen oder mit dem Aquarium in der Klasse zu spielen. Strafen wie Verzicht auf die Pause oder eine Auszeit scheinen keinerlei Wirkung zu haben. Die Lehrerin meint, dass Susie von einem Arzt untersucht werden sollte. Der Ton ihrer Stimme macht deutlich, dass hinter dem »Vorschlag« steht: Wenn Susie sich nicht bald bessert, muss sie die Schule verlassen.

Anna und Steven möchten weder, dass ihre Tochter in so jungen Jahren schon als psychisch krank stigmatisiert wird, noch gefällt ihnen die Vorstellung, ihr eine Droge zu verabreichen, um ihr Benehmen zu verbessern. Doch sie wissen nicht, was schlimmer ist: ihr Kind medikamentös zu behandeln gegen eine Störung, von der sie nicht genau wissen, ob sie sie hat, oder zu riskieren, dass sie von einer Schule verwiesen wird, in der sie eigentlich gern ist.

Dieses Buch ist für Eltern von Kindern wie Brandon, Ruth, Jerry und Susie gedacht, die, vom Kleinkind bis zum Teenager, unter Verhaltensauffälligkeiten oder -problemen leiden. Diese Probleme treten in unterschiedlichen Formen und unterschiedlicher Schwere auf. Das Kind kann wütend sein, heftig, ablenkbar, energiegeladen, eigensinnig, zwangsgestört, ängstlich, schüchtern, lustlos oder unzugänglich; es kann auch Schwierigkeiten haben, normale Beziehungen zu anderen Menschen aufzubauen.

Wenn Sie Eltern eines solchen Kindes sind, haben Sie wahrscheinlich bereits vielfach Rat gesucht und auch welchen bekommen, wobei keiner sich davon gänzlich erfolgreich und einige vielleicht gar katastrophal erwiesen haben. Zu dem Zeitpunkt, da Eltern in meine Praxis kommen, haben sie gewöhnlich bereits eine ganze Reihe von Versuchen mit bestimmten Techniken hinter sich: Auszeiten, Verhandlungen und Kompromisse, Belohnungssysteme, Bestätigungen und so weiter. Die Eltern machen sich natürlich Sorgen um die geistige Gesundheit ihrer Kinder und deren Zukunftsaussichten. Wird ihr Kind sein ganzes Leben lang mit diesem Problem zu kämpfen haben? Wird es dadurch schließlich keinen

Job bekommen oder daran gehindert, eine glückliche Ehe zu führen? Wird es ein selbstbewusster Mensch sein können? Oftmals sind Eltern kampfesmüde; es ist durchaus normal, dass sie sich schuldig, verwirrt oder verärgert fühlen bei den manchmal massiven Schuldgefühlen, die ihnen durch Schulen und andere Eltern vermittelt werden. Sie fühlen sich oftmals tyrannisiert von den Problemen ihrer Kinder und sehnen sich nach Flucht. »Ich würde für mein Leben gern eine Woche – nein, einen Monat – auf einer einsamen Insel verbringen«, erzählte mir eine Mutter, die Ringe wie blaue Halbmonde unter den Augen hatte. Diese Phantasien, die völlig normal sind, können für Eltern äußerst belastend sein, weil sie befürchten, dass dies insgeheim auf mangelndes Verantwortungsgefühl gegenuber ihrem Kind hindeutet.

Eltern, die diesen Punkt erreicht haben, kommen oft zu mir, weil sie wissen, dass ich befugt bin, Kindern Psychopharmaka zu verschreiben, und damit lange Erfahrung habe. Beim ersten Besuch fragen sie meist: *Braucht mein Kind Medikamente?*

Darauf gibt es keine einfache Antwort. Wenn Sie dieses Buch lesen, löst der Gedanke, ihrem Kind Psychodrogen zu verabreichen, bei Ihnen vermutlich gemischte Gefühle aus. Sie sind sich wahrscheinlich nicht sicher, was diese Medikamente bewirken oder wie sie helfen. Sie machen sich vermutlich Sorgen wegen der Nebenwirkungen. Wenn Ihr Kind bereits Medikamente bekommt, fragen Sie sich vielleicht, ob Sie die richtige Entscheidung getroffen haben – selbst wenn die Tabletten zu helfen scheinen. Wie viele Eltern, mit denen ich spreche, fühlen Sie sich vielleicht nicht wohl angesichts der Vielzahl an Rezepten, die heutzutage für Kinder ausgeschrieben werden, und fragen sich, ob unsere Kultur manchmal einfach Medikamente einsetzt, um Kinder zu einer einheitlich-pflegeleichten Form lächelnder Fügsamkeit hinzubiegen.

Sie machen sich vielleicht auch Sorgen über die Auswirkungen, wenn Sie ihrem Kind keine Medikamente geben. Jeder von uns, der mit der Behandlung eines Kindes zu tun hat, macht sich häufig Gedanken darüber, dass anhaltende Probleme Hoffnungslosigkeit bei einem Kind erzeugen könnten. »Warum soll ich's überhaupt versuchen?« fragt es vielleicht als Reaktion auf eine schwierige

Hausaufgabe oder eine Situation, die Selbstkontrolle erfordert. »Ich bin einfach ein dummes/schlechtes/seltsames Kind.« Wie Natalie, Ruths Mutter, haben Sie vielleicht Angst um das Wohlergehen der übrigen Familienmitglieder. Wie Anna und Steven MacAteer wägen Sie vielleicht ab, ob sie Ihrem Kind Medikamente geben, um dadurch sicherzustellen, dass es in seiner Klasse bleiben kann und nicht von der Schule verwiesen oder in eine Sonderklasse versetzt wird.

Beide Arten der Besorgnis gibt es bei liebevollen Eltern, die ihre Kinder gesund und glücklich sehen wollen. Ich habe dieses Buch für Eltern geschrieben, die wissen möchten, wie ein Arzt, der sich Gedanken macht und der genau diese Sorgen auch stets im Kopf hat, über das Problem einer psychiatrischen Medikation im jeweiligen Fall denkt. Meine Hoffnung ist, Ihnen dabei zu helfen, eine schwierige Entscheidung zu treffen, und zwar so informiert und ausgewogen wie möglich.

Kampf der B-Movies

Ich bin Kinderarzt und -therapeut mit Spezialisierung auf Verhaltens- und Entwicklungsprobleme und praktiziere seit mehr als zwanzig Jahren in Walnut Creek, Kalifornien, einem Vorort von San Francisco. Ich habe mehr als 2500 Kinder mit emotionalen Schwierigkeiten, Verhaltens- und Leistungsproblemen zu Hause oder in der Schule untersucht und behandelt. Als ausgebildeter Familientherapeut arbeite ich ebenfalls mit den Eltern und Geschwistern dieser Kinder.

Der enorm angestiegene Verbrauch von Ritalin in den neunziger Jahren hat mich veranlasst, ein Buch mit dem Titel *Running on Ritalin* zu schreiben, in dem ich mich an die Behörden, an gesellschaftliche, medizinische und industrielle Interessengruppen wende, die Eltern und Ärzte drängen, Verhaltensprobleme bei Kindern mit diesem Medikament zu behandeln. Seitdem ist der Umsatz anderer Psychopharmaka – Antidepressiva, Neuroleptika, Antikonvulsiva und so weiter – bei Kindern ebenfalls explodiert. Ich bin in vielen Fernseh- und Radiosendungen aufgetreten, um dieses Phänomen zu diskutieren. Wenn Produzenten mich für diese Auftritte engagieren, fragen sie häufig: »Dr. Diller, sind Sie für Psychodrogen bei Kindern oder dagegen?«

Diese Frage reflektiert die völlig überzogene Debatte, die seit etwa einem Jahrzehnt durch die Medien geistert. Robert Fancher, der *Running on Ritalin* für die *Washington Post* rezensiert hat, verglich den Prozess mit »duellierenden B-Movies«, in denen Helden und Bösewichte um die Seelen der Kinder in einer gruseligen Atmosphäre kämpfen. In einem dieser hypothetischen Filme sind Ärzte, die Medikamente verschreiben, edle Ritter; ihre Tabletts in die Höhe haltend, befreien sie Kinder und deren Familien von der Tyrannei einer biologisch begründeten psychischen Krankheit. In dem anderen Szenario sind Ärzte – besonders Psychiater – Kinder hassende, verrückte Wissenschaftler, die unsere Jugend auf Geheiß ihrer trägen Eltern und Lehrer ruhigstellt und steuert. Diese dramatischen Szenarien gefallen in Fernseh-Talk Shows und der Sensationspresse, werden jedoch den Menschen, die sich mit unglücklichen, schwierigen Kindern plagen, nicht gerecht.

Auf die Frage – ob ich für oder gegen Psychopharmaka bei Kindern bin – antworte ich: Ich bin sicherlich nicht dagegen. Im letzten Jahr habe ich mehr als vierhundert Rezepte für Ritalin oder Ähnliches ausgestellt. Ich verschreibe ebenfalls, wenn auch weniger häufig, Antidepressiva, stärkere Beruhigungsmittel und Stimmungsaufheller. Ich bin »für« Psychopharmaka genauso wie ich »für« Antibiotika bin. Wenn Antibiotika umsichtig angewendet werden, können sie Leben retten. Diejenigen jedoch, die bei jedem leichten Schnupfen und Husten zu Antibiotika greifen, ganz gleich, was dem zugrunde liegt, gefährden uns alle, indem sie resistente Bakterienstämme zum Wachstum anregen. Keine Droge, einschließlich Psychopharmaka, ist nur gut oder schlecht. Es sind einfach Mittel, die mit einem größeren oder kleineren Maß an Urteilsvermögen angewendet werden können.

Eltern kaufen keine Bücher mit dem Titel »Sollte ich meinem Kind Penicillin geben?« Den Einsatz von Antibiotika abzuwägen ist nicht schwierig: Sie greifen einen identifizierbaren Krankheitserreger an; ihre Ziele – Bakterien – erzeugen erkennbare Symptome; und die Nebenwirkungen und Gegenanzeigen sind gut bekannt. Nicht so bei Psychodrogen.

Psychodrogen zielen nicht auf einen invasiven Organismus. Vielmehr richten sie sich auf das Gehirn eines Kindes, genau dem Zentrum der Persönlichkeit und der Funktionen, die bestimmen, wer wir sind. Es gibt keine eindeutigen Tests, keine Röntgen- und keine MRI-Aufnahmen, die uns sagen, wann ein Kind ein bestimmtes Verhalten oder einen bestimmten emotionalen Zustand hat und psychoaktive Medikamente erhalten sollte. Obwohl wir Mutmaßungen wagen können hinsichtlich ihrer Wirksamkeit, wissen wir bei vielen dieser Tabletten nicht mit Sicherheit, ob sie tatsächlich die Probleme, gegen die wir sie verschreiben, verringern. Keiner von uns – Ärzte, Eltern, Forscher, Pharmafirmen, Gesetzgeber – weiß mit Bestimmtheit, welche langfristigen Nebenwirkungen diese Medikamente bei Kindern mit ihren noch in Entwicklung befindlichen Körpern und Hirnen verursachen können. Wenn Psychodrogen Hilfsmittel sind, so kommen sie doch nicht mit klaren Anweisungen. Das Beste, was wir tun können, ist, dass wir, *was* wir tun, genau durchdenken – die Nebenwirkungen, den Nutzen und die Gefahren, einem Kind, das Probleme hat, Medikamente vorzuenthalten –, während wir uns ständig vor Augen halten sollten, was wir alles nicht wissen.

Wer achtet auf die Waagschalen?

Ich bin der festen Überzeugung, dass die Entscheidung, Medikamente zu verschreiben, nur getroffen werden kann, wenn der Nutzen eines spezifischen Mittels für ein individuelles Kind sorgfältig gegen die potentiellen Risiken abgewogen wurde. Ich möchte auch sicher sein, dass angemessene nichtmedikamentöse Behandlungsformen ausprobiert wurden. Ich habe ausgezeichnete Ergebnisse erzielt mit Verhaltensstrategien, die Kindern geholfen haben, auf Tabletten zu verzichten oder den Bedarf zu reduzieren.

Meiner Meinung nach ist dieser Ansatz weder radikal noch reaktionär. Es ist einfach die Art und Weise, wie ein Arzt ausgebildet wird, jede potentielle Droge zu handhaben, besonders eine, deren Wirkungsweise noch nicht vollständig erforscht ist. Es ist eine Frage grundlegender medizinischer Ethik.

Und doch weiß ich, dass der Druck auf Eltern und Ärzte, Medikamente zu geben – schnell, als erstes Mittel, sobald Probleme auftauchen –, so intensiv ist, dass die Ethik manchmal aus dem Blickfeld verschwindet. Die Statistiken erzählen eine beunruhigende Geschichte. Ungefähr fünf Millionen Kinder in Amerika nehmen zumindest ein Psychopharmakon; die Anzahl der Kinder, die zu mir kommen und gleichzeitig zwei oder drei Medikamente einnehmen, wächst jedes Jahr stark an. Laut der Marktforschungsfirma IMS Health, dem pharmazeutischen Äquivalent zum Nielsen Rating Service, stieg der Verbrauch von Prozac-ähnlichen Medikamenten (in Deutschland Fluctin) für Kinder zwischen 1995 und 1999 um 74 Prozent. In dieser Zeit stieg der Konsum von Stimmungsaufhellern, Lithium nicht eingeschlossen, um 4000 Prozent, und die Zahl der Rezepte für neue neuroleptische Mittel wie Risperdal ist um nahezu 300 Prozent gestiegen. Laut den Statistiken der DEA (Drug Enforcement Administration = amerikanische Aufsichtsbehörde) nahm die Produktion von Ritalin zwischen 1990 und 1998 um über 700 Prozent zu.

Ich sehe den lebendigen Beweis dieser Statistiken jeden Tag in meine Praxis kommen, Kinder wie Doug, ein Fünfjähriger, der ständig in Bewegung ist und entwicklungsmäßig um ein bis zwei Jahre hinter normalen Kindern zurückzuliegen scheint. Sein früherer Arzt probierte mehrere Pillen aus, um ihn ruhig zu stellen, hatte aber nicht die Zeit, Dougs Entwicklungsprobleme zu erforschen und deren Auswirkungen auf die Fähigkeit seiner Eltern, mit ihm fertig zu werden. Ich rief den Arzt an, um mich mit ihm über Doug auszutauschen. »Tut mir leid«, sagte er mit resignierter und entschuldigender Stimme, »aber ich muss alle fünfzehn Minuten ein Kind untersuchen. Es ist die einzige Möglichkeit, im Rahmen des *managed care* ein Auskommen zu haben.«

Oder Bobby, ein impulsiver, aggressiver Drittklässler, der Dexedrin (ein Anregungsmittel), Anafranil (das ursprünglich Erwachsenen gegen Depressionen und zwanghafte Störungen verschrieben wurde, hier jedoch für die Nacht wegen seiner beruhigenden

Wirkung) und Neurontin (ein Antikonvulsivum) bekam. Niemand sprach mit seinen Eltern, wie man Grenzen setzt und Hausregeln effektiv Geltung verschafft; dem Problem der plötzlichen Scheidung seiner Eltern wurde kaum Beachtung geschenkt. Man nahm an, dass Bobbys Wut in einem »chemischen Ungleichgewicht« ihren Ursprung hatte, die mit Medikamenten behoben werden konnte. Wenn eine Pille nicht wirkte, fügten seine Ärzte dem Mix einfach eine weitere hinzu.

Man könnte argumentieren, dass diese Statistiken und meine Erfahrungen eine zunehmend verfeinerte und mitfühlende Haltung gegenüber psychischen Krankheiten bei Kindern spiegeln. Wir erkennen schließlich die biologische Natur von psychischen Krankheiten, lautet dieses Argument, und endlich steht uns die geeignete Behandlung zur Verfügung. Bis zu einem gewissen Grad stimme ich zu. Jeder, der ein wirklich hyperaktives Kind gesehen hat, das dank Ritalin oder Adderall in der Lage ist, mit seinen Freunden zu spielen, würde genauso denken.

Wenn ich jedoch mit Familien und Fachleuten in der Praxis, bei Abendeinladungen und im Laufe von Konferenzen rede, höre ich das Echo meiner eigenen beruflichen Skrupel. Die meisten von uns haben ein ungutes Gefühl dabei, wie schnell und wie stark die Zahlen des Medikamentenverbrauchs in die Höhe geschossen sind. Man braucht nicht viel Phantasie, um einen Bezug herzustellen zwischen den Statistiken und der ständig anwachsenden Klassengröße, schweren Belastungen der Eltern am Arbeitsplatz, dem nicht nachlassenden Trommelwirbel der pharmazeutischen Werbung und dem Druck auf die Ärzte durch die HMOs (gewinnorientierte Gesundheitsmanager), Behandlungsmethoden zu finden, die so wenig Zeit wie möglich beanspruchen. Fügen Sie dem das Wenige hinzu, das tatsächlich bekannt ist über die Wirkung dieser Pillen in den Körpern der Kinder, und ich denke, es ist nur fair zu fragen: Vergessen wir die Risiken der Medikamente ebenso zu erwägen wie die Vorteile? Wer behält die Waagschale im Auge?

Eine populäre Reaktion auf die Welle der Verschreibungen für Kinder ist, psychoaktive Pillen für Kinder ganz und gar abzulehnen. Doch Anhänger dieser Philosophie ignorieren die Tatsache, dass Tabletten manchmal sehr nützlich sein können, besonders wenn die Kinder so sehr leiden, dass ihre Ausbildung oder ihre Sicherheit in Gefahr ist. Eine niveauvolle Reaktion auf diese Statistiken ist, Informationen zu sammeln, die dabei helfen, alle Möglichkeiten abzuwägen.

Als Eltern liegt die endgültige Verantwortung für die Medikamention bei Ihnen. Ärzte und Psychiater können Empfehlungen geben; auch Ihr Kind kann seine Meinung äußern, aber letztendlich sind Sie die Person, die entscheidet, ob Ihr Kind eine kleine gelbe Pille zum Frühstück einnimmt. Bei dem augenblicklichen Klima, in dem psychoaktive Drogen anscheinend so bereitwillig abgegeben werden wie Aspirin, sind Sie es, die die schweren Fragen stellen, die schwierigen Telefonate führen und stets die Waage genau im Auge behalten müssen.

Acht Fragen, die helfen können

In diesem Buch schildere ich im Detail einen Ansatz zur Beurteilung und Behandlung, der meiner Erfahrung nach die Notwendigkeit der Medikation verringert, selbst bei Kindern mit schweren Problemen. Viele der Kinder, die in meine Praxis kommen und ein, zwei oder drei psychoaktive Drogen nehmen, hören nach und nach damit auf, um ihre Schwierigkeiten mit Hilfe anderer Mittel und Maßnahmen zu lösen. Dies möchte ich jedoch nicht als Antidrogen-Polemik verstanden wissen. Nach meiner Erfahrung berichten Familien, die sich zu einer medikamentösen Behandlung entschließen, *nachdem* sie sich die Zeit genommen haben, die verfügbaren Informationen ebenso zu prüfen wie nichtmedikamentöse Therapien, über wesentlich größere Befriedigung bei ihrer Wahl als andere, die dies nicht getan haben.

Eine der Strategien, die ich sehr nützlich finde beim Einschätzen der individuellen Situation eines Kindes, ist, mir eine Reihe von Fragen zu stellen, eine Art geistige Checkliste: Ist die augenblickliche Sicherheit des Kindes oder der Familie in Gefahr? Sind geeignete nichtmedikamentöse Behandlungsweisen hinreichend ausprobiert worden? Welches sind die bekannten Nebenwirkungen des Medikaments, das dem Kind verordnet werden könnte, und wie viel bleibt unbekannt? Und so weiter. Diese Fragen helfen mir, überlegt vorzugehen und das Problem in unterschiedlichem Licht zu betrachten, bevor ich eine Empfehlung abgebe. Sie helfen mir, jede Variable genauer kennen zu lernen – ihr Gewicht, ihre Bedeutung für eine Familie und das Kind –, bevor ich sie auf die Waagschale lege.

Bei den Überlegungen zu diesem Buch fielen mir mehrere Fragen ein, bei denen ich das Gefühl hatte, dass sie nützlich sein könnten für die Menschen auf der anderen Seite des Schreibtisches – Eltern und Familien, die ein entschiedenes Wort mitreden wollen bei diesem Prozess. Im ersten Teil dieses Buches geht es um diese Checkliste, wobei sich jedes der folgenden acht Kapitel mit einer dieser Fragen befasst. Ich helfe Ihnen dabei, die wichtigsten Punkte, die der jeweiligen Frage zugrunde liegen, zu verstehen und gebe Ihnen Statistiken und psychologisches Hintergrundwissen an die Hand, wo immer dies möglich ist. Weiterhin werde ich Ihnen zeigen, wie reale Eltern und Kinder auf diese Fragen reagiert haben, was deren Erfolg und Zufriedenheit angeht.

Dies sind die Fragen:

- *Hat Ihr Kind eine Störung?* Das Wort »Störung« ist ebenso wie der Ausdruck »chemisches Ungleichgewicht« besetzt mit mehreren Vermutungen, die oftmals nicht überprüft werden. In diesem Kapitel lernen Sie, wie wir zu dem aktuellen biologischen Modell für psychische Krankheiten im Kindesalter gekommen sind, bei dem Verhaltensauffälligkeiten oder emotionale Probleme als Symptome einer Störung angesehen werden. Sie lernen gleichzeitig alternative Perspektiven kennen, die beim Umgang mit schwierigen Kindern nützlich sein können.
- *Hat Ihr Kind eine vollständige und nach ethischen Gesichtspunkten vorhersehbare Beurteilung bekommen?* Sie wissen vielleicht schon aus Erfahrung, dass heutzutage kurze Beurteilungen die Norm sind. Leider führt dieser schnelle Prozess häufig zu unüberlegt verschriebenen Medikamenten oder dazu, dass ernsthafte Probleme wie Lernschwierig-

keiten übersehen werden. Wenn Sie wissen, wie eine vollständige Diagnose aussehen sollte, sind Sie eher in der Lage, von Ihrem Hausarzt eine solche zu verlangen. Dieses Kapitel enthält auch Tipps, wie Sie den besten Arzt oder Therapeuten für Ihr Kind finden.
- *Wenn Auszeiten keinen Erfolg haben: Versuchen Sie es einmal mit diesen Strategien für effektive Disziplin.* Eine der vielen Ironien der Elternschaft ist es, dass es gerade die schwierigen Kinder sind, die die meiste Ordnung in ihrem Leben brauchen. Sie sind es auch, die sich am aggressivsten dagegen wehren. Dieses Kapitel zeigt den Weg einer Familie, Grenzen zu setzen, Strukturen vorzugeben und – ja – Auszeiten einzuführen, um ihren Kindern zu helfen, obwohl diese Methoden zuvor nicht funktioniert hatten.
- *Mrs. Bossy schlagen und Darth Vader besiegen: Können Sie das Problem externalisieren?* Hier entdecken Sie eine nichtmedikamentöse Methode, die Familien hilft, das Problem ihres Kindes in einer Weise neu darzustellen, die ihnen mehr Kraft und Hoffnung gibt. Es funktioniert in vielen Fällen überraschend gut, insbesondere bei Kindern, die von Ängsten, Zwangsvorstellungen oder Überempfindlichkeiten beherrscht werden. Es klappt nicht bei jedem Kind – nichts, nicht einmal Medikamente, kann zu 100 Prozent erfolgreich sein –, aber es kann eine belebende Übung sein für erschöpfte Familien, und ich habe erlebt, wie es vielen Kindern geholfen hat, ganz und gar ohne Pillen auszukommen.
- *Wie können Lehrer und Schule helfen?* Lehrer und anderes Schulpersonal sind oftmals überraschend bereit, Unterstützung anzubieten. Dieses Kapitel beschäftigt sich mit den Optionen, die innerhalb des regulären Klassenzimmers und in speziellen Programmen zur Verfügung stehen.
- *Wann ist es genug?* In den meisten Fällen ist es klug, sich alle Möglichkeiten anzusehen, bevor man zu einer Entscheidung bezüglich einer Medikation kommt. Manchmal jedoch schreien die psychische Verfassung eines Kindes oder andere unvermeidliche Umstände nach der besonderen Hilfe, die

Tabletten bringen können. Dieses Kapitel hilft Ihnen dabei, solche Umstände zu erkennen.
- *Wie wirken sich die Medikamente auf Ihr Kind aus?* Dieses Kapitel beschreibt die Klassen der Pharmazeutika, die Kindern am ehesten verschrieben werden, sowie deren bekannte und potentielle Vorteile und Risiken. Sie lernen, wie Aussagen von pharmazeutischer Seite zu verstehen sind, und erfahren meine Beobachtungen aus zwanzigjähriger Praxis, wie Körper und Persönlichkeit der Kinder auf bestimmte Medikamente reagieren.
- *Was ist, wenn Ihr Kind keine Pillen schlucken kann? (Und andere Fragen zum Alltag mit Psychopharmaka)* Dieses praktische Kapitel greift die täglichen Herausforderungen auf, die auftauchen können, wenn Psychopharmaka genommen werden. Was erzählen Sie dem Kind über die Drogen? Woher wissen Sie, ob das Kind die Medikamente nicht mehr braucht? Wie bringen Sie ein aufsässiges Kind dazu, überhaupt eine Pille zu schlucken? Und so weiter.

Der zweite Teil des Buches konzentriert sich auf spezifisches Verhalten. Die drei Kapitel in diesem Abschnitt beschäftigen sich mit Eigenschaften, die oft zusammen auftreten – Aggressivität, Wut und Hyperaktivität; Schüchternheit, Ängste und Zwangsvorstellungen; Kontaktstörungen – und zeigen, wie die Strategien, die im ersten Teil beschrieben wurden, bei zahlreichen Kindern, die ich gesehen habe, funktioniert haben.

Das letzte Kapitel dieses Buches unterscheidet sich ein wenig von übrigen Teilen. Gegenwärtig ist in der Öffentlichkeit und auch in professionellen Gruppen die Theorie von der Wirkung der Genetik und der Biochemie auf Kinderhirne und kindliches Verhalten besonders aktuell. Wenngleich ich die Bedeutung biologischer Faktoren nicht leugne, ist es wichtig, uns daran zu erinnern, dass die Gehirne der Kinder nicht isoliert arbeiten. Unsere Erwartungen an unsere Kinder und Reaktionen auf ihre Handlungen haben ebenfalls einen bedeutenden Einfluss. Und es lässt sich nicht vermeiden, dass wir von den sozialen, kulturellen, politischen und besonders den ökonomischen Kräften, die die Welt, in der wir leben, bewegen, beeinflusst werden. Selbst wenn wir nicht sofort unsere Welt zum Besseren für unsere Kinder verändern können, macht unser Bewusstsein eine solche Wandlung wahrscheinlicher.

Am Schluss des Buches finden Sie ein kurzes Verzeichnis, das psychoaktive Medikamente anhand ihrer Klassen und Handelsnamen auflistet. Es soll Ihnen helfen, den Nutzen eines spezifischen Medikaments herauszufinden, und Ihnen die bekannten Nebenwirkungen, Dosierung und Kontroversen nennen, von denen Sie wissen sollten.

In der bestmöglichen Welt ist die Entscheidung, einem Kind Medikamente zu geben oder nicht, eine Frage des Geschicks, der Wissenschaft und der guten Absichten. Sie haben bereits das wichtigste Element hierzu beigetragen: die liebevolle Fürsorge, die für ein Kind die beste Therapie ist. Ich hoffe, dass die Informationen und Geschichten in diesem Buch Ihnen helfen werden, harte Wissenschaft mit der heiklen Kunst, die Entwicklung des individuellen Charakters und des Temperaments eines Kindes zu fördern, zu verbinden. Diese sorgfältige Mischung ist mehr als lediglich ein kluger Weg, Ihrem Kind zu helfen. Es ist eine Philosophie, die reine Annehmlichkeit und Geschwindigkeit ablehnt zugunsten einer moralischen Besonnenheit gegenüber den Bedürfnissen Ihres Kindes und der Welt, in dem es lebt.

2. Hat Ihr Kind eine Störung?

Die Stimme am anderen Ende der Leitung klingt kultiviert, mit einem langsamen, schleppenden Virginia-Dialekt, der ungewöhnlich ist hier in Nordkalifornien. Sie erzählt die Geschichte einer Familie, die mit den Nerven am Ende ist. »Meine Tochter ist erst fünf Jahre alt und zappelt ständig herum«, erzählt mir Carol Huggins. »Michelle sitzt während der Vorlesezeit im Kindergarten nicht still, und sie wird wütend, wenn es Zeit ist, mit dem Malen aufzuhören und etwas anderes zu machen. Gestern war sie wütend, als ein kleiner Junge nicht für sie auf der Schaukel Platz machen wollte, also hat sie ihn heruntergeschubst. Die Lehrerin meint, sie sollte ärztlich untersucht werden.« Zu Hause rennt Michelle während des Essens um den Tisch herum; sie will ihre Videos nicht abstellen, wenn ihre Eltern rufen. Sie haben es mit Auszeiten ebenso wie mit der Streichung besonders schöner Dinge versucht, wenn sie sich schlecht benimmt, erklärt Carol, aber sie möchten Michelle nicht weiterhin bestrafen, wenn sie womöglich gar nichts dafür kann, was sie tut. »Können Sie sie auf ADS testen – oder ist es ADHS? Das älteste Kind meiner Schwester ist bipolar, und sie glaubt, dass bei Michelle auch ein chemisches Ungleichgewicht vorliegt wie bei ihrem Sohn...«

Um das Jahr 1500 hätten die Eltern eines rebellischen Kindes vielleicht einen Priester zu Hilfe gerufen, um ihm einen Dämon aus seiner Seele auszutreiben. Vor einem Jahrhundert hätten Kinder, die in der Schule Schwierigkeiten hatten, statt dessen auf der Farm ihrer Eltern gearbeitet (und wenn sie sich dann immer noch schlecht benahmen, hätte es wahrscheinlich Prügel gegeben). In den 1960ern hätten besorgte Eltern vielleicht einen Analytiker gefragt: Stört ein unterdrücktes Trauma die Psyche meiner Tochter?

Heute, am Beginn des 21. Jahrhunderts, fragt mich Carol, ob bei ihrer Tochter ein chemisches Ungleichgewicht vorliege. Dass die Probleme eines Kindes eher das Ergebnis einer Hirnfunktionsstörung sind als ein ödipaler Komplex oder ein moralischer Defekt, ist eine relativ neue Idee, jedoch eine, die bereits in das amerikanische Alltagsvokabular Eingang gefunden hat. Ausdrücke, die allgemein gebräuchlich geworden sind wie »neurologische Störung«, »chemisches Ungleichgewicht« und »Serotoninmangel«, reflektieren alle die gängige Philosophie, dass es, obwohl einige Kinder sich nicht gut benehmen *wollen*, andere gibt, die es einfach nicht *können*.

Laut populären Versionen biochemischer Erklärungen kindlichen Verhaltens könnten Michelles Probleme durch eine psychische Störung wie das Aufmerksamkeitsdefizit-/Hyperaktivitätssyndrom (korrekte Abkürzung ADHS, aber auch ADS) begründet sein. Wenn Michelle ADHS »hat«, werden ihre übermäßige Aktivität und ihre Aggressivität vermutlich durch neurologische Kräfte gesteuert, gegen die sie machtlos ist. Carol glaubt, dass das Vorhandensein oder Nichtvorhandensein eines chemischen Ungleichgewichts über die Art, mit ihrer Tochter umzugehen, entscheiden wird. Wenn Michelle ADHS »hat«, braucht sie Medikamente und Zuwendung und nicht etwa Bestrafung. Wenn, andererseits, Michelle keine Stoffwechselstörung hat, ist die Verabreichung von Medikamenten nutzlos und sind eher alternative Lösungen angebracht.

Carol wartet geduldig, während diese Überlegungen durch meinen Kopf gehen. Ihre Fragen beinhalten, dass es eine klare Linie gibt in der Mitte dieser neuen psychiatrischen Landschaft: zwischen einem Verhalten, das durch Chemie gesteuert wird, und einem, das vom Charakter kommt; zwischen Zuständen, denen mit Medikamenten abgeholfen wird, und anderen, die man so nicht verändern kann; zwischen Kindern, die Störungen haben und anderen, die keine haben. Sie möchte, dass ich ihr sage, auf welcher dieser beiden Seiten ihre Tochter steht.

Manchmal wünschte ich, dass ich Carol und anderen Eltern – liebevolle Menschen, die fast alles für ihre Kinder täten – den Trost eines schnellen Tests und einer flotten Diagnose anbieten könnte, mit dem Versprechen einer Heilung durch Medikamente. Doch ich habe mich für die behavioristische Richtung in der Kindermedizin entschieden, weil ich fasziniert bin von der Interaktion zwischen harter medizinischer Wissenschaft einerseits und der verschwommenen, im Grunde unbegreiflichen Natur des Menschen andererseits. Und so glaube ich nicht, dass diese scharfen Linien zwischen Störung und Gesundheit oder zwischen Kindern, die sich nicht benehmen können, und solchen, die das nicht wollen, existieren.

Es gibt Bluttests, Gehirn-Scans oder EEGs, die ich mit Michelle durchführen kann, um eine Diagnose zu stellen. In einem Gespräch zeigt sie vielleicht die sechs Symptome von neun, die für eine ADHS-Diagnose gefordert werden – aber wäre sie wirklich so viel anders als ein Kind, das nur fünf zeigt? Psychiatrische Zustände zu diagnostizieren ist bestenfalls ein subjektives Bemühen, abhängig nicht nur vom Beobachter, sondern von der Kultur, die bestimmt: »*Dies* ist gesund und *das* ist inakzeptabel.«

Wie jeder andere Arzt auch, den ich kenne, habe ich Respekt vor unserem stetig wachsenden Wissen über das menschliche Gehirn. Ich fühle mich allerdings nicht ganz wohl mit einer rein neurologischen Erklärung eines Kindheitsproblems. Ich glaube nicht, dass der menschliche Charakter auf eine Reihe elektrischer Impulse reduziert werden kann, die von einem Neuron zum nächsten schießen; eine solche Auffassung ist unzureichend, um den Verstand und die Seele eines Kindes oder von sonst jemandem zu verstehen. Ich glaube, dass die meisten von uns, die Kinder aufgezogen haben, zugeben werden, dass deren Umgebung – Zuhause, Schule, Nachbarschaft, Land – in einer wechselseitigen Beziehung zu der Persönlichkeit steht, mit der sie geboren wurden. Biologie allein kann nicht erklären, was uns zu dem macht, wer wir sind, obwohl es hilfreich sein kann.

Zurzeit ist es für gewissenhafte Eltern natürlich, sich zu fragen, ob die Verhaltensprobleme ihres Kindes durch eine Störung hervorgerufen wurden. Es mag zwar auf diese Frage kein eindeutiges Ja oder Nein geben, aber allein die Tatsache, dass man über diese Frage nachdenkt, kann ein Fenster öffnen zu den Debatten um dieses Thema.

Vor der biochemischen Erklärung

Vieles an dem augenblicklichen Enthusiasmus für Biochemie ist eine Gegenreaktion – auf die freudianische psychoanalytische Theorie, die die USA von den 1920er Jahren bis in die 1970er beherrschte. Nach dieser Auffassung werden psychische Probleme durch traumatische Kindheitserlebnisse ausgelöst, insbesondere solche, die ins Unbewusste verdrängt und unterdrückt werden. Die Behandlung von Erwachsenen wird in Form von Gesprächen durchgeführt, während derer Patient und Analytiker die unterdrückten Erinnerungen aufdecken, was zum Verständnis und zur Befreiung des Patienten führt. Kinder erhalten eine spezielle Spieltherapie mit im Wesentlichen den gleichen Zielen. Eltern, besonders Mütter, werden kritisiert wegen der Probleme ihrer Kinder. Ein Freudianer könnte zu dem Schluss kommen, dass Carol entweder zu kalt oder zu eng mit ihrer Tochter verbunden sei, wodurch Michelle in einem unreifen Entwicklungsstadium stecken geblieben sei.

Wir schulden Freud eine Menge für die »Entdeckung« des Unbewussten und der Einsicht, dass unausgesprochene und uneingestandene Gefühle unser tägliches Verhalten steuern. Als Theorie beeinflusst sein Werk nach wie vor unser Verständnis von Kunst, Metaphern und vom menschlichen Bewusstsein. Als klinische Methode jedoch wurde der freudianische Ansatz vielfach kritisiert wegen seiner Langsamkeit und letztendlich dem Mangel an Beweisen für seine Effektivität: Ein Patient könnte Jahre auf der Couch verbringen, ohne jemals eine Besserung zu spüren. Als Psychopharmaka wie Lithium, Thorazin und trizyklische Antidepressiva in den 1950ern auf den Markt kamen und schnelle, beobachtbare Erfolge bei Patienten mit ernsthaften psychischen Krankheiten zeigten, wurde die reine Psychoanalyse in Frage gestellt.

Das freudianische Paradigma konnte durchaus stark restriktiv sein und andere potentiell wirksame Therapien blockieren. Am College of Physicians and Surgeons an der Columbia University erlebte ich als Medizinstudent in den 1970ern selbst einige solcher Restriktionen. Einmal behandelte ich einen zehnjährigen Jungen, der ein Bettnässerproblem hatte, und ein Professor drohte mir an, mich durchfallen zu lassen, weil ich den Einsatz eines nächtlichen Konditionierungsapparats befürwortete. Mein Lehrer ging davon aus, dass das Problem des Kindes daher kam, dass er seine Eltern beim Sexualakt beobachtet hatte, und er wollte von keiner anderen Behandlung etwas hören außer einer Spieltherapie, mit der das Trauma verarbeitet werden sollte. Ich hatte das Gefühl, dem Kind würde eine Behandlung verweigert, die durch gute Ergebnisse belegt war.

In der zweiten Hälfte des 20. Jahrhunderts geriet die amerikanische Psychiatrie, immer noch dominiert von den Freudianern, in ernsthafte Gefahr, ihre Glaubwürdigkeit als Wissenschaft und Zweig der Medizin zu verlieren. Viele Mitglieder des medizinischen Establishments konnten in der Freudschen Psychoanalyse kaum eine wissenschaftliche Methode entdecken. Kritik gab es auch am *Diagnostic and Statistical Manual* (DSM), der Bibel der Psychiater. Das DSM kategorisierte psychische Krankheiten in einer Linie mit deren freudianischen Erklärungen – ein scheinbar wissenschaftliches Vorgehen. Doch die Einträge waren so vage, dass beinahe jede Art von Problem leicht auf zwei, drei oder mehr Diagnosen zutreffen konnte. Es war unmöglich, Forschung auf dieser schwammigen Basis zu standardisieren; ohne objektive Kennzeichen für Krankheit oder erfolgreiche Behandlung fürchteten Psychiater in Forschung und Lehre den Verlust von Respekt, Prestige und Geld, die anderen Zweigen der Medizin gewährt wurden.

Die Entdeckung des Gehirns

In den 1970ern schien die amerikanische Psychiatrie eine Wendung um 180 Grad zu vollziehen. Man verwarf das auf Erfahrungen basierende Trauma-Modell Freuds und machte sich eine biologische und genetische Philosophie der Kindheitsstörungen zu eigen. Das Ergebnis ist die Wiederherstellung ihrer wenngleich schwachen Position in der Wissenschaft – zumindest für den Augenblick. Die Psychiatrie wird weiterhin von der übrigen Medizin diskret herabgesetzt und stigmatisiert, was das andauernde Streben nach biochemischen und »harten« Erklärungen des menschlichen Verhaltens anspornt.

Psychiatrische Exkurse in die Gehirnwissenschaft wurden hauptsächlich durchgeführt durch Beobachtung der Wirkung von Drogen, von denen bekannt war, dass sie Verhalten und Gefühle beeinflussen. In früheren Jahrzehnten war alles, was wir wussten, dass bestimmte psychoaktive Drogen wirkten – *wie*, das war ein Rätsel. Dann wurden Psychiater Wissenschaftler im traditionelleren Sinn, versuchten, den speziellen Aktionsmechanismus einer Pille zu analysieren und seinen Weg durch das Nervensystem zu verfolgen.

Das ist eine gewaltige Aufgabe, weil es etwa eine Billion Nervenzellen im ausgereiften Gehirn gibt. Bestenfalls finden wir unseren

Weg durch ein dunkles Labyrinth, geleitet nur durch das Licht eines Streichholzes. Bestenfalls sind wir dabei, einige Biegungen und Windungen in dem Irrgarten zu entdecken und einige Sackgassen zu entfernen. Doch vollständig verstehen wir keine der existierenden Psychodrogen. Und die alles umspannende Konstruktion des Gehirns bleibt schwer fassbar. John Horgan stellt in seinem Buch *Der menschliche Geist* überzeugend fest: »Den Wissenschaftlern wird es vielleicht niemals endgültig gelingen, die Psyche zu heilen, sie auf Rechnern zu simulieren oder zu erklären. Womöglich wird der menschliche Geist bis zu einem gewissen Grad immer ein Rätsel bleiben.«

Was wir jedoch gelernt haben, ist, dass unser Arsenal an Psychopharmaka hauptsächlich zu funktionieren scheint aufgrund ihrer Wirkung auf die Neurotransmitter, chemische Stoffe, die die Übertragung elektrischer Impulse von einer Nervenzelle zur anderen erleichtern. Die Neurotransmitter Adrenalin, Noradrenalin, Dopamin und Serotonin werden alle mit bestimmten Geisteszuständen assoziiert. Wir haben herausgefunden, dass bestimmte Areale des Gehirns mit spezifischem Verhalten verbunden sind, zumindest zeitweise: Aktivität in den Frontallappen der Großhirnrinde wird assoziiert mit Impulsivität und Aufmerksamkeitsproblemen; in den Parietallappen ist ein höheres Maß an Aktivität verbunden mit Zwanghaftigkeit und Beunruhigung.

Ich bin sicher, dass Freud selbst begeistert wäre von der gegenwärtigen Forschung. Doch im Rausch der Entdeckersfreude haben wir vielleicht vergessen, wie wenig wir immer noch wissen.

Was meinen wir, wenn wir von einer »Störung« sprechen?

Wenn Sie ein Nachrichtenprogramm oder eine Talkshow einschalten und dort Ärzte, Psychiater und Elternvertreter den Ausdruck »Störung« gebrauchen hören, was meinen sie damit wirklich?

Die meisten von ihnen sind beeinflusst von einer hirnbiologisch orientierten Forschung, die nach chemischen Interpretationen für Verhalten und Emotionen im Gehirn sucht. Das Wort klingt so offiziell, so zweifelsfrei medizinisch, dass man durch das Infragestellen seiner Verwendung riskiert, den Eindruck zu erwecken, als wolle man zu den Zeiten zurückkehren, da psychische Kankheit als Zeichen moralischer Verderbtheit betrachtet wurde. Ich mache mir jedoch Sorgen, dass manche heute so moderne Prämissen und Begriffe auf einer übermäßig vereinfachten Interpretation der existierenden Forschung basieren, einer Forschung, die die erstaunliche Komplexität der Biochemie ignoriert, ganz zu schweigen von der Fülle menschlicher Erfahrung selbst. Im Folgenden möchte ich solche falschen Voraussetzungen darstellen, die die Diagnose und Behandlung entscheidend beeinflussen können.

Irrtum 1: Wenn ein Kind einen standardisierten Katalog psychologischer Kriterien erfüllt, hat es eine Störung.

Wenn Lehrer oder andere Leute vorschlagen, dass das Kind wegen eines psychischen Problems »getestet« werden sollte, meinen sie für gewöhnlich, dass ein Arzt oder Therapeut das Vorhandensein von Symptomen, die im *Diagnostic and Statistical Manual* aufgelistet sind, prüfen sollte. Da das DSM heute oftmals die einzige Basis für die Diagnose eines Kindes darstellt, denke ich, ein genauerer Blick lohnt sich.

Wie ich bereits erwähnte, geriet das DSM während der Phase seiner freudianischen Prägung wegen seiner Ungenauigkeit unter Beschuss. 1980 wurde ein revidiertes DSM veröffentlicht, das Freudsche Ansichten über Kausalität (Angst wird hervorgerufen durch eine überängstliche Mutter) ausschloss und statt dessen Verhaltenslisten favorisierte, die jede Störung charakterisierten (Angst wird charakterisiert durch übermäßige Angst und Sorge über einen Zeitraum von zumindest sechs Monaten, Schwierigkeiten, die Sorge unter Kontrolle zu halten und so weiter). Diese Symptome könnten theoretisch beobachtet und gezählt werden und so das Bedürfnis der Disziplin nach mehr »Wissenschaft« befriedigen.

Dieses neue DSM war in erster Linie für Wissenschaftler gedacht, die dringend ein Mittel brauchten, um ihre Forschung zu standardisieren. Ich erinnere mich, dass ich als junger Arzt das

Buch zustimmend durchgeblättert habe; ich dachte, ein neutrales, beschreibendes System sei eine Verbesserung gegenüber der früheren Version und könne ein nützliches Werkzeug sein bei Forschungsstudien. Das Buch wird jedoch auch von Ärzten und Psychiatern in Kliniken benutzt. Wenn ein Kind bei der Untersuchung eine minimale Anzahl der Symptome aufweist, ist es ein Kandidat für ein bestimmtes psychiatrisches Syndrom – aber es »hat« dieses nicht notwendigerweise. Im Idealfall führt der Arzt Gespräche mit dem Kind, seinen Eltern und Lehrern, um ein abgerundetes Bild des Patienten und seiner Welt zu bekommen.

Doch Ärzte werden heutzutage stark beeinflusst durch einen biologischen Ansatz. Dieser Ansatz, der das Gehirn als Quelle aller Schwierigkeiten sieht, berücksichtigt nicht die Umgebung des Kindes. Dazu kommt noch, dass selbst die sorgfältigsten Ärzte unter Druck stehen durch Versicherungsgesellschaften und staatliche Stellen, die DSM-Klassifizierungen als Kriterium benutzen für Kinder, die Entschädigungen oder besondere Schulleistungen erhalten und solchen Kindern, die hierauf keinen Anspruch haben.

Unter diesem Druck und nach der Philosophie der heutigen Verfahrensweise geht der Arzt vielleicht lediglich mit den Eltern oder einem Lehrer die Liste der Symptome durch: »Hat Ihr Kind selten, oft oder nie Schwierigkeiten, abzuwarten, bis es an der Reihe ist? Unterbricht oder stört es andere selten, oft oder nie?« Die Antworten werden dann addiert und eine Diagnose wird gestellt. Ein Computer oder ein Laie könnte diese Beurteilung ebenso leicht durchführen. Das Kind selbst wird vom Arzt nur minimal beobachtet: Selten wird sein Verhaltensumfeld – Familienleben, Schule, Freundschaften – berücksichtigt.

Die ordentliche Liste der DSM-Symptome mag objektiv erscheinen, und sie mag auch das Bedürfnis der psychiatrischen Disziplin befriedigen, »wissenschaftlich« zu wirken, aber sie ist stark vom Auge des Betrachters abhängig. Wenn ich versuchte, Michelle nach den DSM-Kriterien in Hinblick auf ein Aufmerksamkeitsdefizit/-Hyperaktivitätssyndrom zu untersuchen, würde ich Carol vielleicht fragen, wie häufig ihre Tochter mit Händen oder Füßen zappelt – selten, oft oder nie? Und sie könnte zu Recht fragen (wie in dem berühmten Fernsehauftritt Tony Sopranos, der den Schulpsychologen seines Sohnes fragte): »Was ist Zappelei?« Oder: »Was ist der Unterschied zwischen *oft* und *selten*?« Und gibt es nicht ohnehin ein normales Maß an Zappelei bei kleinen Kindern in der Schule?

Wenn ich mit Carol darüber rede, ob ihre Tochter übermäßig viel spricht oder herumrennt – Verhaltensweisen, die ebenfalls Symptome für ADHS sind –, muss ich mich selbst ermahnen, dass die Antworten eines jeden Menschen gefärbt sind durch eine individuelle Vorstellung davon, was durchschnittlich ist oder angemessen. Studien zeigen, dass depressive Mütter dazu neigen, die Probleme ihrer Kinder als besonders schlimm zu schildern, und dass Lehrer allgemeiner Schulen dasselbe Verhalten als schwieriger einstufen als Sonderschullehrer. Und keiner von uns hält dieses Rangsystem konsequent ein. Wenn ich Eltern bitte, einen auf DSM basierenden Fragebogen auszufüllen. und sie dann zwei Wochen später erneut bitte, dies zu tun, geben sie weniger Probleme an – selbst wenn ihr Kind keinerlei Behandlung erhalten hat.

Trotz der Aufrufe der American Psychiatric Association und der American Academy of Pediatrics an Ärzte, den Beurteilungsprozess zu verlangsamen und sich mehr Zeit zu nehmen, mit den Kindern und den wichtigen Erwachsenen in ihrem Leben zu sprechen, ist diese ziemlich kühle und schnelle Diagnose-Methode nach wie vor nur allzu verbreitet. Wenn also das Ergebnis einer Beurteilung per Checkliste ist, dass ein Kind mit einer Störung etikettiert wird, frage ich mich, wie viel wir tatsächlich über dieses Kind wissen. Vielleicht verrät uns der Diagnoseprozess per DSM mehr über uns selbst – etwas, woran man sich erinnern sollte, wenn ein Arzt das dicke Buch öffnet.

Irrtum 2: Wenn bei einem Kind eine Störung diagnostiziert wird, hat es ein chemisches Unagleichgewicht.

Bisher gibt es keine verlässlichen wissenschaftlichen Beweise dafür, dass psychiatrische Syndrome durch eine Schwäche bestimmter

Neurotransmitter, ungewöhnliche Blutströmungsmuster oder irgendwelche anderen Gehirnfunktionsstörungen verursacht werden. Die allgemeine Auffassung, dass Depressionen, Angst, ADHS oder andere psychische Krankheiten eindeutig durch ein »gestörtes chemisches Gleichgewicht« verursacht werden, entstammt einem logischen Irrtum, auf den ich im folgenden genauer eingehen werde.

Irrtum 3: Eine Psychodroge, die »wirkt«, beweist, dass das problematische Verhalten durch eine Störung des chemischen Gleichgewichts verursacht wurde.

Diese Logik besagt: Wenn es einem depressiven Menschen nach Einnahme eines Medikaments, das den Serotoninspiegel erhöht (Prozac ist solch ein Mittel), besser geht, dann ist eine unzureichende Menge an Serotonin der Grund für die Depression. Die Depression wurde hervorgerufen durch eine »Gehirnstörung«. Derselbe Irrtum gilt für Ritalin und Hyperaktivität – wenn Ritalin einem Kind hilft, ruhig zu werden, muss es bei dem Kind eine Störung des chemischen Gleichgewichts geben, die durch Medikamente korrigiert wird.

Die Wissenschaft stützt solch definitive Aussagen allerdings nicht. Wenn es jemandem, der Kopfschmerzen hat, durch Einnahme von Aspirin besser geht, schließen wir daraus nicht, dass der Schmerz durch einen Aspirinmangel hervorgerufen wurde. Dies entspräche jedoch der Logik derer, die glauben, dass die positive Wirkung psychoaktiver Drogen die Existenz einer Störung des chemischen Gleichgewichts beweist. In Wahrheit gilt, dass Ritalin und ähnliche Medikamente die Aufmerksamkeit und die Konzentration bei nahezu jedem, der eine entsprechende Dosis einnimmt, erhöhen, ob hyperaktives Kind oder erwachsener Schachmeister. Andere Psychopharmaka, wie Prozac, haben eine ähnlich breite Wirkung bei Menschen, die sich quälen, wie bei denen, die mit ihrem Leben zurechtkommen.

Irrtum 4: Wenn mein Kind eine Störung hat, sind Psychopharmaka die einzig wirksame Behandlungsweise.

Die vielleicht aufregendste Entdeckung, die die Hirnforschung in den letzten Jahren gemacht hat, ist, dass unser Nervensystem modellierbar ist, was bedeutet, dass es sowohl durch Verhaltenstherapie als auch durch Tabletten umgeformt werden kann. Selbst wenn wir also voraussetzen, dass Störungen bei Kindern durch chemische Prozesse im Gehirn hervorgerufen werden, sind wir in der Lage, diese durch nichtmedikamentöse Therapien zu verändern.

Eine Studie der University of California – Los Angeles begleitete eine Gruppe Patienten, die die DSM-Kriterien für zwanghafte Störungen erfüllten. Computertomographien des Schädels hatten gezeigt, dass bei diesen Patienten Glucoseanteile im Stoffwechsel höher waren als gewöhnlich in den Parietallappen. Die Patienten wurden in zwei Gruppen unterteilt. Die erste erhielt eine medikamentöse Behandlung, die zweite ein Desensibilisierungstraining. Ein Patient mit Flugangst sollte z. B. zunächst Fotos von Flugzeugen betrachten, dann einen Film darüber sehen, dann einen Besuch auf dem Flugplatz machen und schließlich an Bord eines Flugzeugs gehen. Am Ende der Studie zeigten beide Gruppen eine Reduzierung der lästigen Symptome. Die wirkliche Überraschung jedoch kam, als die Wissenschaftler eine abschließende Computertomographie durchführten. Die Patienten, die Tabletten erhalten hatten, wiesen nun ein normales Maß an Hirnaktivität auf, *aber dies war auch bei Patienten der Fall, die eine reine Verhaltenstherapie bekommen hatten*. Ich habe Aufnahmen beider Gruppen gesehen, auf denen das Gehirn wie eine Walnuss aussah. Bei beiden Gruppen waren die Ränder der Walnüsse – die Parietallappen – nicht mehr weiß, ein Anzeichen für hohe Aktivität. Sei waren grau oder dunkel, genau wie das restliche Gehirn. Ich erinnere mich, dass ich staunte: Hier ist ein klarer Beweis, dass sowohl Medikamente als auch Umwelteinflüsse die Biochemie verändern können.

Diese Entdeckung lässt – wie die Forschung auf vielen Gebieten der Medizin – stark vermuten, dass sowohl biochemische als auch ökologische Einflüsse an vielfachen Rückkopplungen im ganzen zentralen Nervensystem beteiligt sind und sich gegenseitig während dieses Prozesses formen. »Störungen« als rein genetische oder inhärente neurologische Funktionsstörungen anzusehen, die nur mit Medikamenten behandelt werden können, bedeutet folglich, die neuesten Erkenntnisse der Neurowissenschaft selbst zu ignorieren.

Entwicklungen in der Neurowissenschaft fordern uns auf, das Schwarz-Weiß-Denken abzustreifen, wie etwa: Kind X ist biologisch geschädigt und braucht deshalb Medikamente, aber Kind Y ist lediglich faul und sollte ins Internat abgeschoben werden. Stattdessen ist es notwendig, darüber nachzudenken, wo beide Aspekte, Biologie *und* Umwelt, auf eine Weise ineinanderwirken, dass sie Probleme verursachen – und diese zu lösen.

Veranlagung/Übereinstimmung: Ein weiterer Gesichtspunkt kindlichen Verhaltens

Eine Methode beim Umgang mit kindlichen Verhaltensproblemen ist mir in meiner täglichen Praxis immer besonders nützlich gewesen. Sie verbindet Biologie und Umwelt, bietet Eltern Ursachen an für das rätselhafte Verhalten ihres Kindes *und* gibt Hoffnung für eine positive Veränderung. Es handelt sich um die Veranlagungs- und Übereinstimmungs-Theorie, was ein wenig nach der Art Weisheit klingt, die Ihre Großmutter weitergegeben haben könnte.

In den 1950ern wurden die Kinderpsychologen Stella Chess, Alexander Thomas und Herbert Birch durch ihre eigenen Kinder inspiriert, darüber nachzudenken, ob einige Charakterzüge angeboren und nicht durch frühe Kindheitserlebnisse geprägt sein könnten, wie das freudianische Modell behauptet. Sie führten eine groß angelegte Studie mit mehreren hundert Kindern durch und bestimmten Temperamentskategorien, Basisveranlagungen, die von Geburt an ein inhärenter Teil der Konstitution eines Kindes sind. Diese drei Kategorien – die zugegebenermaßen breit angelegt sind – differenzieren zwischen *einfach, schwierig* und *sensibel*.

Einfache Kinder passen sich ziemlich schnell an Veränderungen an; es sind ausgeglichene, flexible Kinder, die problemlos aus einem Nickerchen aufwachen und ohne Schwierigkeiten zwischen Unterricht und Pause wechseln können. Diese einfachen Kinder im Restaurant zu beobachten, wo sie glücklich ihre Fischstäbchen futtern, kann für Eltern schwieriger Kinder – welche Salz- und Pfefferbehälter auf ihrem Tisch ausleeren oder jammern, weil sie es nicht ertragen, die Remouladensoße auch nur *anzusehen* – ziemlich irritierend sein.

Sensible Kinder zeigen dramatischere Reaktionen, sowohl physiologisch als auch verhaltensmäßig, auf Reize ihrer Umgebung. Wenn Sie die Windel eines sensiblen Kindes wechseln, könnte es rot anlaufen oder blass werden; wenn Sie es einem Fremden vorstellen, wird es praktisch versuchen, in Ihren Bauch zurückzukriechen. Grelles Licht, laute Geräusche und starke Gerüche haben alle eine starke Wirkung auf sensible Kinder. Es kann schwierig sein, Ihr sensibles Kind dazu zu bringen, nachts durchzuschlafen. Diese Kinder fordern eine genaue Routine, z. B. Tag für Tag dieselben Kleider.

Wie sensible können auch *schwierige* Kinder heftig auf leichte Veränderungen in ihrer Umgebung reagieren. Schwierige Kinder sind jedoch außerdem hartnäckig, heftig und impulsiv. Wenn das Kind nicht will, dass seine Windel gewechselt wird, wird es Ihnen dies durch Geheule zeigen, das durchaus bis zum nächsten Wechsel andauern kann, trotz ihrer größten Bemühungen, es zu trösten. Wenn es Hunger hat, dann *muss* es essen, und zwar *jetzt*, Mami! Es ist schwer, sich gegenüber einem solchen Kind zu behaupten; seine Impulse (und die Kraft seiner Lungen) sind möglicherweise viel stärker als Ihre Willenskraft, einen explosiven Wutanfall durchzustehen, insbesondere in der Öffentlichkeit. Schwierige Kinder können auch Probleme damit haben, sich an neue Situationen anzupassen. Es fällt ihnen nicht leicht, einen Gang herunterzuschalten, wenn das Mittagessen oder die Pause vorüber sind und es Zeit ist, zu einer ruhigen Beschäftigung zurückzukehren. Sie schlafen oder essen vielleicht nicht zu regelmäßigen Zeiten und können sich, wie Michelle, durch die Routine des Unterrichts provoziert fühlen.

»Gute Passform«

Einer der attraktiven Aspekte dieser Philosophie ist, schwierige oder sensible Veranlagungen nicht als von Natur aus pathologisch anzusehen. Gemäß dieser Philosophie sind Michelles Hartnäckigkeit und Aggressivität nicht die Symptome einer Störung. Stattdessen erhalten sie einen Platz auf dem langen, langen Kontinuum möglicher Verhaltensweisen, als ein lebendiges Beispiel menschlicher Vielfalt. Eine Welt ohne Michelles wäre vermutlich friedlicher, doch sicher auch weniger interessant.

Ich glaube, Carol wäre erleichtert zu hören, dass eine solche Theorie es vermeidet, den Eltern die Schuld zuzuweisen, wie es beim freudianischen Ansatz der Fall war. Kinder werden mit Tendenzen zu schwierigen oder sensiblen Zügen *geboren*; sie zeigen diese innerhalb der ersten Stunden ihres Lebens. Womöglich wird unsere immer ehrgeizigere Wissenschaft eines Tages biologische oder genetische Markierungen in den Gehirnen oder DNA dieser Kinder entdecken. In diesem Modell bedeutet die biologische Veranlagung – obwohl sie die Basis der Persönlichkeit bildet – kein lebenslanges Urteil. Das Glück oder der Erfolg eines Kindes hängt weniger von den Eigenschaften ab, mit denen es geboren wird, als von dem, was Chess und ihre Kollegen »goodness of fit« genannt haben: eine gute Passform zu finden für Familie, Nachbarschaft, Schule und der Kultur, in der sie leben. Wenn die Veranlagung eines Kindes den Erwartungen und Reaktionen seiner Umgebung entspricht, wird das Leben ziemlich harmonisch verlaufen. Wenn jedoch die Umgebung große Erwartungen an das Kind stellt, ohne ihm die Unterstützung zu geben, mit diesen Herausforderungen fertig zu werden, wird dies wahrscheinlich zu Stress, Konflikten und Verhaltensproblemen führen.

Wenn ich über das Problem der »guten Passform« mit der Umgebung des Kindes nachdenke, erinnert mich das oft an Jenny, eine süße, verträumte Vierzehnjährige, die zwar beliebt war, aber in der Schule schlechte Leistungen erbrachte. Ihre Eltern, die sie an die Universität schicken wollten und hofften, dass sie die Karriereleiter emporsteigen würde, hatten das Gefühl, dass ihre Zukunft gefährdet sei. Jenny wollte ihren Eltern gefallen, konnte aber anscheinend kein Interesse für ihre Aufgaben aufbringen; zudem hatte sie kein besonderes Talent für intellektuelle Belange. Mir drängte sich der Gedanke auf, ob sie nicht vielleicht einfach ein Kind war, das nicht in diese Zeit passte, ein Mädchen, das auf einer Farm vor hundert Jahren aufgeblüht wäre. Sie hätte nach dem Erlernen der Grundkenntnisse die Schule verlassen und ihrer Mutter helfen können, um später einmal selbst ihren eigenen Haushalt zu führen. Auf keinen Fall will ich unterstellen, dass Mädchen in der Küche besser untergebracht sind als im Klassenzimmer – nur, dass es möglich ist, sich eine Umgebung vorzustellen, in der dieses spezielle Kind eher eine Stütze der Gemeinschaft gewesen wäre und keine Kandidatin für Medikamente. Andererseits gibt es heute sicherlich viele Mädchen, deren intellektuelle Neigungen ihnen vor einem Jahrhundert das Leben schwer gemacht hätten.

Lassen Sie uns nun Michelle betrachten, die auf den ersten Blick die Merkmale eines schwierigen Kindes zu zeigen scheint. Sie kommt aus der gehobenen amerikanischen Mittelklasse. Um sie auf eine gute Schule schicken und ihr materiellen Komfort bieten zu können, arbeiten beide Eltern und müssen daher ihr Leben nach einem strengen Plan organisieren. Sie besucht einen anspruchsvollen Kindergarten mit großen Klassenräumen, wo sie schnell von einer Aktivität zur nächsten umschalten muss. In dieser Umgebung ist ihr beharrliches, impulsives Temperament bereits Auslöser von Frustrationen und Zusammenstößen geworden. Doch Studien von Michael Rutter, emeritierter Kinderpsychologe aus Großbritannien, zeigen, dass Michelles wildes Temperament unter bestimmten Umständen auch von Vorteil für sie hätte sein können. Rutter beobachtete afrikanische Kinder während einer Hungersnot und kam zu dem Schluss, dass diejenigen, die weinten und mehr Lärm machten – schwierige Kinder –, öfter gefüttert wurden als pflegeleichte Babys. In dieser Umgebung bedeutet ein schwieriges Temperament einen entschiedenen Überlebensvorteil. Vermutlich gibt es diese Züge bei schwierigen und sensiblen Kindern, weil sie in der Vergangenheit evolutionäre Vorteile besaßen, die immer noch wichtig sein könnten. Wir können nicht gut vorhersagen, welche Fähigkeiten und Talente in zehn Jahren wertvoll sein werden. Denken Sie an den Aufstieg der »Nerds« – erfolgreiche Erwachsene, die vermutlich schlecht in das soziale Milieu ihrer Kindheit gepasst hätten.

Ich halte es für eine nützliche Übung, sich vorzustellen, wie Kinder wie Michelle oder Jenny in einer anderen Zeit oder an einem anderen Ort abschneiden würden, besonders für Eltern, die sich Sorgen machen, dass ihr Kind einfach böse oder krank sein könnte. Ich glaube, dass wir uns alle fragen müssen, ob die überfüllten Klassen, die erschöpften Familien, das intensive Tempo und der Wettbewerb in der Gesellschaft Lebens unseren Kindern eine zu große Bürde aufladen. Mein vorhergehendes Buch, *Running on Ritalin*, wurde zum Teil in der Absicht geschrieben, dieser Besorgnis Ausdruck zu geben. In meiner unmittelbaren Aufgabe als Arzt und Ihrer Aufgabe als Eltern jedoch geht es weniger um gesellschaftliche Kritik als vielmehr darum, einem spezifischen Kind, das in einer vorgegebenen Gesellschaft leben muss, zu helfen.

Sollten Michelles Eltern sich schuldig fühlen, dass es keine Hungersnot gibt, die ihrer Tochter eine Umgebung bieten würde, ihren Charakter zum Glänzen zu bringen? Sollten Jennys Eltern ihr die Erlaubnis geben, die Schule hinzuschmeißen (solange sie jeden Abend für das Essen sorgt)?

Natürlich nicht. Die Herausforderung, innerhalb einer Familie, eines Viertels, einer Schule und einer Kultur zu leben, ist etwas, mit dem wir alle konfrontiert werden; Familienregeln zu lernen und mit den Anforderungen des Lebens in der Gemeinschaft umzugehen gehören zu den großen Pflichten und Freuden der Menschheit. Doch einige unserer Kinder benötigen spezielle Unterstützung beim Lernen, »hineinzupassen«, ohne ihre einzigartigen Persönlichkeiten zu opfern. Es ist hilfreich, sich bewusst zu machen, dass die gegenwärtigen Probleme eines Kindes auch den Kampf widerspiegeln, den viele von uns mit größeren gesellschaftlich-kulturellen Anforderungen austragen.

Während ich über das Wesen der Probleme unserer Kinder nachdenke, erinnere ich mich an das Werk von George Engels, einem Internisten, der von den 1960ern bis in die 1980er Jahre sehr umfassend über die Interaktion zwischen Biologie und Erziehung schrieb. Er kritisierte, dass das rein medizinische Modell der Krankheit – nicht nur psychische Krankheiten, sondern »klassische« wie Lungenentzündung oder Ohrentzündungen – die emotionalen und sozialen Faktoren, die zu dem Problem beitrugen, nicht berücksichtige. Das Interesse an Engels' Werk erreichte seinen Höhepunkt gerade bevor das revolutionäre und »wissenschaftliche« Diagnosemanual DSM veröffentlicht wurde. Es liegt eine gewisse Ironie darin, dass die amerikanische Psychiatrie, anstatt die übrige medizinische Welt dahin zu führen, einen ganzheitlichen Blick für Krankheiten zu entwickeln, sich für das rein medizinische Modell entschied, um ihren Status als Wissenschaft zu schützen.

Hilfe für Michelle, eine Passform zu finden

Im Gespräch mit Carol und ihrem Mann würde ich, nachdem ich Michelle beurteilt habe, etwa Folgendes sagen:

»Ja, Michelle würde bei einigen Ärzten einige der DSM-Kriterien für das Aufmerksamkeitsdefizitsyndrom mit Hyperaktivität, den kombinierten Typus, erfüllen. Dieses Etikett kann nützlich sein, wenn ihr dadurch besondere Leistungen in der Schule zustehen oder wenn es Ihre Versicherungsgesellschaft überzeugt, für unsere Stunden zu zahlen.

In unseren Gesprächen ziehe ich es jedoch vor, kein Etikett zu benutzen, wenn ich Michelle beschreibe. Ich denke, dadurch konzentrieren wir uns zu sehr darauf, was *falsch* ist, und stellen sie als Stereotyp oder Krankheitsfall hin. Stattdessen ziehe ich es vor, Ihre Tochter mit all ihren Stärken und Schwächen darzustellen. Lassen Sie uns Michelle mit neutraleren Worten charakterisieren: energiegeladen, gefühlsbetont, trotzig und ablehnend gegenüber Veränderungen. Einige dieser Eigenschaften machen sie zu dem aktiven, unbändigen Mädchen, das Sie lieben. Sie wissen jedoch aus erster Hand, dass Sie sie auch zu einem Kind machen, das schwer zu erziehen ist; vor allem hat sie Probleme, sich an die Schulstrukturen anzupassen.«

Indem ich Michelle und ihr Problem in dieser Weise beschreibe, interpretiere ich ihr Verhalten als eine normale Variation einer Persönlichkeit, die sich schlecht in die Umgebung einfindet. Dies bedeutet nicht, dass Michelle nicht einige gravierende Probleme hat, aber es ist gedanklich ein großer Unterschied zu der Aussage »Michelle hat eine Störung«. Da sie sowohl angeborene Charakterzüge als auch Umweltfaktoren berücksichtigt, erlaubt eine solche Beschreibung mehr Möglichkeiten an Behandlungen. Michelles Eltern und ich werden vermutlich Wege diskutieren, ihr zu helfen, sich auf Veränderungen vorzubereiten und ihre Impulsivität in den Griff zu bekommen. Wir werden uns ihre Umgebung ansehen: Was kann man vernünftigerweise von ihr erwarten? Sicherlich können – und sollten – Michelles Eltern von ihr verlangen, sich zum Abendbrot an den Tisch zu setzen und aggressives Verhalten zu unterlassen. Sie wird besser »hineinpassen« , wenn ihre Eltern klare Regeln aufstellen und ihr mehr Aufmerksamkeit, Unmittelbarkeit und Verlässlichkeit zeigen.

Michelles schulische Umgebung kann ein Teil des Ganzen sein, mit den großen Klassenräumen und den umfangreichen Lehrplänen. Vielleicht haben ihre Lehrerinnen Fortbildungslehrgänge besucht, die sie ermutigen, viele Varianten kindlichen Verhaltens als potentielles ADHS einzustufen. Hier wäre ein Besuch in der Schule, um ein Verhaltensprogramm für Michelle zu erarbeiten, angebracht; im Falle eines Scheiterns sollte ein Klassen- oder sogar Schulwechsel erwogen werden.

Es muss noch mehr über das Leben zu Hause gesprochen werden – gibt es finanzielle Sorgen, Spannungen in der Ehe oder widersprüchliche Haltungen in puncto Disziplin, die zu Michelles Schwierigkeiten beitragen könnten? Was für Beispiele gibt es, unter welchen Umständen Familienmitglieder – einschließlich Michelle – sich gut verstanden haben, und was können wir daraus lernen? Wir können uns auch Aktivitäten für Michelle überlegen – vielleicht Kampfsport, Schwimmen oder Gymnastik –, die ihrem Kräfteüberschuss entgegenkommen und ihr ein Gefühl vermitteln, etwas geleistet zu haben. Wenn Michelle nach all dem immer noch Schwierigkeiten hat, könnten vorsichtig Psychopharmaka zu Hilfe genommen werden.

Wenn ich mich entschließe, ein Medikament zu verschreiben, versuche ich klar zu machen, dass ich nicht die »Störung« eines Kindes »kuriere«, sondern vielmehr ein weiteres Mittel hinzuziehe, um dem Kind zu helfen, sich so zu benehmen, wie es das selbst gern täte. Manchmal können Tabletten Kindern auf die Sprünge helfen, wenn sie in Gefahr sind, sich selbst aufzugeben oder mit anderen herumzuhängen, die ihr schlechtes Selbstbild ausnutzen. Im Notfall können Pillen einem Kind auch helfen, in einer regulären Klasse oder Schule zu bleiben, wenn es für die Eltern keine andere Möglichkeit gibt – mit anderen Worten, sie sind ein weiteres Mittel, eine gute Passform für Kind und Umgebung zu ermöglichen.

Medikamente bringen jedoch Kindern, Eltern oder Lehrern keine Strategien bei, zurecht zu kommen; sie helfen ihnen lediglich auf die Beine. Wenn ich Michelle Medikamente verschreiben müsste, würde ich ihre Eltern bitten, Verhaltenstherapie neben Tablettenbehandlung fortzuführen. Sonst könnte Michelle – und ihre Eltern – anfangen zu denken, dass sie ohne Pharmazeutika nicht zurecht käme. Wenngleich dies auf eine sehr kleine Gruppe Kinder zutreffen mag, bin ich optimistisch, dass die meisten Kinder, selbst die mit schweren Verhaltensauffälligkeiten und emotionalen Problemen, jene Fähigkeiten erlernen können, die ihnen helfen, ihr Leben zu meistern, oftmals ohne jegliche Medikation.

3. Hat Ihr Kind eine vollständige und nach ethischen Gesichtspunkten vertretbare Beurteilung erhalten?

Eine Mutter erzählte mir einmal von einem Telefonat mit einem Spezialisten wegen des Stör-Verhaltens ihrer Tochter. Der Arzt riet ihr, einen Fragebogen auszufüllen, den er ihr per Post zusenden würde, und die Lehrerin des Mädchens ebenfalls einen ausfüllen zu lassen. Nachdem er die ausgefüllten Bögen erhalten hatte, schickte er der Frau ein Rezept für Ritalin. Er hatte weder das Kind noch die Eltern je zu Gesicht bekommen!

Ich kenne persönlich keinen Arzt, der diese Art Praxis gutheißt. Es würde die Türen weit öffnen für Klagen wegen Verstoßes gegen das Berufsethos, ganz zu schweigen davon, dass diese Praxis wahrscheinlich illegal ist. Ich fürchte aber, dass diese unglaubliche Geschichte einfach ein extremes Beispiel ist für einen eindeutigen Trend: schnelle Beurteilungen nach Schema F, bei denen Ärzte lediglich Symptome des DSM-Katalogs abfragen und diese addieren. Spezialisten wie verhaltenstherapeutische Kinderärzte oder Psychiater nehmen typischerweise nur *eine* 45–50 Minuten dauernde Beurteilung vor, bevor sie zu einem Schluss kommen. Die meiste Zeit hiervon wird dafür verwandt, mit einem Elternteil zu sprechen (gewöhnlich die Mutter); eine kurze Zeitspanne wird dem Zusammentreffen mit dem Kind gewidmet. Wenn der betreffende Arzt kein Spezialist ist, sondern ein Allgemeinarzt, dauert die Beurteilung möglicherweise nicht länger als 20 oder 30 Minuten. Meiner Meinung nach ist eine solche Beurteilung »auf die Schnelle« unethisch. Es kürzt das Verfahren ab, größtenteils zugunsten von Geschwindigkeit und Geld, und die Tendenz für eine Behandlung geht in Richtung Medikation, die kurzfristige Veränderungen herbeiführen mag, jedoch größere Fragen aufwirft hinsichtlich Langzeitwirkung und Sicherheit. Außerdem können Medikamente nicht das moralische Äquivalent zu besserer Elternschaft und Erziehung für das Kind sein.

Bevor Sie hinter der Diagnose für Ihr Kind stehen, fragen Sie sich vermutlich, ob es eine komplette und dem medizinischen Ethos entsprechende Beurteilung erhalten hat, eine, die mehrere Besuche beinhaltet und viel mehr als das reine Zählen von Symptomen umfasst. Eine wirklich gründliche Untersuchung bedeutet sicherlich mehr als einen kurzen Besuch, und mit Sicherheit braucht sie mehr Zeit; ich habe festgestellt, dass die Ergebnisse für Eltern und Kinder aber auch sehr viel befriedigender ausfallen. Eine langsamere, ernsthaftere Erforschung des Kindes und seiner Lebenswelt wird ganz natürlich zu einer fruchtbaren Abwägung beider – medikamentöse oder nichtmedikamentöse – Behandlungsweisen führen, anstelle eines Arztes, der automatisch nach seinem Rezeptblock greift.

In diesem Kapitel möchte ich die Geschichte der Familie Gardner erzählen und wie sie zu ihrer Diagnose kam. Die Geschichte ist bemerkenswert auf Grund der starken Entfremdung und Feindseligkeit, die zwischen den Eltern des Jungen herrschte. Wenngleich es nicht ungewöhnlich ist, dass Spannungen in der Ehe Verhaltensprobleme erzeugen, möchte ich auf gar keinen Fall andeuten, dass die Schwierigkeiten der Kinder *immer* nur die Probleme von zu Hause reflektieren. In der Tat kann die Aufgabe, ein schwieriges Kind zu erziehen, eine Ehe belasten. Ich erzähle Ihnen diese Geschichte, weil sie zeigt, wie durch eine inadäquate Untersuchung offensichtliche Umweltfaktoren leicht übersehen werden könnten, die zum Verhalten des Kindes beitragen; ich möchte dadurch auch Prioritäten meinerseits herausstellen, z. B. dass beide Elternteile in die Diagnose und die Behandlung mit eingebunden werden. Andere Umstände im Fall Gardner, wie eine verborgene Lernschwäche, erinnern lebhaft daran, wie wichtig es ist, eine gründliche Untersuchung durchzuführen, bevor man zu einem Schluss kommt.

Einbeziehen der Väter

Zunächst sprach ich mit Holly Gardner, Reeses Mutter, am Telefon. Holly erklärte mir, dass Reese, der knapp sieben war, in der Schule Verhaltensprobleme und Mühe hatte, seine Arbeit zu beenden. Seine Lehrerin hatte vorgeschlagen, dass Reese während der Sommerferien auf ADHS »getestet« werden sollte. So weit verlief unser Gespräch wie diverse andere, die ich während einer typischen Woche führe. Erst als ich nach Reeses Vater fragte, begannen bei mir die Alarmglocken zu klingeln.

Hollys Stimme schnürte sich zusammen bei meiner Frage. Sie erklärte, dass sie sich von Reeses Vater Ari vor zwei Jahren getrennt habe. Und die Scheidung war gerade ausgesprochen worden. Ari und Holly hatten gemeinsames Sorgerecht; Reese verbrachte eine

Woche bei einem Elternteil und die darauf folgende beim anderen. »Aber Ari hat bestimmt kein Interesse, mit Ihnen zu sprechen«, sagte sie. »Er könnte sogar versuchen, Reese davon abzuhalten, zu Ihnen zu kommen, und das kann ich nicht zulassen.«

Obgleich die meisten Untersuchungen heutzutage mit einem Anruf der Mutter des Kindes beginnen, bin ich der festen Überzeugung, dass *beide* Elternteile – verheiratet, geschieden oder getrennt – einbezogen werden müssen. Wenn Vater und Mutter Teil der Diagnose sind, erhalte ich einen umfassenden Einblick in die Welt des Kindes, verbunden mit einer geeigneteren Auswahl potentieller Lösungen.

Die Mutter ist – auch heutzutage – in den meisten Fällen der erste Elternteil, der Kontakt mit mir aufnimmt (vielleicht, weil Schulen dazu neigen, sich zunächst an die Mutter zu wenden, wenn es Probleme gibt, selbst wenn beide Elternteile berufstätig sind). Wenn sie mir erzählt, dass der Vater des Kindes zur ersten Sitzung nicht erscheinen kann oder will, erläutere ich meinen Standpunkt und versuche, mit ihr Lösungen zu suchen. Wenn der Vater arbeiten muss, versuche ich häufig, einen Termin am Beginn oder Ende des Tages vorzuschlagen. Wenn der Vater nicht glaubt, dass das Kind wirkliche Probleme hat, sage ich, dass es *umso wichtiger* ist, dass auch er hinzukommt. Wenn Eltern uneinig sind, wie mit einem Problem umzugehen ist bzw. ob es tatsächlich überhaupt ein Problem gibt, ist es für mich umso wichtiger, mit beiden zu sprechen. Wenn die Mutter mir erzählt, dass der Vater ausgesprochen ablehnend reagierte, bitte ich um Erlaubnis, ihn direkt anzurufen. In meinen zwanzig Jahren Praxis-Erfahrung kann ich die Zahl der Väter, die sich geweigert haben, mich wenigstens einmal aufzusuchen, an weniger als zehn Fingern abzählen. Bei diesen Gelegenheiten habe ich jedes Mal eine ganze Menge über die Familie gelernt und kann in solchen Fällen beinahe garantieren, dass das größte Problem in der Familie zwischen den Eltern besteht und nicht beim Kind liegt.

Als Holly mir erzählte, dass Ari nicht nur kein Interesse an einer Untersuchung hätte, sondern ausdrücklich dagegen sei, beschloss ich, vorsichtig vorzugehen. Sie war so offensichtlich angespannt bei der bloßen Erwähnung des Namens Ihres Ex-Ehemannes, dass ich sie zunächst einlud, allein zu kommen. Ich wusste, dass es besser wäre, persönlich zu besprechen, ob Ari einbezogen werden sollte.

Das Erstgespräch

Der erste Baustein einer vollständigen Beurteilung ist die Geschichte des Problems. Ich ziehe es vor, diese Informationen ohne Beisein des Kindes zu erfragen, weil es schwer für die Eltern ist, zu sprechen, wenn ein Kind sich dreht und windet oder fragt, ob es mit den Spielsachen auf meinen Regalen spielen darf. Auch schätze ich die gängige Praxis nicht, vor dem Kind ausführlich über seine Probleme zu reden, als sei das Kind ein Stück Möbel ohne Gefühle. Im Verlauf der Therapie möchte ich unbedingt die Familie in Aktion sehen, und ich muss die Probleme direkt vom Kind erfahren. Aber zunächst möchte ich die frei geäußerte Meinung der Eltern hören.

Holly, eine große, gertenschlanke Frau um die vierzig, betrat meine Praxis und gab mir die Hand. Sie trug Blazer und Rock für ihren Public Relations Job. Sie sah professionell aus, doch ich spürte ihre Verletzlichkeit von Anfang an.

Holly setzte sich auf die Kante des Stuhles. »Reese tut nichts, was er nicht tun will, weder in der Schule noch zu Hause. Seine Lehrerin in der ersten Klasse sagte mir, dass sie Probleme mit Reese hätte, hauptsächlich wenn es darum geht, ihn dazu zu bringen, seine Aufgaben zu machen. Er verhält sich auch störend, und sie glaubt, dass er hyperaktiv ist.« Holly fuhr fort zu erklären, dass Reese langsamer lesen und buchstabieren gelernt habe als die anderen, obwohl er am Ende des Schuljahres den Dreh herausgekriegt zu haben schien.

Ich fragte sie nach Beispielen für die Probleme zu Hause. Holly verdrehte die Augen. »Er testet mich mit allem. *Alles* ist ein Kampf.« Wenn sie nicht neben ihm saß, wenn es Zeit für die Hausaufgaben war, schlich er sich aus dem Zimmer, um fernzusehen oder mit dem Hund zu spielen. Sich morgens für die Schule fertig zu machen war das gleiche Drama. Sie musste mehrmals in sein Zimmer gehen und ihn scheinbar aufwecken, obwohl beide wussten, dass er wach im Bett lag. Er stellte den Fernseher an, wenn er frühstücken sollte, und konnte sich dann nicht davon losreißen, um sich anzuziehen. Es endete damit, dass sie sich anschrieen und Holly buchstäblich Reese' Füße in die Schuhe hineinzwängte. Manchmal schlug Reese auf sie ein. Holly schwieg, um Luft zu holen. »Könnte es ADS sein?«

Reese zeigte deutlich einige ernsthafte Probleme mit Holly, wobei mich das Schlagen am meisten beunruhigte. Doch Holly hatte bisher noch nicht viele Beispiele für impulsives, unaufmerksames oder hyperaktives Verhalten beschrieben, die Eckpfeiler einer ADHS-Diagnose. Stattdessen ließ mich das, was ich hörte, an ein Kind denken, das provozierend, heftig und entschlossen war. Im weiteren Verlauf unseres Gespräches fragte ich sie, ob Reese sich über einen längeren Zeitraum auf Aktivitäten, die er mochte, konzentrieren könne, abgesehen von Videospielen, die für Hyperaktive wie geschaffen zu sein scheinen. Laut Holly konnte Reese bis zu einer Stunde allein mit K'nex (einer Art Baukasten) oder mit Robotern spielen. Obwohl die Fähigkeit, bei Dingen, die einem Kind Spaß machen, zu bleiben, nicht notwendigerweise Hyperaktivität oder Unaufmerksamkeit ausschließen, kann man davon ausgehen, dass bei einem sehr geschädigten Kind der Patient sich nicht einmal auf Dinge, die ihm Spaß machen, konzentrieren kann. Reese gehörte glücklicherweise nicht in diese Kategorie schwerer Fälle.

Später im Gespräch fügte Holly hinzu: »Manchmal kann Reese aber sehr schnell die Beschäftigungen wechseln. Und er ist so hyperaktiv, vor allem wenn er von der Woche bei seinem Vater zurückkommt.« Nach der Rückkehr in ihr Haus war Reese sprunghaft, verbrachte nur ein paar Minuten mit einem Spielzeug, bevor er es für ein anderes fallen ließ. Selbst Fernsehen konnte seine Aufmerksamkeit dann nicht fesseln. Er war widerspenstiger als sonst und weigerte sich, zum Abendessen zu kommen – ein ungewöhnliches Verhalten für ihren stets hungrigen Jungen.

Ein solches Verhalten ist ein vertrautes Muster; Kinder, die mal hier, mal dort leben, wirken oft ein, zwei Tage lang nach dem Wechsel »elektrisiert« oder noch gefühlsbetonter. Wieder hatte ich das Gefühl, dass dies nicht so sehr Anzeichen für Hyperaktivität waren, sondern weitere Beispiele für ein leicht frustriertes, entschlossenes Kind, das offenbar mit den Übergängen zu kämpfen hatte.

An diesem Punkt hätte es mir möglich sein können, Reese in eine psychische Kategorie einzuordnen. Ob er den Kriterien für ADHS entsprach, war immer noch unklar, aber dafür passte die Beschreibung oppositioneller Verhaltensstörungen (ODD), ein Syndrom, das charakterisiert wird durch wütenden Ungehorsam, und möglicherweise sogar einer bipolaren Störung. Allzu viele Diagnosen hätten in der heutigen Zeit hier geendet, und Holly wäre mit einem Rezept in der Hand nach Hause gegangen. Doch eine vollständige Diagnose fordert mehr, sowohl von den Eltern und als auch dem Patienten. Und so begannen Holly und ich, über die Scheidung zu sprechen.

Es war eine hässliche Trennung gewesen, mit einem langen Rechtsstreit über finanzielle Fragen und das Sorgerecht für Reese. Zwei Jahre nach der ersten Trennung, erzählte mir Holly, habe sie sich immer noch von Ari schikaniert gefühlt. Er hinterließ wütende, zehnminütige Nachrichten auf ihrem Anrufbeantworter, beschuldigte Holly wegen ihrer Unfähigkeit, ihren Sohn unter Kontrolle zu bringen, wollte Zeit und Ort für die Übergabe des Kindes ändern, forderte Holly auf, dass sie ihren geplanten Urlaub verschieben müsse, oder verlangte mehr Geld. Zunächst holte Ari Reese in ihrem Haus ab, doch oftmals brüllte er sie an und hielt, laut Holly, einmal sogar die Haustür von außen zu, so dass sie nicht weg konnte.

Holly hatte angefangen, über Ari zu sprechen, wobei sie mich intensiv und voller Verachtung im Blick anstarrte. Doch bald milderten Traurigkeit und Resignation ihre Züge. »Jetzt übergeben wir Reese einander jede Woche auf einem Parkplatz bei McDonald's. Ich habe ihm gesagt, wir müssten über ein schriftliches Protokoll miteinander kommunizieren anstatt zu reden. Ich nehme an, dass ich nie sehr gut darin war, mich zu behaupten. Ich versuche einfach, seine Telefonmitteilungen zu ignorieren, und hoffe, dass er mich in Ruhe lässt.«

Doch je mehr Holly versuchte, sich zu verstecken, desto mehr wurde sie von Ari verfolgt. Seine Protokoll-Eintragungen zogen sich über Seiten hin, auf denen er Hollys Verhalten als Mutter kritisierte. Und er begann, ihr eingeschriebene Briefe zu schicken, in denen er drohte, sie auf ein ausgedehntes Sorgerecht zu verklagen.

Holly war überzeugt, dass Ari versuchen würde, eine Untersuchung von Reese zu blockieren, und sie erwartete, dass er jegliche Vermutung, sein Kind könne ADHS haben, zurückweisen würde. Sie fürchtete außerdem, dass er die Schulprobleme des Jungen und ihre Beratung bei mir als Beweis auslegte für ihre Inkompetenz als Mutter. Ich konnte sehen, dass sie wirklich Angst hatte, aber ich musste ihr die Wahrheit sagen: Ohne Aris Wissen oder Erlaubnis hatte ich Zweifel, irgend etwas für ihren Sohn tun zu können. Ich nannte ihr mehrere Gründe. Zum einen wäre meine Diagnose nicht vollständig, möglicherweise inakkurat, weil ich auf die Ansicht einer der beiden wichtigsten Personen in Reese' Leben verzichten müsste.

»Der wichtigste Punkt ist jedoch«, erklärte ich, »dass ein wütender, antagonistischer Elternteil wirkungsvoll Wochen meiner Arbeit und all Ihre Bemühungen an nur einem Wochenende mit seinem Sohn zunichte machen kann. Wenn Reese mit Ihnen zu mir kommt, könnte dies zu einem Akt der Illoyalität gegenüber seinem Vater werden. Wenn wir entscheiden, dass Reese ein Medikament bekommen sollte, könnte der einfache Vorgang, eine Pille einzunehmen, dieselben Konsequenzen haben.«

Holly stimmte zögernd zu, dass ich Ari anrufen würde, nachdem sie ihm eine Mitteilung geschickt hätte, dass wir uns getroffen hatten. Ich atmete tief durch, bevor ich den Hörer abnahm; mein kurzes Gespräch mit Ari verlief jedoch reibungslos. Er stimmt sofort zu, zu mir zu kommen und mit mir über Reese zu sprechen. Diese kurze Episode zeigt einen der Gründe, warum es nützlich sein kann, professionelle Hilfe zu suchen: Außenstehende wie ich sind nicht an die unausgesprochenen, aber mächtigen »Familienregeln« gebunden. In diesem Fall war die »Regel«, dass Ari jegliche dringende Bitte zurückweisen und damit den Bittenden verletzen würde. Als Außenstehender sorgte ich mich weniger um diese Regel bzw. darum, verletzt zu werden, als Holly, und diese Einstellung spiegelt sich wahrscheinlich bei meiner Kontaktaufnahme mit Ari wider. (Aber ich bin nicht immer erfolgreich. Jeder von uns, auch Fachleute, hat seine eigenen Komplexe und Regeln, die bewirken können, dass er von der betroffenen Familie beeinflusst wird).

Ari Gardner war ein gepflegter, tadellos gekleideter Mann von einnehmendem Äußeren. Als er meine Praxis betrat, lächelte er und dankte mir dafür, auf ihn zugegangen zu sein. Doch als wir zu reden anfingen, nahm Aris Stimme einen dunkleren Ton an und er begann, aufgeregt zu sprechen. Sein ganzer Körper verspannte sich, als er sich in seinem Sessel vorwärts lehnte, wobei er einen Finger mit Nachdruck gegen mich richtete.

»Ich glaube nicht an dieses Zeug mit ADHS. Reese steht mir viel näher als Holly. *Ich* habe keine Probleme mit ihm. Die Schule ruft *mich* nicht an, um sich zu beschweren, wenn er *bei mir* ist. Und jetzt versucht sie, ihre eigene Unfähigkeit hinter ADHS zu verstecken, und ist bereit, dem Jungen Medikamente zu geben, bloß um ihr Ziel zu erreichen.« Obwohl Ari wütend war und offensichtlich versuchte, mich einzuschüchtern, schätzte ich seine Direktheit. Auch konnte ich sein Widerstreben, Reese Psychopharmaka zu geben, nachempfinden.

»Er hört auch nicht immer auf mich«, sagte Ari, wobei er seine Handflächen nach oben drehte. »Aber das ist nicht so unnormal bei einem Jungen.« Er gab zu, das Reese einige Probleme hatte, »seine Arbeit in der Schule zu erledigen«, aber Ari reagierte auf die Analyse der Lehrerin anders. Seiner Meinung nach hatte die Lehrerin das Gefühl, die Probleme seien »zu bewältigen«.

Ich erinnerte Ari daran, dass er, wenn er dabei bliebe, mehr Einfluss auf den Prozess der Behandlung haben würde. Nach einigem weiteren Reden und beträchtlichem Schimpfen willigte er ein, zusammen mit Reese wiederzukommen. Er machte mir jedoch klar, dass er nach wie vor skeptisch sei.

Das Familiengespräch

Ich habe festgestellt, dass das Familiengespräch, an dem jeder, der mit dem Kind zusammenlebt – Eltern, Geschwister, Großeltern –, 45 Minuten lang teilnimmt, der nützlichste Teil meiner Diagnose ist. (Wenn ein Kind in zwei verschiedenen Wohnungen lebt, z. B. auf Grund einer Scheidung, bitte ich darum, dass jede Familie getrennt kommt, so dass ich das Kind in seiner gewohnten Umgebung sehe). Seit meiner Ausbildung am Child Study Unit an der University of California – San Francisco, wo betont wurde, wie wichtig es ist, ein Kind in seiner Umgebung zu erleben – als Teil einer vielseitigen Behandlungsmethode –, lege ich viel Wert auf das Familiengespräch. Dies mag heute selbstverständlich klingen, galt aber noch in den 1970ern als radikal, als der freudsche Ansatz noch immer die Kinderpsychologie dominierte. Heute steht dieses Vorgehen in krassem Widerspruch zum schon fast wahnhaften Glauben an biochemische Erklärungsmuster.

Wenn ich mit einer Familie zusammensitze, kann ich ihre Stärken als Gruppe hervorheben und einige der Schwierigkeiten notieren. Noch wichtiger ist vielleicht, dass zwischen den Eltern und mir eine gewisse Verbindung entsteht, wenn wir alle erlebt haben, wie sich das Verhalten des Kindes in einer realen Zeitspanne entfaltet. Manchmal hilft mir das, was ich entdecke, die Familie in einem neuen, aufschlussreichen Licht zu sehen. Ich habe einmal mit einem Zwölfjährigen gearbeitet, der ständig mit seinen Eltern stritt und der in zwei Fächern in der Schule durchgefallen war. Als jedoch die ganze Familie hereinkam, war es seine sechsjährige Schwester, die außer Kontrolle geriet, im Raum herumrannte und Bennett aufzog. Er beleidigte sie, nannte sie einen Depp und Hohlkopf und machte sich über ihre Zeichnungen lustig. Da sie zu klein war, um sich mit entsprechenden verbalen Angriffen zu wehren, versuchte sie entweder, ihn zu kratzen, oder sie brüllte nach ihren Eltern. Ich bekam einen intensiven Eindruck davon, wie schwierig das Leben für die gesamte Familie sein musste; ich erkannte ebenso, dass die Unfähigkeit des Jungen, mit den Provokationen seiner Schwester umzugehen, darauf hindeutete, wie labil und wenig selbstbewusst er war. Ich machte mir Sorgen wegen der Auswirkungen seiner wiederholten Angriffe auf das kleine Mädchen, aber ich musste auch zugeben, dass sie einem ziemlich auf die Nerven gehen konnte. Unsere künftige gemeinsame Arbeit würde auch bedeuten, dass ich die Eltern unterstützen musste, mit dem Verhalten des Mädchens fertig zu werden und Bennett zu helfen, einige alternative Mittel zu finden, auf sie zu reagieren.

Um auf Reese zurückzukommen: Laut Plan sollte ich ihn zunächst mit seinem Vater treffen. Meine Praxis besteht aus drei Räumen: dem Wartezimmer, einem ziemlich großen und spartanisch eingerichteten Familienraum, in dem Kinder sich ausbreiten und auf dem Fußboden spielen können, ohne sich anzurempeln (er ist auch kindersicher, so dass die Erwachsenen reden können, ohne Kleinkinder überwachen zu müssen) und einem weiteren, kleineren Raum, wo entweder die Familie oder ich mit den Kindern reden oder spielen können. In diesem Zimmer befindet sich an der Rückwand ein Regal mit kleinen Figuren und Miniaturspielsachen. Reese stürmte in den Familienraum, ohne auf seinen Vater oder eine Vorstellung zu warten. Er ging schnurstracks auf die Spielsachen zu, die er in dem Spielzimmer sah, doch ein scharfer Ton von Ari ließ Reese auf dem Absatz kehrt machen und zum Sofa kommen.

Reese nahm Platz und zum ersten Mal hatte ich eine Chance, ihn physisch zu beobachten. Er war ein Junge von mittlerer Größe mit strohblonden Haaren – ein normal aussehendes Kind, das jedoch ständig die Stirn runzelte. Wir drei brachten es fertig, fünfzehn Minuten lang ernsthaft miteinander zu reden, trotz einiger Unterbrechungen von Reese. Nicht hervorragend, aber auch nicht schlecht für einen Siebenjährigen.

Ich entdeckte ein Muster in Aris Unterhaltung mit Reese. Es lief ungefähr so:

»Wenn du weißt, dass deine Lehrerin ärgerlich sein wird, warum beendest du dann nicht deine Arbeit in der Schule?« fragte Ari.

»Ich weiß nicht«, antwortete Reese.

»Nun, *versuchst* du es wenigstens?«

»Ja«, sagte Reese in sachlichem Ton.
»Kannst du dich nicht mehr anstrengen?«
»Ich weiß nicht.«
»Du weißt, dass du bestraft wirst, wenn du dich nicht anständig benimmst, richtig? Also, warum tust du's nicht?«
»Ich weiß nicht. Können wir jetzt spielen?«

Ich vermutete, dass Ari und Reese diese Art Gespräch schon oft geführt hatten. Ari bestätigte dies mit einem kräftigen Nicken. Er versuchte, seinen Sohn mit verbaler Logik in die Enge zu treiben, doch Reese – der sehr wohl imstande war, die Fragen zu beantworten – spürte ganz richtig eine Falle. Er wich seinem Vater aus mit der altbewährten kindlichen Methode, sich dumm zu stellen. Aris strenges Verhör mochte beabsichtigt haben, Reese dazu zu bringen, das Problem zu verstehen, wirkte jedoch eher wie ein Machtspiel, wie die Art Taktik, über die sich Holly beklagt hatte.

Von dem, was ich von Holly gehört und von Ari gesehen hatte, hätte ich ihn für einen autoritären, kontrollierenden Vater halten können. Doch als Ari und Reese mit den Sachen auf dem Regal spielten, entwickelte sich ein merkwürdiges Duo. Ari hielt ein Spielzeug hoch und wartete auf Reese' Zustimmung – Reese ließ sich darüber aus und wies es dann zurück. Darauf wählte Ari ein anderes aus und danach wieder eines, mit dem gleichen Ergebnis. Es stellte sich heraus, dass er tatsächlich einigen Respekt vor seinem Sohn hatte. Als Reese einen Lincoln Log (Plastikteile zum Zusammenstecken) durch den Raum katapultierte, bat Ari ihn sanft, es zu unterlassen. Reese fuhr fort, Lincoln Logs durch meine Praxis fliegen zu lassen, worauf Ari ohne große Wirkung meinte: »Ich finde nicht, dass du das tun solltest.« Erst als eines der Teile mich beinahe traf, sprang Ari abrupt auf und entriss seinem Sohn die Spielsachen. Reese war für einen Moment eingeschüchtert, doch dann ging er zu einer anderen Beschäftigung über.

Ari war eine gebieterische Persönlichkeit, aber er schien Konflikte mit Reese zu vermeiden. Ich fragte mich, ob er befürchtete, dass er seinen Sohn, wenn er ihm Grenzen setzte, veranlasste, Holly vorzuziehen. Ich notierte im Stillen für mich: Wieviel von Reese' Verhalten war ein Versuch, seine Eltern dazu zu bringen,

Stärke und Beständigkeit zu zeigen, zu beweisen, dass es Sicherheit gab in dieser sich ständig verändernden Welt?

Einige Tage später in dieser Woche kamen Holly und Reese zu ihrem Familientermin. Unser Gespräch verlief ruhiger als das mit Ari. Diesmal schaffte Reese ein zwanzigminütiges Gespräch ziemlich mühelos. Mutter und Sohn fühlten sich sichtlich wohl miteinander; sie führten einen offenen Dialog über die Probleme in der Schule und zu Hause. Im Gegensatz zu den wiederholten »Ich weiß nicht«-Antworten gegenüber seinem Vater erzählte Reese seiner Mutter und mir, dass es »das Hinterletzte« sei, wenn seine Eltern sich stritten. Er sagte, sein Vater sei »gemein«. Ich nahm diese Kommentare ernst, bedachte dabei aber die speziellen Zuhörer, denen er seine Meinung mitteilen wollte.

Ich legte ein großes Stück Papier auf den Kaffeetisch und bat Holly und Reese, gemeinsam ein Bild zu malen, ohne zu sprechen. Diese Übung und andere Spiele wie z. B. Puppentheater helfen mir, die Dynamik in Familien einzuschätzen. Einmal kletterte ein Kind auf den Tisch und saß auf dem Papier, so dass niemand sonst auf »seinem« Platz (dem ganzen Blatt) malen konnte – eine buchstäblich grafische Darstellung der Macht, die es über seine Familie hatte! Hollys und Reese' Malerlebnis war nicht ganz so dramatisch, doch es zeigte Reese' Eigenschaften wie Heftigkeit und Beharrlichkeit. Als Holly irrtümlich seinen Panzer in ein Auto verwandelte, heulte er los. Während sie sich mit dem Spielzeug beschäftigten, wurde Reese sehr herrisch, zog eine Schachtel mit Figuren nach der anderen aus dem Regal und ignorierte die Ermahnungen seiner Mutter, diejenigen aufzuheben, die er auf dem Boden verstreut hatte. Reese ging mit seiner Mutter auch viel kritischer um als mit seinem Vater. »Lass das!« brüllte er, wenn sie die Richtung des Zuges, mit dem sie spielten, änderte. Wenn Reese diese Art von Verhalten auch im Klassenzimmer zeigte, überlegte ich, würden ihn weder seine Lehrer noch seine Klassenkameraden mögen. Der nächste Schritt der Untersuchung war, die Schule anzurufen.

Kommunikation mit Fachleuten

Im Jahr 1998 kam die National Institutes of Health Consensus Conference on ADHD zu dem Schluss, dass es eine »strukturelle Kluft« gibt zwischen den Lehrern, von denen die Beschwerden über das Verhalten und die Leistung von Kindern in der Schule ursprünglich stammen, und den Ärzten, die die Tests durchführen und Vorschläge zur Behandlung machen. Tatsächlich zeigt eine Studie aus den siebziger Jahren, dass die Wahrscheinlichkeit, dass ein Lehrer sich an die Empfehlungen eines Arztes hielt, um 50 Prozent größer war, wenn der Arzt in der Schule erschien.

Eltern wie Holly fällt die Rolle des Vermittlers zu, dem Arzt den Verdacht der Lehrerin mitzuteilen oder die Lehrerin über das Ergebnis des Arztes zu informieren. Wenn Eltern sich uneinig sind über die Probleme eines Kindes, wie bei Holly und Ari, ist das Potential für Missverständnisse bei diesem Vorgehen umso größer.

Eine Lösung, auf die sich heute viele Ärzte in Amerika verlassen, sind die Fragebögen, der per Post an die Lehrer geschickt werden. Sie sind sicher eine bequeme Sache und bieten dem Prozess ein gewisses Maß an Standardisierung, aber ich halte sie für ungeeignet. Wenige Fragebögen behandeln Themen, die über die Schwächen des Kindes hinausgehen, und die einseitige Betonung versetzt jeden in eine negative und alarmierte Haltung. Auch verrät mir der Fragebogen nichts über die Praktiken und Ansichten eines Lehrers. Lehrer, wie wir alle, sind menschliche Wesen, deren Beobachtungen beeinflusst werden durch ihren persönlichen Stil und ihre Situation. Was der eine Lehrer für ein Kind mit Verhaltensproblemen hält, ist für den anderen ein zeitweise zwar anstrengender, aber gutmütiger Clown. Daher glaube ich auch, dass der direkte Telefonkontakt zwischen Arzt und Lehrer sehr wichtig ist. Wir sprechen darüber, wie der Lehrer den Unterricht führt, seine Einstellung gegenüber psychiatrischen Diagnosen und seine Meinung über den Gebrauch von Medikamenten bei Kindern. Es kann einige Tage des Herumtelefonierens dauern, doch ein respektvoller, direkter Austausch kann mir eine Menge über das Leben des Kindes von neun Uhr morgens bis drei Uhr nachmittags vermitteln.

Ich sprach mit Reese' Lehrerin, Mrs. Leslie, am Telefon. Sie hatte das Gefühl, dass Reese im Laufe des Jahres große Fortschritte gemacht hatte; am Anfang konnte er so gut wie gar nicht lesen, vor den Sommerferien aber die meisten Wörter der ersten Klasse entziffern. Er war jedoch immer noch einer der schwächeren Leser in der Klasse. Sie fand, dass er sich gut an den Diskussionen beteilige und dass er im Zeichnen gut sei. Sie hatte jedoch große Schwierigkeiten, Reese bei seinen Aufgaben zu halten. Er spielte mit seinen Stiften, schaukelte mit seinem Stuhl, sprach mit den Nachbarn und weigerte sich teilweise rundheraus, seine Arbeit zu machen. Obwohl die meisten anderen Kinder Reese mochten, beschwerten sie sich, dass er die Regeln brach, wenn er mit ihnen spielte. Trotz seiner Oppositionsphasen mochte Mrs. Leslie den Jungen: Er war freundlich und schien ihr gefallen zu wollen. Ihre Beschreibung von Reese' freundlichem Verhalten stand in auffälligem Gegensatz zu seinem Stirnrunzeln in meiner Praxis. Diskrepanzen wie diese sind nicht ungewöhnlich; sie erinnern mich und die Eltern daran, dass es keine »wahre« Umgebung gibt, in der das Verhalten eines Kindes in all seinen Facetten sichtbar wird.

Ich dachte an Aris zufriedene Feststellung, dass Reese' Verhalten eigentlich nicht so »unnormal für einen Jungen« sei. Die Erwartungen an das Verhalten der Kinder in der Schule sind in den letzten Jahren gewachsen; gleichzeitig ist uns weniger wohl dabei, äußerliche Belohnungen und Bestrafungen einzusetzen, um diese Erwartungen durchzusetzen. Dies lädt den Jungen, die dazu neigen, sich unter Stress auffällig zu benehmen oder die nächste Autoritätsfigur herauszufordern – hier die Lehrerin –, ein zusätzliches Maß an Herausforderung auf. Doch das Verhalten, von dem Mrs. Leslie berichtete – die leichten, aber häufigen Unterbrechungen, die Regelverletzungen – stimmte mit dem überein, was ich in der Praxis gesehen hatte, und ich dachte, dass es fair sei, von Reese zu verlangen, höheren Anforderungen zu entsprechen.

Ich fragte Mrs. Leslie, wie sie mit Reeses Problemen umging. Sie verließ sich hauptsächlich auf gesprochene Ermahnungen (»Reese, geh an deinen Platz zurück«). Manchmal hielt sie ihn während der ersten paar Minuten der Pause in der Klasse zurück. Doch keine dieser Strategien schien eine große Wirkung zu haben.

Wir verbrachten ein paar Minuten damit, über die Situation der Familie Gardner zu sprechen. Sie wusste Bescheid über Hollys Schwierigkeiten mit Reese zu Hause und über die Unstimmigkeiten zwischen den Eltern. »Sie haben so unterschiedliche Erwartungen«, erzählte sie mir seufzend. Mrs. Leslie hatte festgestellt, dass Reese montags immer am schwierigsten war, dem Tag, nachdem er von einem Elternhaus ins andere umgezogen war. Als wir über die Möglichkeit von Psychopharmaka sprachen, gestand sie, dass, obwohl an manchen Tagen mit Reese alles in Ordnung war, sie sein gesamtes Verhalten an einige andere »ADS«-Kinder erinnere. Sie hatte diesen Eindruck Holly mitgeteilt, sagte jedoch mir gegenüber mit Nachdruck: »Ich bin keine Ärztin.« Ich fragte sie, ob die Schule jemals irgendwelche Lern- oder Psychotests mit Reese durchgeführt habe. Dem war nicht so.

Ich erhielt einige wichtige Informationen in diesem fünfzehnminütigen Gespräch. Mrs. Leslie, die den Eindruck einer umsichtigen Person machte, bemerkte tatsächlich einige Probleme bei Reese' Schulleistungen: Diese Probleme waren weder so schwerwiegend, wie Holly glaubte, noch so harmlos, wie Ari meinte. Die Klasse war nicht zu groß – zwanzig Kinder –, was nahe legt, dass Mrs. Leslies Beobachtungen nicht durch Überlastung stark beeinflusst waren. Mein Verdacht, dass Reese' Probleme durch die Spannungen seiner Eltern bei der Übergabe am Sonntag erschwert wurden, wurde dadurch gestützt. Ich hatte den Eindruck, dass eine Reihe von Verhaltensmaßnahmen, koordiniert zwischen Schule und beiden Elternhäusern, Reese helfen würden, und ich war ziemlich sicher, dass Mrs. Leslie gern zur Zusammenarbeit im Klassenraum bereit wäre. Was Medikamente betraf – Reese war sicherlich durch sein Verhalten nicht so behindert, dass seine Schulausbildung in Gefahr war. Aris Opposition gegen Tabletten würde es ohnehin schwer machen, eine solche Therapie durchzuführen. Doch die Tatsache, dass Reese' Lehrerin bereits ohne Erfolg einige vernünftige Maßnahmen ergriffen hatte, um seine Probleme zu bewältigen, machte es wahrscheinlich, dass er auf längere Sicht ein Kandidat für eine Medikation werden würde. Ich wusste immer noch nicht, ob Reese Lernschwierigkeiten hatte, die bei den verschiedenen Entscheidungen und Maßnahmen eine Rolle spielen konnten.

Neben den Gesprächen mit Lehrern (ebenso wie mit anderen Erziehungsfachleuten, wie Tutoren oder Trainern) finde ich es auch wichtig, den Hausarzt des Kindes einzubeziehen. Wenn wir uns schließlich für die Gabe von Medikamenten entscheiden, schreibe ich die ersten Rezepte aus und helfe dabei, die richtige Dosis festzulegen, doch der Hausarzt ist derjenige, der oftmals die Folgerezepte ausstellt. Wie der Lehrer kann auch ein Arzt mir Einblicke vermitteln, die ich anders nicht bekäme. Bemerkungen wie »Die kleine Audrey ist schon seit ihrer Geburt immer ein ziemliches Problem gewesen« sagen mir eine Menge über die Geschichte und das Temperament des Kindes; ebenso Feststellungen wie: »Dem Vater des Kindes bin ich nie begegnet.«

Wenn ein Arzt (oder Lehrer) mit der Wahrnehmung der Eltern nicht übereinstimmt, sollte man vorsichtig sein, nicht davon auszugehen, dass der Doktor »Recht hat«, und die Eltern »Unrecht«, aber unterschiedliche Ansichten lassen mich wachsam sein.

Ich sprach kurz mit Reese' Kinderärztin. Sie erzählte mir, dass er medizinisch keine besonderen Probleme habe und dass seine Hör- und Sehfähigkeit im Laufe des Jahres überprüft worden sei. Reese brauchte keine weitere körperliche oder labortechnische Untersuchung, ebenso wenig wie die anderen Kinder, die zu mir kommen, es sei denn, sie haben ein spezifisch medizinisches Problem. Es bringt wenig, Bluttests (es sei denn, eine Bleivergiftung ist im Spiel), EEGs oder Computertomographien durchzuführen, trotz einiger breit veröffentlichter Behauptungen des Gegenteils. Seine Ärztin wusste Bescheid über einige Probleme des Kindes und hatte bereits in Betracht gezogen, der Familie Hilfe zu besorgen. Sie gab zu, dass sie sich durch den Konflikt der Eltern eingeschüchtert fühlte und versuchte, ihre Einmischung auf Punkte zu beschränken, die rein medizinischer Art waren. Ich verstand natürlich ihre Haltung und registrierte im Stillen, dass die Behandlung des Jungen eine noch nie da gewesene Kooperation zwischen Holly und Ari erforderte.

Direkte Einschätzung des Kindes

Schließlich traf ich Reese allein. Nach den Sitzungen mit einem Elternteil allein und denen mit der Familie setze ich mich für gewöhnlich mit jedem Kind, das sechs Jahre oder älter ist, für ungefähr 75 Minuten zusammen. Wir reden über das Problem sowie über andere Dinge; wenn das Kind unter zwölf Jahren ist, spielen wir auch eine Zeitlang zusammen. Danach prüfe ich es in Bezug auf Lern- und Entwicklungsstärken und -schwächen, wobei ich kurze Beurteilungstests, die dem Alter und dem Schuljahr entsprechen, benutze. Ich spreche auch mit einigen Fünfjährigen allein, um ihre Fertigkeiten zu testen – was zunehmend notwendig ist bei den heutigen wettbewerbsorientierten Kindergärten.

Einige Eltern machen sich Sorgen, dass ihr Kind das schwierige Verhalten weder bei der Familien- noch der Einzelsitzung zeigen könnte. Es stimmt, dass ich oft überrascht bin, wie viel kompetenter und ruhiger Kinder in einer Einzelsitzung mit mir sind. Doch diese Erfahrung setzt nicht die Berichte von Zuhause oder von der Schule außer Kraft.

Es deutet vielmehr darauf hin, dass es nicht nur eine einzige definitive Umgebung für ein Kind gibt. Praxis, Zuhause und Schule sind alle wichtig, und keine repräsentiert die einzige Realität im Leben eines Kindes. Es ist generell ein positives Zeichen, wenn ein Kind sich in der Praxis gut benimmt. Es zeigt, dass es fähig ist, sich »gut« zu verhalten, und die Eltern und ich können dieses Wissen als Faktor für die Behandlung nutzen. Da ich so viele unterschiedliche Berichte über Reese' Verhalten von den Erwachsenen in seinem Leben erhalten hatte, war ich neugierig zu erleben, wie er sich in dieser bestimmten Situation verhalten würde.

Reese folgte mir in den Raum, in dem ich mit den Kindern allein spreche. Er war sichtlich abgelenkt durch die Regale mit dem Spielzeug an der Rückwand; ich sagte ihm, dass wir, wenn es ihm zu schwer fiele zu sprechen, in den sparsamer ausgestatteten Familienraum hinübergehen würden. Ich erhielt seine Aufmerksamkeit.

Anfangs unterbrach er mich, wenn ich sprach, genau wie bei seinem Vater, und fragte, wann er spielen könne. Nach etwa fünf Minuten jedoch wurde er ruhiger und beantwortete recht kompetent meine Fragen nach Schule und Klassenregeln. Spontan sprach er über die fortwährenden Streitereien seiner Eltern. Er sagte, er habe seine Mom aufgefordert, aufzuhören, seinen Vater anzuschreien, wenn seine Eltern am Telefon stritten. Er beklagte sich, dass sein Vater unfairerweise seinen Gameboy behielt; Reese konnte sich darüber jedoch nicht bei seiner Mutter beschweren, denn wenn sie etwas sagte, würde dies seinen Vater ärgern und er würde den Gameboy daraufhin noch länger behalten. Er behauptete, sein Vater habe ihm den Gameboy »gestohlen« und er habe vor, ihn wieder in seinen Besitz zurückzubringen. Er erzählte mir, dass er seine Mutter mochte, aber auch seinen Vater, weil sie zusammen zu Baseballspielen gingen.

Im Allgemeinen war Reese bei unserem Gespräch nicht überfordert. Trotz der offensichtlichen Schwierigkeiten zu Hause empfand er weiterhin Loyalität und Verbundenheit mit beiden Elternteilen. Als wir jedoch anfingen zu spielen, fielen mir einige Probleme auf. Ich bat ihn, mir eine Geschichte mit den Spielsachen zu erzählen, doch wiederum konnte er sich nicht entschließen. Er begann mit zwei Rittern, die einander bekämpften, ließ diese dann jedoch schnell fallen zugunsten eines Hais, der eine Frau auf einem Surfbrett fraß, und wechselte dann zu einem weiteren Szenario über. In Reese' Alter können die meisten Kinder eine Geschichte ohne diese Art von Schwierigkeiten entwickeln. Unfähigkeit, dies zu tun, kann mehrere Gründe haben: u. a. Desorganisation, massive Wut, andere Gefühle oder eine Entwicklungsverzögerung.

Reese stieß eines der Regale um, und die Spielsachen – ungefähr 75 Stück! – fielen auf den Fußboden. Als wir das Spielzeug zurückpackten, musste ich ihn wiederholt daran erinnern, dass wir die Spielsachen aufräumten und nicht mit ihnen spielten. Dieses Ausmaß an Opposition und Ruhelosigkeit war höher, als ich es gewöhnlich in meiner Praxis erlebe; nur ein einziges Mal in zehn Jahren hatte ein Kind meine Spielzeugregale umgeworfen. Bemerkenswert ist dabei, dass Reese sich nicht in der sicheren Umgebung seines Zuhauses befand, mit Eltern, deren Temperament er kannte und deren Liebe er sich sicher war. Er forderte mich heraus – eine unbekannte Autoritätsfigur, jemanden, der ihm den Kopf abreißen könnte –, aber er schien sich über die Konsequenzen keine großen Sorgen zu machen. Er musste sich einfach den Spielsachen widmen. Würde er in dieser Form gegenüber einer anderen Autoritätsperson handeln, z. B. einem Lehrer, Direktor oder Polizisten, hätte er in ernsthafte Schwierigkeiten geraten können.

Wir absolvierten dreißig Minuten Entwicklungs- und Lerntests. Er hüpfte, sprang und fing und warf einen Ball ohne Schwierigkeiten. Wie Mrs. Leslie bemerkt hatte, konnte er die Wörter der ersten Klasse entziffern, hatte aber große Schwierigkeiten, eine Reihe von zusammenhanglosen Anweisungen, die ich ihm laut vorgelesen hatte, zu verstehen. Ich fing an zu vermuten, dass Reese in der Tat eine Lernschwäche hatte, eine, die seine Fähigkeit behinderte, gehörte Informationen zu verarbeiten. Diese Schwierigkeit, auch zentrale auditive Verarbeitungs- und Wahrnehmungsstörung genannt, kann man mit Problemen des Leseverstehens einhergehen. Ich hatte nicht das Gefühl, dass dies ein großes Problem sei – weitere Tests würden erforderlich werden, um sicher zu gehen – aber ich fragte mich, ob Reese' Schwierigkeit, »bei einer Aufgabe zu bleiben«, teilweise damit zusammenhing. Wenn Lesen oder das Verarbeiten der mündlichen Anweisungen seiner Lehrerin schwer für ihn war, würde seine Aufmerksamkeit leicht zu anderen Dingen abwandern.

Ist es eine »Störung« ... oder eine Lernschwäche?

Erwachsene gehen zur Arbeit und Kinder gehen zur Schule. Tatsächlich ist die Schule der Job der Kinder. Melvin Levine, der bekannte Kinderarzt und Lernspezialist an der Duke University, meinte, während es für Erwachsene viele Bereiche gebe, in denen sie sich erfolgreich fühlen können, seien dies für Kinder im Allgemeinen nur zwei: Schule und Sport. Teenager legen auch Wert auf ihre sozialen Beziehungen, insbesondere zum anderen Geschlecht.

Doch Lernschwächen wie z. B. Legasthenie (Schwierigkeit, geschriebene Wörter zu entschlüsseln) oder eine auditive Verarbeitungs- und Wahrnehmungsstörung (Probleme, sich an gehörte Informationen zu erinnern und sie umzusetzen) machen Schule – die »Karriere« Ihres Kindes und ein Quell des Stolzes – weitaus schwieriger. Einige Kinder kommen vielleicht mit einer Lernschwäche zurecht, indem sie sich noch mehr anstrengen und kompensierende Kräfte aufbieten. Andere jedoch, wie Reese, versuchen, der Aufgabe aus dem Weg zu gehen, werden abgelenkt oder weigern sich einfach, eine Leistung zu erbringen. Diese Strategien können aussehen wie Symptome für ADHS und ODD. Kinder können auch Symptome, die denen einer Depression ähnlich sind, oder Ängstlichkeit entwickeln; vielleicht in Form von Bauchschmerzen oder übertriebener Sorge über Dinge, die anscheinend in keinem Zusammenhang stehen, während die zugrunde liegende Angst tatsächlich ist, dass »Lesen zu schwer ist«. Wenn Eltern und Fachleute zu intensiv nach einer verhaltensmäßigen »Störung« suchen, können sie leicht eine vorhandene Lernschwäche übersehen.

Ich meine, dass alle Kinder mit ernsthaften Verhaltensschwierigkeiten zumindest auf Lern- oder Verarbeitungsprobleme geprüft werden sollten. Und Kinder, die zu Hause wenige oder gar keine Probleme haben, aber in Schwierigkeiten geraten, sobald sie zur Schule kommen, sollten auf eine Lernschwäche getestet werden, *bevor* sie zu einem Therapeuten oder Kinderpsychologen gehen. Ich würde dasselbe mit Kindern machen, deren Verhalten sich grundsätzlich im Sommer bessert. Es gibt keine Pillen, die Lernschwächen verbessern können, aber unzählige Strategien im Klassenzimmer sowie spezielle »pull-out«-Programme (befristetes Herausnehmen aus der Klasse) für Kinder, die als lernbehindert eingestuft wurden. Obwohl der Langzeitwert dieser Methoden nie bewiesen wurde, mindern sie zweifellos den Stress der Kinder und verbessern ihr Verhalten und ihr Wohlbefinden, während sie »bei der Arbeit« sind. Weniger frustrierende Erlebnisse in der Schule können diese Kinder in eine bessere Lage versetzen, die zahlreicheren Gelegenheiten, Erfolg zu haben, die sich im späteren Leben bieten, für sich zu nutzen.

Nach der Arbeit setzten wir uns an ein Spiel, das ich ihm versprochen hatte. Wir spielten Crossfire, was bedeutet, kleine Kügelchen aus einer Plastikpistole auf ein bewegliches Ziel zu schießen. Ich machte Reese klar, dass die Regeln des Spiels einzuhalten seien, und drohte, das Spiel abzubrechen, wenn er z. B. schummelte, indem er das Ziel mit den Händen bewegte, wie es manche impulsive Kinder versuchen. Es gelang ihm, die Regeln zu befolgen – ein weiteres Zeichen dafür, dass er seine Impulse bzw. seine Aggressivität beherrschen konnte –, doch als ich mit ihm im Schlepptau ins Wartezimmer hinausging, machte er abrupt die Tür zu und schloss sie ab, während ich verblüfft davor stand.

Ich kam mir dumm vor und war ein bisschen verärgert, aber in erster Linie war ich beeindruckt von seiner Kühnheit und Impulsivität. War er sauer auf mich, weil ich das Spiel gewonnen hatte?

Ich klopfte an die Tür. »Reese, mach die Tür auf«, befahl ich mit fester Stimme, ohne Panik oder Ärger.

Nach einem angespannten Augenblick ging die Tür auf und Reese sagte mit einem breiten Grinsen: »«Hab' Sie, Dr. Diller!« Bevor ich irgendetwas entgegnen konnte, beschimpfte Holly den Jungen bereits wegen seiner Unverschämtheit. Ich hatte dadurch die Gelegenheit, meine Haltung wiederzugewinnen und das Geschehen einzuschätzen.

»Mach das nicht noch einmal, Reese«, sagte ich.

»Okay, es tut mir leid«, antwortete er und schien es so zu meinen. Mir ging der Gedanke durch den Kopf, dass eine ähnliche Handlung in der Schule sehr viel ernstere Konsequenzen für ihn gehabt hätte.

Mitteilung meiner Eindrücke

Nachdem ich erst die Eltern, dann die ganze Familie und schließlich das Kind allein gesprochen habe, setze ich mich gern nochmals allein mit den Eltern zusammen, um meine Beobachtungen und Gedanken mitzuteilen. Wenn Teenager echtes Interesse zeigen, schließe ich diese in das Gespräch mit ein.

Wie im letzten Kapitel erwähnt, ziehe ich es vor, nicht das diagnostische Etikett »ADHS« oder »oppositionelle Störungen« zu benutzen. (Eine Ausnahme ist, wenn ein Elternteil oder beide dem Kind oder einander die Schuld geben. In diesen Fällen kann eine Etikettierung einigen Druck von der »schuldigen« Partei nehmen und eine produktivere Annäherung an das Problem bewirken.) Stattdessen beschreibe ich das Kind nach Stärken und Schwächen; ich schlage mögliche Ursachen für das Problem vor und warum es nicht verschwindet, trotz ihrer Bemühungen zu helfen.

Ich dachte lange und gründlich nach, bevor ich Reese' Eltern bat, gemeinsam zu dieser Sitzung zu erscheinen. Ich wusste aus Erfahrung, dass, was immer ich direkt für Reese tun konnte, gering wäre im Vergleich zu dem, was erreicht würde, wenn einige der seelischen Verletzungen, die sich seine Eltern zufügen, heilen könnten und sie enger zusammenarbeiten würden. Nach einigen Verhandlungen willigten beide ein zu kommen.

Als sie in meiner Praxis eintrafen, waren sie höflich, wenngleich eher kühl zu einander und hörten mir aufmerksam zu. Mein Ziel heute, erklärte ich, sei es, die beiden zu einigen und so zu versuchen, ihrem Sohn zu helfen, statt ihn einer Kategorie zuzuordnen und dann Medizin zu verschreiben. »Reese' Persönlichkeit ist stark gefühlsbetont und hartnäckig, mit einer Tendenz zum Impulsiven. Er ist grundsätzlich intelligent und couragiert, geht aber häufig zu weit, wie z. B. als er mich aus meiner Praxis ausgeschlossen hat«, erklärte ich ihnen. »Unglaublich!« fuhr ich in gespieltem Erstaunen fort. »Und als er sich seinem Vater mit den Lincoln Logs widersetzte. All diese Eigenschaften machen ihn zu einem schwierigen Kind; zweifellos kommen einige Ihrer Probleme nach der Scheidung von Ihren Unstimmigkeiten, wie mit ihm umzugehen ist. Diese Eigenschaften werden jedoch durch Ihr fortgesetztes Streiten und die widersprüchlichen Erziehungsmethoden übertrieben. Er testet Sie, nicht weil er böse ist, sondern weil er wissen möchte, dass Sie stärker und beständiger sind als er. Wenn Sie ihm keine klaren Grenzen ziehen und diese durch sofortiges Handeln abstützen, wird er noch mehr rebellieren.

Zusätzlich scheint Reese eine Lernschwäche zu haben, die noch nicht angegangen wurde. Auch dies kann dazu beigetragen haben, sein Verhalten, insbesondere seine Unaufmerksamkeit, zu verschlechtern. Wenn wir ihm bei der Lernschwäche helfen können und – dies ist am wichtigsten – wenn Sie mehr miteinander kooperieren und einwilligen würden zu versuchen, ihm feste Grenzen zu setzen, denke ich, werden wir einige bedeutende Verbesserungen in seinem Verhalten erleben. Lassen Sie uns sehen, was passiert, wenn Sie beide und die Lehrerin einen Plan haben. Wenn er einige Monate später immer noch so schwierig ist, werde ich eher bereit sein, Medikamente für Reese in Betracht zu ziehen.«

Ari war erfreut, dass ich zu diesem Zeitpunkt keine Tabletten empfahl, aber er war eindeutig skeptisch wegen der Zusammenarbeit mit Holly. Holly ihrerseits war unsicher wegen des Verzichts auf Medikamente, doch sie drückte ihre Hoffnung aus, dass sie und ihr Ex-Ehemann ihre Bemühungen koordinieren könnten.

Folgesitzungen

Manchmal umfasst eine vollständige Diagnose eine oder mehrere Folgesitzungen. Wenn Medikamente verabreicht werden, sind Folgesitzungen zweifellos notwendig. Es muss genug Zeit eingeplant werden für die Fragen der Familie zu den Tabletten, eine Prüfung der Nebenwirkungen und eine Diskussion über nicht-medikamentöse Methoden, die gleichzeitig mit den Pillen angewandt werden können. Wenn das Kind keine Medikamente erhält, können die Eltern entscheiden, ob sie weiter zu mir kommen wollen, um verhaltenstherapeutische Behandlungsmethoden, über die wir gesprochen haben, in Anspruch zu nehmen. Es kann sehr nützlich sein, zu erklären, wie diese Methoden vorgehen.

In Reese' Fall beschlossen wir, uns wiederzusehen. Ich schlug vor, dass wir zu Beginn des neuen Schuljahres, wenn Reese in die zweite Klasse käme, einen Termin mit seiner neuen Lehrerin machen sollten. Holly und Ari schienen beide überrascht und erfreut über mein Angebot, doch tatsächlich gehört es zu den Dingen, die ich mit den meisten meiner Patienten zu tun versuche. Oft sprechen wir über einen individuellen Lehrplan für das Kind (ausführlicher beschrieben in Kapitel 6). In Reese' Fall wollte ich auf eine vollständige psychologische und das Lernen betreffende Diagnose drängen. Ich wollte überdies einige Methoden vorschlagen, wie die Lehrerin für Reese eine bessere Lernumgebung schaffen könnte für sein auditives Verarbeitungs- und Wahrnehmungsproblem – sie sollte ihre verbalen Anweisungen an ihn kurz halten und nachhaken, um sicher zu gehen, dass er verstanden hatte. Nach wie vor hatte ich das Gefühl, dass direkte, handfeste Bestätigungen (wie Sticker und Süßigkeiten für gutes Benehmen) und umgehende Bestrafung (z. B. den Kopf auf das Pult legen) besser funktionieren würden als verspätete Strafen (Verlust von Pausenzeit oder eine Benachrichtigung der Eltern).

Holly, Ari und ich diskutierten, wie sich für Reese das Leben im kommenden Jahr verändern könnte. Er würde nicht nur eine neue Lehrerin bekommen, sondern auch in seiner Lesefähigkeit den Stand der Klasse aufgeholt haben. Dies allein mochte ihm bereits einiges an Vertrauen geben. Und, so hoffte ich, er würde koordinierte Unterstützung und Disziplin von beiden Elternteilen erhalten, mit weniger Spannung bei der wöchentlichen Übergabe. Nach ungefähr drei Monaten würden wir sehen, ob die Kämpfe anhielten. Wenn dann die Probleme trotz der besten Bemühungen aller

Beteiligten immer noch ernst wären, wollten wir noch einmal über die Einnahme von Medikamenten an den Schultagen reden, um Reese beim Umgang mit seiner Impulsivität und beim Erledigen seiner Aufgaben zu helfen. Ich empfahl auch, dass jemand – wenn nicht ich, dann ein anderer Fachmann – Reese in Abständen von wenigen Monaten sehen sollte, um ihn zu überprüfen und festzustellen, wie er mit dem Problem zwischen seinen Eltern umging.

Beide Elternteile waren nicht vollständig zufrieden mit meinen Vorschlägen. Ari wehrte sich besonders gegen die Vorstellung, dass Reese mich regelmäßig, wenngleich auch selten, aufsuchen sollte. Doch beide schienen erfreut, dass ein Aspekt der jeweiligen Besorgnis gewürdigt und in meinen Empfehlungen reflektiert wurde. Sie schienen auch erleichtert, sogar stolz, dass sie zwei gemeinsame Sitzungen hinter sich gebracht hatten, ohne sich zu streiten.

»Reese hat Glück, Eltern zu haben, die ihn so lieben. Jeder von Ihnen ging ein Risiko ein, als er hierher kam, und ich werde Sie weiterhin unterstützen, Ihrem Sohn zu helfen.« Ich meinte es ernst. Diejenigen von uns, die in der glücklichen Lage sind, mit dem anderen Elternteil einer Meinung zu sein, können sich vielleicht gar nicht vorstellen, wie schwierig es für Holly und Ari war, gemeinsam zu mir zu kommen. Ich hatte meine Zweifel, dass sie sich jemals miteinander wohl fühlen würden, aber jetzt würde selbst ihre steife Höflichkeit ein großes Stück weiterhelfen, das Leben des Jungen leichter zu machen. Als sie gingen, war ich für die drei vorsichtig optimistisch. Und tatsächlich besserte sich sein Verhalten im Laufe des kommenden Jahres so sehr, dass Holly nicht mehr das Gefühl hatte, er brauche Medikamente.

Die Suche nach einem praktischen Arzt

Wie finden Sie jemanden, der eine vollständige, dem ärztlichen Ethos entsprechende Diagnose erstellt? Ich schlage vor, dass Sie ein offenes Gespräch mit Ihrem Hausarzt führen. Erklären Sie, dass Sie eine Empfehlung für jemanden möchten, der *alle* Faktoren im Leben Ihres Kindes berücksichtigt. Wenn Sie einen Namen haben (oder, wenn Sie Glück haben, eine Namensliste), rufen Sie dort an. Fragen Sie: Wie sind die Schritte in Ihrem Diagnoseverfahren? Gibt es ein Erstgespräch, eine Familiensitzung, ein Einzelgespräch mit dem Kind und Folgesitzungen? Wie viele Kinder, die bei Ihnen in Behandlung sind, erhalten Medikamente? Welche nichtmedikamentösen Strategien wenden Sie an?

Sie können auch Familienmitglieder oder Freunde, denen Sie vertrauen, nach Empfehlungen fragen, aber passen Sie auf, dass Sie nicht in blindem Vertrauen zu jemandem gehen. Bombardieren Sie den Prüfer mit den oben aufgeführten Fragen. Schulen und Selbsthilfegruppen können ebenfalls Adressen von Fachleuten anbieten.

In diesem Kapitel habe ich die Person, die die Diagnostik ausführt, als Arzt bezeichnet – Kinderpsychiater, Kinderarzt (allgemein oder auf Verhalten spezialisiert) oder Hausarzt, jeder, der berechtigt ist, Medikamente zu verschreiben. Allgemeine Kinderärzte können hilfreich für Eltern sein, weil sie regelmäßig bei Vorsorgeuntersuchungen gesunde, normale Kinder ebenso zu Gesicht bekommen wie Kinder mit Problemen. Anders als die anderen Ärzte auf dieser Liste sind sie vertraut mit dem größeren Bereich normalen Verhaltens und daher vielleicht weniger schnell bereit, die Handlungen eines Kindes als »pathologisch« einzuschätzen. Solche Ärzte können die Probleme Ihres Kindes in die richtige Perspektive rücken und Ihnen helfen, zu entscheiden, ob Sie weitere Hilfe suchen sollten. Sie werden jedoch feststellen, dass viele Ärzte in Ihrer Umgebung (gleich welcher Fachrichtung) entweder begeistert sind vom biochemischen Modell oder dass ihnen durch die Versicherungsgesellschaften die Hände gebunden sind. Tatsächlich bedeutet ein Arztbesuch heutzutage beinahe eine Garantie, dass man mit einem Rezept in der Hand die Praxis verlässt.

Die bessere erste Wahl kann ein Psychologe sein, ein Erziehungsexperte, Sozialarbeiter oder ein Berater mit dem Spezialgebiet Familie oder Kinder. Diese Fachleute sind womöglich weniger fixiert auf das medizinische Modell kindlicher Probleme und eher willens, sich die Zeit zu nehmen, ihre Patienten einzuschätzen und zu behandeln. Da sie keine Medikamente verschreiben dürfen, sind sie im Allgemeinen nicht so schnell darin, sie vorzuschlagen.

(Sie sollten misstrauisch sein gegenüber neo-freudianischen Therapeuten, die wochenlang eine Spieltherapie mit Ihrem Kind durchführen. Außer in Fällen nach einem Trauma gibt es nicht viele Beweise für die Effektivität dieser Methode. Nach meiner Erfahrung investieren Familien zu viel Vertrauen und sehr viel Geld in verlängerte Spieltherapien, die zu nichts führen – und dann ist das Kind schließlich doch auf Medikamente angewiesen als der offenbar einzigen verbleibenden Möglichkeit.)

Ich mache mir Sorgen, wenn ich höre, dass Eltern zu viel Respekt vor »dem Arzt« haben (selbst wenn ich dieser Arzt bin). Wenn Eltern zu viel Angst haben, Fragen zu stellen, oder zu große Hemmungen, um ihre Sorgen oder gar ihre Einwände deutlich zu machen, erhält das Kind nicht das optimale Maß an Hilfe. Sorgen Sie also dafür, dass Sie sich wohl fühlen mit der Art und der Persönlichkeit des Arztes. Wenn Sie nach einem Telefonat oder selbst einigen Besuchen das Gefühl haben, dass es nicht passt, nehmen Sie sich das Recht zu wechseln. Seien Sie schließlich vorsichtig gegenüber »Alternativärzten«, die Kräuter, Biofeedback, Computertomographien, Allergietests und andere dubiose Diagnosetechniken und Therapien anbieten. Solche Strategien mögen auf anderen Gebieten nützlich sein (Biofeedback kann bei gewissen Schmerzzuständen wie z. B. Kopfschmerzen helfen), aber ihr Nutzen bei Verhaltensproblemen ist nicht bewiesen. Ich würde mir auch Gedanken machen bei Spezialkliniken für ADHS. Zu oft wirken sie wie »Mühlen«, die am laufenden Band ADHS-Kinder mit ein oder zwei Medikamenten produzieren, bei wenig Nachsorge und ohne alternative Behandlungsmethoden.

Eine vollständige, ethisch verantwortbare Diagnose ist nicht billig. Wenn Sie herausfinden, dass Ihr bevorzugter Arzt Ihre Kasse nicht akzeptiert, wechseln Sie vielleicht in eine andere Versicherungskasse. Jede Familie muss für sich über den Wert einer vollständigen und sorgfältigen Diagnose ihres Kindes klar werden; für meinen Teil bin ich entschieden der Meinung, dass es sich lohnt.

4. Wenn Auszeiten keinen Erfolg haben: Versuchen Sie es einmal mit diesen Strategien für effektive Disziplin

Mitarbeiter der South River Academy, einer privaten Schule, an der Ryan Cash in die erste Klasse ging, riefen seine Mutter regelmäßig an, um sich zu beschweren. Ryan konnte sich nicht auf seine Arbeit konzentrieren – er konnte nicht einmal an seinem Platz sitzen bleiben. Er unterbrach ständig seine Lehrer, sprang auf, um seinen Bleistift anzuspitzen, sprach mit seinen Tischnachbarn oder spielte am Klassen-Computer. Die Lehrerin, Mrs. Grey, empfahl für Ryan eine medizinische Untersuchung. Da Mrs. Grey bereits in der Vergangenheit eine Aufmerksamkeitsdefizit-Störung erwähnt hatte, gingen die Eltern davon aus, dass Ryan auf ADHS getestet werden sollte.

Obwohl Susan und Bill Cash intelligente, vorsichtige Leute waren, jeder mit einem Universitätsabschluss, waren sie verunsichert. Sie wollten nicht, dass Ryan als psychiatrisch gestört etikettiert würde, und sie standen Psychopharmaka misstrauisch gegenüber. Allerdings hielten sie viel von Ryans Schule und ganz besonders von Mrs. Grey und waren daher durch ihre Bemerkungen dementsprechend beunruhigt.

Ich traf Ryan zuerst in Gegenwart seiner Eltern und seiner vierjährigen Schwester Casey. Ich öffnete die Tür zwischen Wartezimmer und Familienraum, in dem eine zerlegbare Couch gegenüber einem S-förmigen Sofa steht, dazwischen ein niedriger Tisch. Beide Kinder drängten vor ihren Eltern hinein und stürmten direkt auf die Tonnen mit Spielzeug in der äußersten Ecke los. Ryan entdeckte eine lange Gummischlange und begann, diese im Bogen über seinem Kopf zu schwingen.

Susan und Bill nahmen Platz auf der Couch. Ich erinnerte die Eltern daran, dass sie verantwortlich waren für das Benehmen ihrer Kinder in der Praxis, und fragte sie, ob sie wollten, dass Ryan fortfuhr, die Schlange umherzuschwingen. »Glaubst du nicht, Ryan, dass du besser zuhören könntest, wenn du die Schlange wegpackst?« fragte Susan. Er gab keine Antwort. Casey hatte inzwischen mehrere Spielsachen aus der Tonne geholt und reihte sie auf dem Fußboden auf.

Susan versuchte es erneut. »Okay, Kinder, Zeit für euch, die Spielsachen wegzupacken.« Sie warf mir einen entschuldigenden Blick zu und fing an, ein Lied zu singen, mit dem das Aufräumen mehr Spaß machen sollte: »Räumt auf, räumt auf, alle räumen auf...«

Die Schlange schaukelte durch die Luft. »Ryan«, sagte Susan, wobei sie ihren Ton änderte. »Ich habe dir gesagt, du sollst die Schlange wegpacken.« Ich bemerkte, dass Bill dazu neigte, sich zurückzuhalten und sich Susan in diesen Dingen zu fügen. »Na los, Ryan«, schaltete er sich ein paar Mal ein.

Schließlich stand Susan auf, ging hinüber zu Ryan, setzte sich dort hin und sah ihm direkt in die Augen. »Pack die Schlange *jetzt* weg«, befahl sie. Ryan hörte zwar auf, die Schlange hin und her zu schwingen, ließ sie aber nicht wirklich los. Susan legte die restlichen Spielsachen zurück in die Tonne und brachte Ryan und Casey hinüber zur Couch.

Der braunhaarige, blauäugige 6-jährige Ryan war ein hochgewachsenes Kind, das ungefähr zwei Jahre älter wirkte. Susan und Bill hatten mir zuvor erzählt, dass Ryans Körpergröße die Dinge für ihn schlimmer gemacht haben könnte, weil Erwachsene dazu neigten, ihre Erwartungen entsprechend Größe und Gewicht hochzuschrauben. Einige Kinder wichen vor ihm zurück, weil er sie leicht umwerfen konnte mit seiner Körperkraft. Und er war im wahrsten Sinn des Wortes überschwänglich, mit einem Ausmaß an Aktivität, das viel höher war als bei den meisten Kindern seines Alters. Schon während der ersten fünf Minuten sprang er dreimal rauf und runter vom Sofa; selbst wenn er an einem Platz sitzen blieb, wand er sich, stieß seine Beine vor und zurück oder beschrieb mit Händen und Füßen Kreise in der Luft. Bei der ungeheuren Energie des Jungen wunderte ich mich, warum die Eltern ihn nicht neben einen von sich auf die Couch gesetzt hatten oder sogar zwischen beide, jeder mit einem Arm um den Jungen, in einer liebevollen, aber festen Umarmung. Es war erst der Beginn der Untersuchung, aber ich entwickelte die Hypothese, dass die Cashs zu passiv gegenüber ihrem äußerst aktiven Sohn waren.

Ich hatte Zweifel, dass ich die Kinder, besonders Ryan, an einem langen Gespräch beteiligen könnte, und so bat ich Susan und Bill, ein kurzes Puppenspiel über einen Jungen, der Probleme in seiner Klasse hatte, vorzuführen. Nahezu alle Kinder in diesem Alter fühlen sich hingezogen zu Geschichten, in denen es um Macht und Regelverletzungen geht (»Das ist für sie wie Shakespeare«, sage ich den Eltern), wahrscheinlich weil Fragen der Sicherheit für sie von größter Wichtigkeit sind. Wenn Ryan der Geschichte seiner Eltern nicht würde folgen können, hätte ich mir Sorgen wegen seiner Fähigkeiten gemacht. Doch Ryan beruhigte sich – ein wenig. Als Fred, die Puppe, den Anweisungen des Lehrers nicht folgte, schrie Ryan: »Gib ihm eine Auszeit!« Sein Einwurf war amüsant und zeigte, dass er der Geschichte folgen und Richtig von Falsch unterscheiden konnte, doch er verursachte noch mehrere andere Unterbrechungen während der Vorführung. Er begann erneut, die Schlange herumzuschwingen und so jeden abzulenken. Obwohl die Geschichte direkt seinem Alter und Interessenniveau entsprach, war er immer noch impulsiv genug, zu der Tonne mit dem Spielzeug zurückzukehren (während seine Schwester vor Aufmerksamkeit ganz gespannt war) – weitere Anzeichen für ein größeres Problem und/oder konstitutionelle Hyperaktivität.

Die Geschichte war zu Ende, und ich schlug freies Spielen mit den Spielsachen vor. Die Kinder griffen selbst nach den Puppen. Ich bemerkte mit einiger Sorge, dass Ryans Bemühungen darauf abzielten, die Puppe seiner Mutter zu schlagen und zu beißen. Es ist ungewöhnlich für ein Kind, es zu genießen, wenn es jemand anderen verletzt oder ihm Schmerz zufügt, selbst im Spiel. Susan, mit wachsender Verzweiflung, versuchte tapfer, Ryans Aggressivität in die Richtung gesellschaftlich akzeptablerer Handlungen umzudirigieren: »Oh, oh, oh, Ryan. Diese Puppe ist gemein.« Mit ihrer Puppenstimme quiekte sie: »Können wir nicht Freunde sein? Oh, er tut mir weh. Gib mir lieber einen Kuss.« Ryan begann mit einem boshaften Grinsen, in den Kopf ihrer Puppe zu beißen und Kaugeräusche zu machen. Er schien die bittende Hilflosigkeit seiner Mutter zu genießen. Dann versuchte sie einen anderen Weg. »Okay, Ryan, wenn du nicht aufhörst, gemein zu den Puppen zu sein, wird Dr. Diller dich nicht mehr mit ihnen spielen lassen.« Ich zuckte ein wenig zusammen. Susan führte mich als die Autoritätsperson ins Feld und würdigte sich selbst dabei herab.

Ich legte ein großes Stück Zeitungspapier aus und bat die Familie, gemeinsam ein Bild zu malen, ohne dabei zu sprechen. Die Kinder griffen sofort nach Stiften und fingen an, an ihren eigenen Zeichnungen zu arbeiten. Die Eltern widersprachen nicht, aber Susan malte Ryans Hund schlauerweise lustiges Haar hinzu und Bill folgte prompt ihrer Führung, indem er Caseys Strichfigur Ohren verpasste. Bald arbeiteten alle gemeinsam. Ryan sah regelmäßig von seiner Zeichnung zu mir hoch, als wollte er fragen: »He, wie finden Sie das, was ich mache?« Ich hatte das Gefühl, dass Ryan begierig nach meinem Beifall und vielleicht doch nicht so sicher war, wie seine draufgängerische Art vermuten ließ.

Ich erinnerte mich daran, wie die Kinder vor ihren Eltern in den Raum gestürmt waren, und auch beim Malen kamen sie ihren Eltern wieder zuvor. Beide Kinder waren schnell in dem, was sie tun wollten, und kein bisschen schüchtern. Bill und Susan dagegen waren recht langsam mit ihren Kindern. Ich begann zu vermuten, dass ihr Temperament anders war als das ihrer Kinder, besonders das von Ryan. (Die erblichen Anteile der Persönlichkeit können manchmal eine Generation überspringen.) Susan wandte eine kooperative Methode an, um die Kinder in die Familienzeichnung einzubringen, eine kreative und sicherlich sehr akzeptable Lösung in diesem Fall, die aber in vielen anderen Situationen nicht funktionieren würde. Die Kinder mit dem Bild vorstürmen zu lassen war in Ordnung, aber wenn Susan und Bill (wie ich annahm) ein konstantes Muster gesetzt hatten, das es den Kindern erlaubte zu führen, wie wären dann Ryan oder Casey auf Zeiten vorbereitet, in denen es erforderlich wäre, den Eltern oder der Schule zu folgen?

Nachdem die Cashes gegangen waren, blieb ich mit dem Gefühl zurück, dass die Situation zu Hause nicht so einfach war, wie es die Eltern in ihrem Eingangsgespräch mit mir angedeutet hatten. Ein Anruf bei Mrs. Grey bestätigte meine Vermutungen. Sie hatte keinerlei Zweifel an Ryans geistigen Fähigkeiten. Er war einer ihrer besten Schüler in einer Klasse von zwanzig – wenn er seine Aufgaben machte, heißt das. Doch sie musste sich ständig gegen ihn durchsetzen. Er belästigte die anderen Schüler so sehr, dass keiner neben ihm sitzen wollte.

Ich erkundigte mich nach ihren Methoden, Verhalten und Disziplin zu stärken. Die Politik der Schule war, positives Verhalten durch verbales Loben zu ermutigen. Sie fühlte sich nicht wohl dabei, handfeste Belohnungen wie z. B. Sticker einzusetzen. Sie hatte das Gefühl, dass solche Belohnungen Kinder dazu anhielten, für Bestechungen zu arbeiten, statt den eigenen Wunsch zu entwickeln, sich gut zu benehmen. Wenn alles andere nicht half, wurde Ryan in den hinteren Teil des Raumes für eine Auszeit geschickt; ab und an wurde er ins Büro gebracht. Ich fragte Mrs. Grey nach ihrer Meinung, wie lange Ryan sein Verhalten kontrollieren könnte – wie viel Prozent »nicht können« und wie viel »nicht wollen« war. Sie sagte: »Oh, meiner Meinung nach ist alles ›nicht können‹.« Sie fügte hinzu, dass sie, obwohl sie keine Ärztin sei, doch »andere Kinder wie Ryan« gehabt habe, die sich als ADS-Fälle herausgestellt hatten.

»Bist du beständig und stark genug, um auf mich aufzupassen?«

Susan und Bill warteten ängstlich darauf, meine Gedanken über Ryan zu hören. Ich sagte ihnen, was ich wirklich dachte: dass sie liebevolle, sorgende Eltern waren, mit einer grundsätzlich guten Familie. Ich gab zu, dass viele Ärzte bereit wären, bei Ryan ADHS zu diagnostizieren und Ritalin zu verschreiben. Einige würden vielleicht zusätzlich zu ADHS eine oppositionelle Verhaltensstörung diagnostizieren. Susan biss sich auf die Lippe bei diesen Überlegungen, entspannte sich aber, als ich erklärte, dass ich es vorzöge, im Moment auf Etikettierungen zu verzichten. Stattdessen beschrieb ich Ryan als sehr gefühlsbetont, entschlossen, aktiv und ziemlich impulsiv. Denken Sie an Casey, sagte ich. Sie könnte sicherlich die Geduld ihrer Eltern strapazieren, doch war sie natürlich entgegenkommender – wie ruhig sie z. B. auf der Couch saß, während wir sprachen, und wie konzentriert sie beim Puppentheater war. Ryans Temperament war anders, und dies machte es schwieriger, ihn zu erziehen und durch die Schule zu bringen, als andere Kinder. Bill und Susan verdienten Anerkennung für ihre offensichtliche Hingabe und ihre Bemühungen, ihm zu helfen. Ich hatte jedoch das Gefühl, dass sein Verhalten durchdrungen war von einer zusätzlichen Bedeutung, einer Frage, die sich hinter diesen wiederholten Provokationen verbarg.

»Ryans Probleme sind ein wiederholter, unbewusster Versuch, die Frage zu stellen: *Seid ihr stabil und stark genug, um auf mich aufzupassen?* Wenn er sich schlecht benimmt, versuchen Sie, ihm zu helfen, indem Sie ihn besänftigen und ihm gut zureden. Ryan versteht Ihre Bemühungen jedoch als Schwäche. Und so fährt er fort, Sie zu testen, Sie zu bitten, ihm zu zeigen, dass Sie stabiler und stärker sind als er.

Ihr Ziel ist eine harmonische Familie und ein glücklicher, selbstbewusster Sohn, was ich vollständig unterstütze. In diesem Fall aber, weil Ryan ist, wie er ist, können die Mittel zu Ihrem Zweck nicht dieselben sein wie das Ziel selbst. Tatsächlich prophezeie ich Ihnen, dass, je mehr Sie versuchen, dieses Ziel mit der jetzigen Methode zu erreichen, desto weiter wird es sich Ihrem Ideal von Harmonie und Glück entfernen. Sind Sie bereit, eine Zeitlang Ihre jetzigen *Mittel*, mit Ryan zu arbeiten, auszusetzen und stattdessen auf sein Verhalten so zu reagieren, dass es ihn Ihrer Stärke versichert?«

Kinder brauchen Sicherheit. Sie erkennen ihre Abhängigkeit von Ihnen in sehr frühem Alter, selbst Kleinkinder verstehen, dass sie auf Erwachsene angewiesen sind, um beschützt zu werden. Aber Kinder artikulieren dieses Gefühl nicht, indem sie sagen: »Versprich mir, dass du stärker bist als ich.« Stattdessen testen sie Ihre Stärke, indem sie Ihre Regeln brechen – sie beschimpfen Sie, schubsen ihre kleinen Schwestern und schleichen sich aus dem Haus. Wenn Sie beherzt und mit wirksamen Konsequenzen reagieren, erhalten Ihre Kinder die Bestätigung, dass Sie tatsächlich mächtig und verlässlich genug sind, um sie sicher durchs Leben zu führen. Kinder, die ihre Eltern als stark und konsequent erleben, fühlen sich emotional sicherer.

Wenn Sie es aber vermeiden, Grenzen zu setzen, wird Ihr Kind sich mächtiger fühlen als Sie. In der Hoffnung, Ihnen eine beruhigend starke und stabil bleibende Reaktion zu entlocken, wird das Kind Sie wieder und wieder testen und dabei oftmals das schlechte Verhalten eskalieren lassen – bis es eine befriedigende Autoritätsreaktion erhält. (Denken Sie an Reese Gardner, der sein Spielzeug immer wieder quer durch den Raum schoss, bis sein Vater schließlich mit einer Demonstration von Stärke reagierte. Dieses »Testverhalten« beinhaltete die Frage: *Wenn ich zu klein bin, um auf mich selbst aufzupassen, aber stärker als du, wer kümmert sich dann um mich?*)

Ist Disziplin nicht grausam?

Wenn ich das erste Mal das Wort »Disziplin« (oder, noch schlimmer, das Wort »Bestrafung«) gegenüber Eltern benutze, schrecken einige von ihnen sichtlich zurück. (Bei Lehrern gibt es eine ähnliche Reaktion.) Das Wort beschwört Bilder des autoritären Elternteils herauf, der kalten, harten Person, die den Rohrstock stets griffbereit hat und deren Kinder niemals gut genug sein können. Lassen Sie mich versichern, dass ich eine solche Methode nicht gutheiße. Kinder brauchen unbedingt regelmäßige Zuneigung. Zeichen dafür, dass man sie lieb hat – Kuscheln, Küssen, Zeit mit ihnen auf ihrem Niveau zu verbringen –, geben ihnen das Gefühl, geliebt und bestätigt zu werden. (»Man erhält mehr Kooperation von einem Kind, mit dem man gerade gespielt hat, als wenn man stets zu beschäftigt ist und nur seine Ruhe haben will«, äußerte ein Elternteil einmal weise.) Susans und Bills Strategien zu verhandeln, das Anbieten von Wahlmöglichkeiten und das Argumentieren haben alle ihren Platz in einer guten Elternschaft. Doch bei den meisten Kindern in meiner Praxis haben Liebe, Logik und Wahlmöglichkeiten nicht genug geholfen. Neben einer warmen, liebevollen Umgebung brauchen Kinder solide Disziplin, um sich sicher zu fühlen. Kinder brauchen beides, Zuneigung und Disziplin; beide können jedoch nicht gemeinsam auftreten. Der Versuch, dies wirksam durchzuführen, untergräbt entweder das eine oder das andere. Disziplin wird am effektivsten aus einer sachlichen und distanzierten Position durchgesetzt.

Niemand möchte zurückkehren zu Methoden der 1930er Jahre, als Experten Praktiken bevorzugten wie das Anbinden der Hände des Kleinkindes an seine Krippe, so dass es nicht am Daumen lutschen konnte, tägliche Einläufe von Geburt an, um Regelmäßigkeit zu fördern, und das Vermeiden jeglicher körperlichen Zuneigung, aus Furcht, die Kinder zu »verweichlichen«. Die meisten von uns betrachten diese Methoden heute als Kindesmisshandlung. Doch die gegenwärtige öffentliche Meinung, die Disziplin mit Missbrauch verwechselt, tut uns keinen Gefallen. Disziplin ist weder physischer Schaden noch emotionale Verletzung; es ist eine Art des Lehrens oder Trainings, eine Methode, die hilft, dass Kinder mit ihren inneren Trieben und Impulsen fertig werden. Dabei lernt das Kind, mit anderen umzugehen, Regeln zu befolgen und höhere Maßstäbe anzunehmen. Das Kind entwickelt auch ein höheres Maß an Selbstvertrauen.

Ein passender Rahmen für schwierige Veranlagungen

Die heutigen biologisch orientierten Psychiater, mit solider Unterstützung durch die pharmazeutische Industrie und Teile der Bewegung für die Rechte der Behinderten, erklären, dass Kinder, bei denen Störungen diagnostiziert wurden, sich nicht selbst steuern *können*, was heißen soll, dass das Kind unfähig ist, sich ohne Hilfe von Tabletten richtig zu benehmen. Ich stimme zu, dass manche Kinder, wie z. B. Ryan Cash, es schwerer haben, Regeln zu befolgen, als andere; sie wurden so geboren. In Ryans Fall können seine Impulsivität, Hartnäckigkeit und Leidenschaftlichkeit seinen Wunsch, »brav zu sein«, überlagern. Bei anderen Kindern können Ängstlichkeit und Zwangsvorstellungen einen ähnlichen Effekt haben.

Bevor ich jedoch ein Kind mit Medikamenten behandle, möchte ich wissen, wie es sich verhält, wenn sowohl Eltern als auch Lehrer besser vorbereitet sind und konsequenter mit dem Einhalten von Disziplin umgehen. In der Tat habe ich beobachtet, dass schwierige und sensible Kinder Eltern brauchen, die der Disziplin einen *besonderen* Stellenwert widmen. Diese Kinder brauchen möglicherweise Konsequenzen, die besonders aktiv und unmittelbar erfolgen, weil ihre Impulsivität und Heftigkeit es ihnen erschweren können, sich so zu verhalten, sie wie es gerne möchten. Argumentieren, Schmeicheln und Verhandeln funktionieren bei diesen Kindern nicht so gut wie die Schwarzweiß-Option: Hör auf, dich schlecht zu benehmen oder es wird unerfreulich für dich, und zwar *sofort*. (Selbst Erwachsene, deren Diagnose ADHS lautet, sagen, dass sie besser zurechtkommen, wenn ihre Wahlmöglichkeiten eingeschränkt sind.)

Vergleichen Sie, um eine Vorstellung zu bekommen, eine schwierige Veranlagung mit einem körperlichen Handicap. Wir fänden es alle grausam, von einem Kind mit einem kürzeren Bein zu verlangen, es solle so schnell laufen wie jemand mit zwei gesunden Beinen. Wir fänden es aber auch grausam, wenn die Eltern dieses Kindes einfach sagten: »Okay, dir fällt es schwer zu laufen, also versuch's gar nicht erst. Ich trage dich überall hin oder du kannst den ganzen Tag im Bett bleiben.« Stattdessen halten wir es ganz richtig für die Aufgabe der Eltern, dem Kind dabei zu helfen, zurechtzukommen, so gut es kann. In der gleichen Weise brauchen schwierige Kinder spezielle Hilfe von Ihnen. Sie profitieren nicht von Eltern, die sagen: »Du kannst dir nicht selbst helfen, weil du eine Störung des chemischen Gleichgewichts in deinem Gehirn hast. Ich werde daher nicht viel von dir erwarten.« Sie verdienen Mitgefühl und Verständnis, aber sie brauchen ebenso Disziplin, die sie verstehen und auf die sie reagieren.

Überprüfen Sie Ihre Sauerstoffmaske

Wenn Flugbegleiter Passagiere in den Umgang mit der Notfallausrüstung einweisen, geben sie den Fluggästen, die mit einem kleinen Kind reisen, spezielle Anweisungen: »Zuerst legen Sie die Maske über Ihr eigenes Gesicht, *danach* eine über das Gesicht des Kindes.« Andersherum könnten beide, Elternteil und Kind, ohnmächtig werden.

Zu viele Eltern haben nicht genug Sauerstoff in ihrem täglichen Leben. Eltern, die überarbeitet oder depressiv sind, eine schlechte Ehe führen oder Drogen/zu viel Alkohol zu sich nehmen, können keine Quelle der Stärke und Beständigkeit für ihre Kinder sein. Wenn Sie selbst kaum Luft kriegen, wie wollen Sie da Zeit oder Energie finden, Ihre Regeln durchzusetzen? Überforderte Eltern ignorieren häufig das Testverhalten ihrer Kinder; wenn sie an ihre Grenzen stoßen, regieren sie mit Schreien, Beleidigen oder gar Verletzen des Kindes. Wenn Sie ein schwerwiegendes Problem haben mit Ihren Gefühlen, Ihrer Ehe oder einem Missbrauch, *müssen* Sie erst dieses angehen, bevor Sie mit der Durchsetzung von Disziplin fertig werden können.

Die Belastung, ein in seiner Veranlagung schwieriges Kind großzuziehen, kann Ihnen die Luftzufuhr abschneiden. Wenn ein Elternteil wirklich niedergeschlagen oder deprimiert wirkt, können wir z. B. damit beginnen zu helfen, die Sauerstoffzufuhr wieder in Gang zu bringen, vielleicht dadurch, dass dieser für sich selbst etwas tut (ein wenig Bewegung, ein Mittagessen mit Freunden ohne Kind) oder sogar in Form von Medikamenten. Dies geschieht nicht, um einem Elternteil die Schuld zu geben, sondern einfach als Bestätigung, dass Eltern in der Lage sein müssen, zu atmen, bevor sie effektiv etwas tun können. Manchmal, wenn ich Eltern sehe, die Probleme haben – z. B. Eheprobleme –, treffe ich eine Abmachung mit ihnen: »Lassen Sie uns sehen, ob Sie beide zusammenarbeiten können, was die Beständigkeit und die Disziplin betrifft.« (Die Ehe kann sogar besser werden, wenn das Paar bei den Problemen des Kindes gemeinsam einen Erfolg verzeichnen kann.) »Wenn ja, verschieben wir die anderen Punkte. Wenn aber Ihre Schwierigkeiten wegen Geld und Sex es Ihnen zu schwer machen, einander zu trauen oder bei der Einhaltung von Disziplin zusammenzuarbeiten, müssen wir uns auf die anderen Probleme konzentrieren.«

Alleinerziehende sind besonders anfällig für Sauerstoffmangel. Selbst diejenigen, die außerordentlich kompetent sind, können ausbrennen, wenn sie es mit einem schwierigen Kind zu tun haben, einem schikanösen Schulsystem oder fordernden Chefs. Alleinerziehende sehen sich mit der zusätzlichen schweren Bürde konfrontiert, all die schwierigen Entscheidungen über ihre Kinder *allein* treffen zu müssen. Mehrere Alleinerziehende kommen ein- oder zweimal im Jahr zu mir, einfach um mich als Resonanzboden für die Entscheidungen über ihre Kinder zu benutzen.

Obwohl ich sicher bin, dass es einige wirklich verantwortungslose Alleinerziehende gibt – ebenso wie es einige wirklich verantwortungslose Verheiratete gibt –, finden wenige den Weg in meine Praxis. Weitaus häufiger sind die Alleinerziehenden, die zu mir kommen, diejenigen, die unter schweren Schuldgefühlen und Verantwortungsdruck wegen der misslichen Lage ihrer Familie leiden, die sie rund um die Uhr an sieben Wochentagen in den Dienst für ihre Kinder stellt. Ich versuche sie zu überzeugen, dass sie, wenn sie mehr Einfluss auf ihre Kinder haben wollen, sich einige Zeit nur für sich selbst nehmen müssen, vielleicht einen guten Roman lesen, ins Kino gehen oder sich gemeinsam mit Freunden entspannen sollen. Ich erkenne jedoch auch, dass es schon eine Herkulesaufgabe für den Alleinerziehenden sein kann, überhaupt Zeit, Energie und Geld für diese Pausen aufzubringen.

Effektiv handeln

Wirksame Disziplin ist nicht leicht zu erreichen bei schwierigen und hartnäckigen Kindern (»Ich täte alles für mein Kind«, sagte ein Vater zu mir. »Warum ist es dann also so schwer, Nein zu sagen?«) Die meisten Eltern kommen erst zu mir, wenn Auszeiten, Schimpfen, Schreien und selbst ein Klaps auf den Hintern nichts genützt haben. So war es auch bei Susan und Bill Cash. Nachdem Susans Versuche, Ryan zu bitten, erfolglos geblieben waren, wurde sie manchmal so wütend, dass sie ihn anbrüllte. Er bekam dann Angst und gehorchte, doch hinterher hatte sie ein furchtbar schlechtes Gewissen und schwor sich, nie wieder die Stimme zu erheben. Auszeiten hatten sie aufgegeben, weil Ryan entweder aus seinem Zimmer lief (dem festgelegten Ort für die Auszeiten) oder heulte und jammerte, als würde er gefoltert.

Susan und Bill begrüßten jedoch beide meinen Vorschlag. Offenbar hatte Susan – auf deren Schultern der größte Teil der disziplinarischen Maßnahmen ruhte – bereits viel über ihren Erziehungsstil nachgedacht. Sie selbst war strenger erzogen worden und beurteilte ihre Kindheit als positiv. Ihre gegenwärtigen Techniken des Bittens und Besänftigens, sagte sie, gäben ihr ein unzufriedenes Gefühl. Doch sie hatte so viele widersprüchliche Ratschläge von der Schule, vom Kinderarzt und von zahlreichen Elternratgebern erhalten, dass sie sich wie gelähmt fühlte. Sie wollte, dass ihre Kinder die Freiheit des eigenen Ausdrucks hätten; daher ließ sie sie die Führung bei der Malübung und vielen anderen Familienaktivitäten übernehmen. Sie wollte sie nicht einengen. Es machte aber auch Sinn für sie, dass Kinder eine Vorbereitung brauchten, den Regeln zu Hause zu folgen, wenn sie in anderen Situationen erfolgreich sein wollten. Bill, der von Natur aus ein ziemlich gelassener Typ war, war ebenfalls bereit, den Kurs zu wechseln. Er deutete an, dass er willens war, sich hinsichtlich der häuslichen Disziplin mehr zu engagieren, als er es bisher getan hatte.

Eines der deutlichsten Probleme von Susan und Bill war, dass Ryan ihre gesprochenen Anweisungen ignorierte. Er hatte gelernt, dass ihre verbalen Wünsche nur wenig unerfreuliche Konsequenzen für ihn bereithielten, also hörte er schlicht auf, zuhören. Ich hatte das Gefühl, dass Susan und Bill ihren Worten erneut Macht verleihen könnten, wenn sie nach nur ein oder zwei verbalen Warnungen Taten folgen ließen.

»Welche Art Taten?« fragte Bill. Ich habe festgestellt, dass selbst die passivsten Eltern zu irgendeiner Art von Aktion greifen, wenn das Kind sie wiederholt provoziert und sie wirklich wütend macht. Susan erzählte mir, dass sie dazu neigte zu schreien; Bill machten die Auszeiten und das begleitende Geheule des Kindes zu schaffen. Ein gutes Beispiel ist auch Ari Gardner. Als Reese' Verhalten anfing, auffällig zu werden, benutzte Ari sanfte gesprochene Ermahnungen, die sein Sohn wohlig ignorierte. Sein Verhalten wurde immer wilder, bis Ari der Kragen platzte. Darauf fegte Ari die Spielsachen zur Seite und schnauzte ihn an, und Reese hörte auf.

Jede dieser elterlichen Handlungen war letztendlich unbefriedigend. Zu dem Zeitpunkt, als die Eltern eingriffen, waren die Emotionen auf allen Seiten bereits eskaliert; die erhöhte Spannung zwischen den Eltern und dem Kind machte den Kampf schwieriger und unerfreulicher. Ich mache mir auch Sorgen, wenn Eltern nur einschreiten, wenn sich bereits geraume Zeit Wut und Frustration in ihnen aufgebaut haben, weil ein Elternteil, der die Kontrolle verliert, einem Kind oftmals wirklich Angst macht. Eltern, die so lange warten, bis der Ärger ihre Bedenken, »gemein zu sein«, auflöst, erziehen ihre Kinder wie bei einer Achterbahnfahrt – mal Nachgiebigkeit, mal Disziplin –, sind kaum geeignet, das Bedürfnis eines Kindes nach Sicherheit zu befriedigen.

Gewöhnlich sage ich zu den Eltern: *Handeln Sie so, wie Sie es täten, wenn Sie wütend wären; nur, tun Sie es früher.* Für Susan könnte das bedeuten, ihrer Stimme einen scharfen, aber kontrollierten Ton zu geben; Bill könnte eine Auszeit anordnen, bevor Ryans Emotionen beide vollkommen überwältigt hätten. Ari könnte ruhig, aber entschlossen nach ein oder zwei Ermahnungen Reese' Spielsachen wegnehmen und ihm diese für ein paar Minuten vorenthalten.

Ganz gleich, was Sie tun, es muss direkt passieren. Wenn Ihr Kind fünf Jahre oder jünger ist, müssen Sie innerhalb von Sekunden reagieren. Bei Fünf- bis Zehnjährigen können Konsequenzen Minuten später erfolgen. Kinder ab elf Jahren können mit verspätet einsetzenden Folgen umgehen, und dennoch ist es besser, sie am selben Tag erfolgen zu lassen. Und Kinder, die impulsiv sind, gleich welchen Alters, brauchen generell so schnell wie möglich Handlungen. Ihr Temperament macht es für sie schwerer, sich um eine angedrohte Strafe zu sorgen, die alles andere als umgehend ist.

Ich bat Susan und Bill, eines oder mehrere regelmäßig auftretende Probleme mit Ryan als Ziel zu setzen, Probleme, die es ihnen erlauben würden, mit einer spezifischen, prompten Handlung zu reagieren. Sie beschlossen, daran zu arbeiten, dass Ryan fünf

Minuten lang beim Abendessen sitzen blieb und dass er sich ohne viel Theater und Verspätung für die Schule fertig machen sollte.

Beim Abendessen wollten sie einen Zeitmesser benutzen, um Ryan zu helfen, sich selbst zu kontrollieren. Sie waren bereit, das Essen ganz und gar für ihn ausfallen zu lassen (ohne ihm später irgendwelche Snacks zuzustecken), wenn er es nicht schaffte, sitzen zu bleiben. Bliebe er jedoch für fünf Minuten an seinem Platz, bekäme er eine Extraportion Nachtisch.

Wir änderten auch die Morgenroutine. »Es gibt eine neue Regel in diesem Haus«, kündigten Susan und Bill ihrem Sohn an. »Morgens wirst du aufstehen, frühstücken, die Zähne putzen und dein Haar kämmen, bevor du deine Schulkleidung anziehen darfst.« Sie würden ihn vor sieben Uhr, wenn die Familie aus dem Hause musste, dreimal ermahnen, so dass er wüsste, wie viel Zeit ihm noch blieb. Ob er trödelte oder sich verspätete, blieb ihm überlassen, doch die Kleidung, die er bis sieben Uhr noch nicht am Leibe hatte, würde in einer Einkaufstasche neben der Eingangstür deponiert werden. Er würde im Pyjama zur Schule gebracht werden und sich dort anziehen müssen. (Ich sagte den Eltern, sie sollten ihm bei der ersten Überschreitung erlauben, sich im Auto auf dem Rücksitz anzuziehen, ihm jedoch von dieser teilweisen Amnestie vorher nichts erzählen. Obwohl ich die Chance, dass Ryan nicht mitarbeiten würde, für gering hielt, weihten wir Mrs. Grey in diesen Plan ein.) Sollte Ryan wütend werden, wenn seine Eltern die neuen Regeln beim Abendessen oder die morgendlichen Rituale durchsetzten, waren sowohl Susan als auch Bill bereit, ihn zu einer Auszeit zu schicken.

Die wirkungsvolle Auszeit

Auszeiten sind die gesellschaftlich anerkannte Methode, mit der Wut über Regeln umzugehen. Sie werden auch angewandt bei grobem und schwerem Fehlverhalten, bei Wutanfällen oder wenn ein Kind die Eltern oder ein anderes Kind schlägt. Einige Eltern benutzen sie für geringfügigere Verstöße, wie einfache, aber deutliche Respektlosigkeiten, wie etwa verächtliche Geräusche als

Reaktion auf ein festes »Nein«. Da Susan und Bill beide die Auszeit im Prinzip mochten, jedoch Schwierigkeiten gehabt hatten, sie erfolgreich anzuwenden, gingen wir die Vorgehensweise in der Praxis durch.

Die Technik der Auszeit kann wunderbar einfach sein. Wenn eine Grenze überschritten wird, beginnen die Eltern zu zählen: eins ... zwei ... drei. Wenn das Verhalten bei drei nicht beendet wurde, bekommt das Kind eine Auszeit, was bedeutet, dass es an einen nicht anregenden Ort gebracht (oder geschickt) wird, z. B. zu einem Stuhl in der äußersten Ecke eines stillen Zimmers. Während der Auszeit darf das Kind einem bestimmten Maß an Wut Ausdruck geben, jedoch nicht schlagen, stoßen oder sich destruktiv verhalten.

In der Theorie klingt das ziemlich einfach, doch Probleme, wie die Cashes sie erlebt haben, sind verbreitet und können entmutigend sein. Einige Kinder weigern sich, in eine Auszeit zu gehen oder dort zu bleiben. Andere Kinder schlagen mit den Armen und Beinen um sich, was es schwierig, wenn nicht gar unmöglich macht, sie zu greifen. Es gibt welche, die ihre Zimmer auseinandernehmen; ich habe sogar erlebt, wie Kinder auf eine Fensterbank geklettert sind und den Nachbarn durchs Fenster etwas zugerufen haben (gewöhnlich etwas über die Gemeinheit ihrer Eltern!). Ein weiteres Extrem sind Kinder, die es »wie Gandhi« machen: Sie lassen ihren Körper schlaff fallen und machen es einem dadurch schwer, sie zur Auszeit zu bringen. Susan und Bill stellten fest, dass Ryan schrie und sich manchmal weigerte, an dem für die Auszeit bestimmten Ort zu bleiben.

Wir kamen überein, dass sie mehr Glück mit den Auszeiten haben könnten, wenn sie früher handelten, bevor Emotionen auf beiden Seiten eskalierten. Wenn sie schneller reagieren könnten, mit einer ernstzunehmenden, aber kontrollierten Lautstärke war es möglich, dass Ryan nicht so wild und aufgedreht würde und dass er schneller gehorchte. Ich fragte Susan und Bill, ob sie bereit waren, einige dramatische Laute, wie Ryans Geheule, zu ertragen. Wenn er die Regeln der Auszeiten nicht beachtete, fragte ich sie, ob sie dann bereit seien, ihm zu zeigen, dass sie immer noch stärker seien als er? Ich schlug vor, dass sie eine von drei Methoden wählen sollten: einen kurzen Klaps auf die Hüfte oder das Hinterteil, Zurückbringen in sein Zimmer oder Bett mit einem festen Schütteln oder Festhalten am Platz. Ich erklärte, dass die meisten Eltern keine Bedenken hätten, unter bestimmten Umständen körperliche Maßnahmen anzuwenden, z. B. wenn ein Kind im Begriff ist, auf die Straße zu laufen. Bill und Susan sahen den Zusammenhang und willigten ein, dass sie es versuchen wollten.

Ob körperliche Disziplin angewendet werden sollte, bleibt eine persönliche Entscheidung der Eltern, aber ich glaube nicht, dass es schadet oder gefährlich ist, wenn Eltern eines Kindes zwischen zwei und neun oder zehn Jahren gelegentlich entscheiden, diesem Kind einen Klaps zu geben oder es fest auf ein Bett oder einen Stuhl zu setzen, um eine Auszeit einzuhalten. Einige Eltern ziehen die passivere Methode vor, ein stoßendes, schreiendes Kind an Ort und Stelle zu halten, indem sie seine Arme und Beine ergreifen. Das ist eine persönliche Entscheidung und eine, die recht gut funktionieren kann – ich zeige den Eltern manchmal eine Haltetechnik des Einwickelns, die Strampeln und Flucht auf ein Minimum reduziert. Doch Eltern sollten sich keinen Illusionen hingeben. Ein sich aktiv widersetzendes Kind festzuhalten ist oftmals schwerer und unbequemer, sogar schmerzhafter für beide Seiten, für Eltern wie für das Kind, als ein Klaps auf den Po oder gegen die Hüfte. (Wenn Eltern keine Gewalt anwenden wollen, aber mit einem Kind konfrontiert sind, das sich Auszeiten widersetzt, können sie erwägen, die Auszeit zu verlängern oder eine zusätzliche Sitzung wegen schlechten Benehmens hinzuzufügen. Ich finde, dass diese Reaktionen sehr viel mehr Zeit brauchen und weniger wirksam sind, aber Eltern müssen selbst herausfinden, was für sie am besten ist).

Ich erinnerte Susan und Bill daran, sich während einer Auszeit physisch zurückzuhalten, wenn sie das Gefühl hatten, von der Wut übermannt zu werden. Die meisten Eltern, die zu mir kommen, sind in der Lage, die Linie zwischen Disziplin, die eine physische Komponente hat, einerseits und Verletzung oder Misshandlung andererseits zu ziehen. Doch es ist klug, daran zu erinnern, dass diese Linie manchmal überschritten werden kann. Ich habe schon Eltern eine Art Auszeit anwenden sehen, bei der ich mich nicht wohl fühlte. Einmal wurde ich Zeuge, wie ein Vater versuchte, seinen fünfzehnjährigen Sohn in meiner Praxis zu einer Auszeit zu bringen. Bevor ich ihn stoppen konnte, griff Charley, der Vater, Jason, den Jungen, bei den Armen und versuchte, ihn in eine Ecke zu zerren. Jason weigerte sich, und sein Vater schubste ihn. An diesem Punkt machte ich mir Sorgen. Charley war ein kräftiger Mann – etwa 100 kg schwer. Obwohl Jason wahrscheinlich 50 kg leichter war, hatte er den Vorteil, durch jugendliche Verstörtheit und Wut angetrieben zu sein. Sie waren sich ebenbürtig genug, damit einer von beiden verletzt werden konnte. Ich stand also auf und befahl Charley, sich zurückzuhalten. Das tat er, und Jason blieb, wo er war, beide atmeten schwer.

Als wir später darüber sprachen, erinnerte mich Charley daran, dass ich ihm die Erlaubnis gegeben hatte, physische Mittel anzuwenden, um Jason in der Auszeit zu halten. »Das ist schon richtig, Charley«, entgegnete ich. »Doch diesen Rat habe ich Ihnen vor sechs Jahren gegeben, als Jason neun war. Jetzt, wo er größer ist, können Sie Auszeiten nicht in der gleichen Weise durchführen. Das ist zu gefährlich.«

Ich empfahl Susan und Bill, eine physische Reaktion nicht häufiger als zweimal per Vorfall anzuwenden. Wird es mehr, kann dies zu einer Überreizung der Eltern führen. Ich sagte zu ihnen: »Wenn Sie es zweimal mit Gewalt versucht haben und immer noch keinen Erfolg sehen, können Sie sagen: ›Okay, Ryan, diesmal hast du gewonnen. Aber nächstes Mal bin ich bereit, das gleiche wieder zu tun.‹ Ryan mag begeistert über seinen ›Sieg‹ erscheinen, aber in Wirklichkeit hat er die Erfahrung keineswegs genossen. Das Wissen, dass Sie nicht zurückschrecken beim nächsten Mal, trifft ihn. Eltern müssen nicht jedes Mal gewinnen, aber wenn Sie konsequent bleiben, wird das Kind lernen, dass Sie tatsächlich entschlossener sind, sicherer und fähiger, ihn mit der Sicherheit zu umgeben, die er braucht, um mit seinen Emotionen und seinem Verhalten fertig zu werden.«

Susan rückte damit heraus, dass Ryan ihr, wenn sie Auszeiten ausprobiert hatte, leid tat und sie das Zählen in die Länge streckte: »Ryan, ich zähle eins. Ryan, ich zähle zwei. Hast du mich verstanden? Ich zähle zwei.« Sie kam selbst zu dem Schluss, dass sie Ryan dadurch wahrscheinlich die Botschaft übermittelte, dass sie ihn ungern in die Auszeit schickte; ich würde dem hinzufügen, dass dies leicht dazu führt, den Konflikt eskalieren zu lassen. Außerdem ist es nicht effektiv. (Eines Tages, als ich das Postamt betrat, sah ich eine Mutter, die versuchte, ihren vierjährigen Sohn aus den Büschen hervorzulocken. »Simon, komm da sofort raus«, befahl sie. »Ich zähle! Eins ... zwei ... zwei ... zwei ... zwei ...« Ich stand in der Schlange am Schalter, gab mein Paket auf und verließ das Gebäude, bevor Simon herauskam.).

Wenn Sie mehr über Auszeiten lernen möchten, empfehle ich sehr Tom Phelans Buch *1-2-3 Magic*. Es ist kurz und leicht zu lesen und auch als Video erhältlich. Buch und Video beschreiben zunächst die Technik der Auszeit und geben dann Beispiele, wie Kinder zwischen zwei und zwölf Jahren versuchen, die Eltern vom Kurs abzubringen, und bieten Ratschläge, wie man konsequent bleibt.

Sprechen Sie weniger, und Sie werden gehört

Als Susan und Bill in der Woche darauf wieder zu mir kamen, waren sie erfreut und erstaunt über Ryans Fortschritte morgens und beim Abendessen. Wie ich erwartet hatte, reagierte er schnell auf das neue morgendliche Schema. Susan bemerkte, dass es Zurückhaltung ihrerseits erforderte, Ryan nur drei Warnungen zu geben und dazwischen still zu bleiben, doch sie bestätigte, dass das Begrenzen ihrer Worte diese viel drohender und wirksamer machte. (Einige Eltern zeigen Zurückhaltung gegenüber dieser Methode und sind besorgt, dass ihr Kind gedemütigt werden könnte, wenn es nur halb angezogen in die Schule gezerrt würde. Ich habe sehr wenige Kinder erlebt, die die Situation auch nur einmal ausprobiert haben, nachdem diese Routine und ihre Konsequenzen erläutert worden waren. Ich glaube auch, dass das kurze unangenehme Erlebnis, im Schlafanzug in der Schule zu erscheinen, wenn es nachfolgend das morgendliche Verhalten ändert, besser für das Kind ist als jahrelange Streitereien wegen der Schulvorbereitungen.)

Das Abendessen war anstrengender, aber Ryan schaffte an den meisten Abenden die fünfminütige Zeitspanne. Am dritten Abend stieß Ryan aggressiv den Stuhl vom Tisch weg, bevor der Zeitmesser sich meldete, und begab sich in Richtung Fernseher. »Ich warne dich. Komm zurück, oder es gibt eine Auszeit«, ermahnte Susan ihn. Ryan drehte auf dem Absatz um und schlich die Diele entlang. Susan war auf diese Reaktion vorbereitet und fühlte sich ihrer selbst sicher, erzählte sie mir. Bill berichtete, dass er, da Susan die Warnungen eingeführt hatte, sie auch die Konsequenzen durchführen ließ. Sie hatten jedoch vorher vereinbart, dass der Elternteil, der nicht aktiv war, ein Auge auf den anderen halten sollte. (Meine Frau und ich haben ein Codewort, »Atlantic City«, für solche Situationen. Wir benutzen es, wenn einer von uns zu lange mit den Kindern argumentiert hat, ohne zu handeln, aber es kann auch angewandt werden, um einen Elternteil sanft zu warnen, der in Rage kommt. Die Idee hinter dem Codewort oder -satz ist, dass der aktive Elternteil nicht vor dem Kind durch den anderen sichtbar in Frage gestellt wird.)

Susan sprang von ihrem Stuhl auf, lief ihm hinterher und packte ihn am Arm. »Du gehst jetzt in eine Auszeit«, befahl sie ihm. »Aua, aua! Du tust mir weh!« brüllte Ryan. Susan blickte hinunter auf Ryans Arm; sie hielt ihn fest, verletzte ihn aber nicht. »Genau!« gab sie zurück. »Das ist genau der Punkt, mein Junge.« Ryan guckte erstaunt, hörte aber auf zu protestieren. Sie führte ihn hinaus in sein Zimmer und setzte ihn energisch auf sein Bett. Sie wartete, darauf vorbereitet, dass er aufstehen und versuchen würde, hinauszulaufen, doch er blieb sitzen.

Am folgenden Abend saß Ryan die ganzen fünf Minuten ohne Klagen am Tisch und trug sogar ein paar Anekdoten aus der Schule bei. Er erhielt regelmäßig seine Extraportion Nachtisch, was ihn, zusammen mit dem Lob beider Eltern, glücklich machte. (Nebenbei bemerkt, Susan und Bill wandten diese Regeln auch bei Casey an. Sie probierte auch ein wenig aus, wie weit sie gehen konnte, doch im Allgemeinen ging sie mit den neuen Regeln leichter um als ihr Bruder.)

Bei späteren Sitzungen fiel mir eine Veränderung in Susans Worten und ihrem Tonfall auf. Vorbei waren die Fragen wie: »Möchtest du mir helfen, die Spielsachen aufzuräumen?« Statt dessen wurde ihre Stimme ein wenig tiefer und ihr Ton am Ende leiser, wenn sie sagte: »Hilf mir beim Aufräumen, und zwar jetzt.« Bill seinerseits war ganz offensichtlich bereit, bei einem klaren und festen methodischen Ansatz mitzumachen – wie sich herausstellte, war diese Unterstützung alles, was Susan brauchte.

Susan äußerte ihre Überraschung darüber, wie gut ihre Kinder nun auf ihre mündlichen Ermahnungen reagierten. Ich war nicht überrascht. Zum einen war ihr Tonfall geschäftsmäßiger, zum andern hatten Ryan und Casey gelernt, die Wünsche ihrer Eltern mit schnellen Taten zu assoziieren. Es ist nur eine der vielen Ironien bei der Erziehung, dass die Kinder, je weniger man sagt, desto genauer zuhören. (Als ich ein siebenjähriges Mädchen fragte, ob sich die Situation zu Hause verbessert hätte, nachdem ihre Eltern ein System mit Grenzen und Konsequenzen eingeführt hatten, nickte sie und sagte: »Mamis Mund ist nicht mehr so müde.«)

Belohnungssysteme

Ryans Verhalten besserte sich auch in der Schule. Ich rief Mrs. Grey an und erklärte, dass Ryans Persönlichkeit seiner Meinung nach es ihm erschwere, auf Belohnungen und Bestrafungen zu reagieren, die von Erkenntnis und Verzögerung abhingen. Ich erwähnte, dass seine Eltern recht gute Erfolge mit sofortigen, greifbaren Belohnungen hätten, z. B. einer Extraportion Nachtisch, wenn Ryan am Tisch blieb. Mrs. Grey hörte interessiert zu und sagte, dass sie für eine neue Taktik offen sei. Auf meinen Vorschlag hin stellte sie Ryan ein »Sternchensystem« vor, das zweimal am Tag, gewöhnlich etwa zehn oder zwanzig Minuten vor einer vergnüglichen Beschäftigung wie Pause, Mittagessen, Computerzeit oder Zeichnen und Malen, angewendet werden sollte. Ryan bekam eine bestimmte Menge Arbeit, die er in einem vernünftigen Zeitrahmen erledigen sollte. Wenn er seine Arbeit schaffte, bekam er einen Sternen-Sticker auf eine Karte geheftet, die er täglich mit nach Hause zu seinen Eltern brachte. Die Sterne konnten am Ende der Woche umgetauscht werden in Preise oder Privilegien. Wenn Ryan zehn Sterne erhielt, durfte er das Buch aussuchen, das die Lehrerin freitags laut vorlas. Erhielt er zwanzig, konnte er ein kleines Spielzeug auswählen. (Manchmal überreichen die Eltern diese Belohnungen zu Hause, doch Mrs. Grey entschied, dass sie sie Ryan selbst geben wollte).

Die Sternenmethode hatte aber noch eine andere Seite: Wenn Ryan nicht ein Minimum der übertragenen Aufgabe schaffte oder mehr als eine Ermahnung brauchte, um bei der Aufgabe zu bleiben, bekam er keinen Stern *und* wurde von der nächsten Aktivität der Klasse für fünf Minuten ausgeschlossen. (Es war nicht nötig, dass er die *ganze* Pause oder andere Arten von Spaß verpasste; fünf Minuten Warten, während andere Kinder spielen, ist Härte genug für ein kleines Kind. Sie entdeckte, dass die umgehenden Belohnungen bei Ryan so erfolgreich waren, dass sie bald der ganzen Klasse Sterne anbot.

Ich machte mir keine Sorgen, dass Ryan von den Sternen oder der Extraportion Nachtisch abhängig werden könnte, um Grunderwartungen zu erfüllen; alle Erfahrungen aus Praxis und Forschung widersprechen diesem Glauben. Zahlreiche Studien zeigen, dass Belohnungen nach und nach verspätet oder periodisch gegeben werden können, wenn sich erst einmal gutes Benehmen eingestellt hat, und dann schließlich aufgegeben werden können. Tatsächlich arbeiten wir alle für Belohnungen; es ist nur so, dass einige von uns besser damit umgehen können, auf unsere Gratifikation zu warten (das ganze Schuljahr über Hausaufgaben zu machen, in der Hoffnung, ein gutes Zeugnis zu bekommen oder hart im Büro zu arbeiten, um befördert zu werden), oder sie haben die Belohnung verinnerlicht (vielleicht durch Stolz darauf, eine Arbeit gut verrichtet zu haben). Manche Kinder, besonders solche mit schwierigen oder sensiblen Veranlagungen, brauchen vielleicht eine Weile ein direktes, konkretes Belohnungssystem ebenso wie unmittelbare Konsequenzen bei schlechtem Benehmen. Ganz abgesehen davon, dass die meisten Kinder in Ryans Alter finden, dass es Spaß macht, für Belohnungen wie Münzen oder Sticker oder Sterne zu arbeiten.

Jugendlichen Grenzen setzen

Wenn Sie Regeln aufstellen und sie bei Ihrem Sechzehnjährigen durchsetzen wollen, wie Sie es taten, als er vier war, erwartet Sie wahrscheinlich eine größere Rebellion. Außerdem ist es, wie die Geschichte von Jason und Charley zeigt, einfach zu gefährlich für Eltern von Teenagern, eine physische Grenze setzen zu wollen.

Aber Teenager brauchen (und schätzen) dennoch Regeln und Grenzen. Eine großzügigere Haltung, die die wachsende Reife des Kindes respektiert, ist gewöhnlich am besten. Jeden Abend zu kontrollieren, ob die Hausaufgaben gemacht wurden, wird vom Teenager sehr wahrscheinlich als übertriebene Einmischung abgelehnt werden. Eine nützlichere Strategie könnte sein, dem Kind mitzuteilen, dass es ihm überlassen bleibt, wie es seine Hausaufgaben erledigt; Sie würden allerdings von der Lehrerin am Ende der Woche einen Bericht über die Fortschritte erhalten, und wenn dort unerledigte Aufgaben auftauchten, gäbe es am Wochenende keine Telefonprivilegien.

Teens können mit zeitverschobenen Konsequenzen besser umgehen als kleinere Kinder. Es ist nicht unbedingt notwendig, dass Belohnungen oder Bestrafungen innerhalb von Sekunden durchgeführt werden, obwohl Sie vielleicht feststellen, dass Ihr Teenager besser auf Konsequenzen reagiert, die am selben Tag oder spätestens in derselben Woche geschehen. Sie können auch die Fähigkeit Ihres Teenagers, rationaler zu denken als ein kleines Kind, nutzen – unter dem Vorbehalt, dass Jugendliche eher zur Logik fähig sind, wenn sie nicht auf sie selbst zutrifft! Manchmal kann man ihnen eine Kooperation entlocken, indem man

Probleme mit ihnen diskutiert. Es ist sicherlich einen Versuch wert. Und wenn Sie und Ihr Teenager nicht einer Meinung sind, kann die einfache Tatsache, dass Sie seine Meinung angehört und anerkannt haben, viel dazu beitragen, Ärger oder Enttäuschung über Ihre Entscheidung zu mildern.

Schließlich muss aber der Jugendliche bis zu einem gewissen Grad sich selbst kontrollieren *wollen*, entweder aus eigenem Antrieb oder weil er die Gefühle seiner Eltern nicht zu sehr verletzen möchte. Wenn ein Teenager entschlossen ist, die Regeln zu brechen und Autorität herauszufordern, wird es sehr schwirig für die Eltern, ihr Kind zu überwachen und zu beschützen. Dem Kind und anderen Sicherheit zu geben kann zu einer Hauptsorge werden und schwirig sein, zu Hause zu gewährleisten. Einige Familien sind erfolgreich, indem sie ihre Jugendlichen in eine betreute Umgebung schicken, z. B. ein spezielles Internat oder ein Abenteuerprogramm.

Die meisten Jugendlichen, die außer Kontrolle geraten, sind nicht bereit, einen Therapeuten aufzusuchen, um eine Änderung herbeizuführen, und der Arzt allein kann nicht für den Antrieb zur Besserung sorgen. Doch ein Experte kann dennoch regelmäßig Unterstützung anbieten und helfen, um sicherzustellen, dass der Jugendliche nicht in etwas allzu Selbstzerstörerisches hineingerät. *Wenn* der Teenager anfängt, in Frage zu stellen, was er sich selbst antut (einige müssen dazu erst den Tiefpunkt erreichen; andere ziehen vielleicht Bilanz, wenn sie älter werden), kann ein gutes Verhältnis zu einem Therapeuten dem Jugendlichen helfen, seine Gedanken zu ordnen und an seinen Handlungen zu arbeiten.

Ich schlage auch vor, dass die Eltern solcher Teenager professionelle Hilfe suchen. Ein Leben mit diesen Kindern ist wie eine Achterbahnfahrt; suchen Sie einen Therapeuten, der Ihnen helfen kann, die nächste Kurve zu erwarten. Jemanden zu haben, mit dem man sprechen kann, kann die Fahrt ein bisschen weniger furchterregend und einsam machen.

Eine »Patentlösung für Eltern«

Innerhalb einiger Wochen stellte ich einen Unterschied im Ausmaß der Aktivität sowohl bei Ryan als auch bei Casey fest. Ich denke, dass sie, wie so viele Kinder, die ich kennen gelernt habe, sich entspannen, wenn sie nicht mehr so sehr die Notwendigkeit verspüren, ihre Eltern ständig zu testen. Natürlich brauchten beide Kinder noch Warnungen von ihren Eltern, ebenso Auszeiten – kein Kind ist ein Engel, und man kann nicht fünf Jahre lang eingeübtes Verhalten in zwei Wochen ändern. Andere Aspekte in Ryans Leben nahmen mehr Zeit in Anspruch. Es dauerte mehrere Monate, bis sich sein unglückliches, aggressives Spiel zu ändern begann. Susan und Bill warnten ihn, wenn seine Handlungen außer Kontrolle gerieten, und die Familie und ich spielten Brettspiele als Teil unserer Sitzungen. (Ich mag solche Spiele, weil sie die Probleme des wirklichen Lebens reflektieren: der Reihe nach dranzukommen, mit Würde zu gewinnen oder zu verlieren, Regeln zu befolgen und andere Dinge.) Ryans allmähliche und dauerhafte Besserung, fand ich, war das Ergebnis davon, sich in einem neuen Verhaltensmuster zu bewegen. Er fühlte sich sicher mit seinen Eltern und hatte das Vertrauen, sowohl zu Hause als auch in der Schule gute Leistungen zu erbringen; er hatte in seiner eigenen Einschätzung nicht mehr das Gefühl, »böse« zu sein.

Ryans Erfahrung ist nur insofern ungewöhnlich in meiner Praxis, als ich dachte, die impulsiven Aspekte in seiner Persönlichkeit seien recht stark. Ich war ernsthaft bereit, ihm Ritalin anzubieten, wenn die Bemühungen seiner Eltern und der Schule ihm nicht ausreichend hätten helfen können. Wie sich jedoch herausstellte, hatte Ryan wie so viele impulsive, trotzige, traurige, ängstliche oder zwanghafte Kinder Erfolg, als seine Bezugspersonen spezifische Veränderungen in ihrem Verhalten ihm gegenüber vornahmen.

Der Erfolg der Familie Cash hing jedoch nicht von irgendeiner Technik ab, die wir in meiner Praxis besprachen. Die Auszeiten, die Kleider in der Tasche, der Zeitmesser beim Abendessen – keine dieser Strategien bedeutet für sich genommen viel. Es gibt keine

»Patentlösung für Eltern«, die, wenn erst einmal alle Eltern sie gelernt haben und sie weltweit verbreitet wird, jedem Kind helfen könnte. Bei Susan und Bill war das neue Maß an Vertrauen entscheidend, das sie in ihre Bemühungen einbrachten. Es half ihnen, einen Plan im Kopf zu haben, doch dieser Plan funktionierte nur, weil Susan und Bill ihre Ambivalenz gegenüber der Anwendung von Disziplin aufgegeben hatten. Sie traten Ryan gegenüber mit Autorität auf und waren bereit, durchzuhalten. Mehr als alles andere war es diese Haltung, die Ryan half, sich sicher zu fühlen, sicher genug, um sein Testverhalten einzuschränken.

Andere Eltern fanden es befreiend zu entdecken, dass es in Ordnung ist, von ihrem Kind zu verlangen, dass es nach vernünftigen Maßstäben lebt. Ein Vater gestand mir: »Nachdem Sie mir gesagt hatten, dass meine kleine Tochter nicht ADHS hat, dass sie einfach stark gefühlsbetont und hartnäckig ist, fand ich, dass ich von ihrem Verhalten mehr erwarten könnte.« Die Mutter des Mädchens zeigte eine andere – in der Tat beinahe gegensätzliche – Reaktion auf dieselben Worte, die ich benutzt hatte, um ihr Kind zu beschreiben, doch sie fühlte sich dennoch wohler dabei, Kontrolle auszuüben. Sie sagte: »Jetzt weiß ich, dass es viel schwerer für sie ist, ihre Emotionen und ihr Verhalten ohne unsere Hilfe zu steuern.« Sie fühlten sich beide weniger schuldig, für zusätzliche externe Kontrolle in Form von wirksamen Grenzen zu sorgen, und das Verhalten ihrer Tochter besserte sich rasch angesichts der neu gefundenen Autorität.

Wie entwickelt man diese Art Vertrauen? Ich erinnere mich an Susans Dilemma: Die zahlreichen Ratschläge von Autoren und Ärzten hatten eine paradoxe, lähmende Wirkung, so dass sie jede elterliche Entscheidung haargenau prüfte und ihre eigenen vernünftigen Ideen unterdrückte. Diese Gedanken im Kopf, sage ich Ihnen: Ich habe erlebt, wie sich Tausende von Kindern durch Maßnahmen wie Einführung und Einhaltung von Grenzen und Disziplin verbessert haben. Es gibt allerdings keine Methode, die stets bei allen Kindern und allen Eltern wirkt. Ihr individueller Stil und Ihr Wissen über Ihr Kind müssen zum Tragen kommen bei dem langen Erziehungsprozess, der aus Versuch und Irrtum besteht.

Obwohl ich immer wieder betone, wie wichtig es ist, Grenzen zu setzen, weiß ich sowohl aus klinischer als auch aus persönlicher Erfahrung, dass es manchmal das Beste für Eltern mit ihrem heulenden und quengelnden Sechsjährigen ist, ihn nicht zu bestrafen, sondern ihn in den Armen zu halten und ihm Zärtlichkeiten ins Ohr zu flüstern.

Kinder mit schwieriger Veranlagung zu erziehen ist, wie wenn Sie eine alte Geige spielen. Streichen Sie zu sanft, hören Sie nichts. Streichen Sie zu heftig, quietscht sie. Genau das richtige Maß an Druck herauszufinden, um das schwierige, aber geliebte Instrument lieblich erklingen zu lassen, erfordert viel Geschick und Praxis. Beratung durch einen Fachmann über Methoden der Verhaltenssteuerung und Ratschläge aus einem Buch können mit Vorschlägen für Techniken helfen, doch letztendlich müssen Sie das Instrument selbst spielen.

5. Mrs. Bossy schlagen und Darth Vader besiegen: Können Sie das Problem externalisieren?

Die Hände des achtjährigen Timmy waren rot und rau, das Ergebnis von etwa zwanzigmaligem Waschen am Tag. Er hatte Angst, Bakterien an seine Freunde weiterzugeben; wenn seine Freunde sterben würden, sagte Timmy, könnte er verhaftet werden. Er weigerte sich, mit den anderen Kindern herumzutoben, auf Partys zu gehen oder selbst andere Kinder zu besuchen. Zu Hause fing er an zu zittern, wenn er aus irgendeinem Grund nicht die Hände waschen konnte, sobald er es für nötig hielt.

Timmys Lehrerin war verständnisvoll gewesen, doch machte sie sich langsam Sorgen, dass Timmy durch sein häufiges Bedürfnis, zum Händewaschen zu gehen, zu viel Unterricht versäumen könnte. Timmys Mutter war beunruhigt. »Was passiert, wenn man stirbt?« fragte er sie. »Wie bringen Keime dich um?« Nachdem sie ungegessene Butterbrote in seinem Rucksack entdeckt hatte, gestand Timmy: Er wollte nicht mehr in der »schmutzigen« Schul-Cafeteria essen.

Regina, Timmys Mutter, eine Frau mittlerer Statur mit kurzem, strohblondem Haar, erzählte mir dies alles in meiner Praxis. Sie lehnte sich in ihrem Stuhl vor und sprach mit viel Schmerz und Leidenschaft in der Stimme. Sie erzählte mir, dass sie und ihr Mann Timmy unendlich viele Male versichert hätten, dass Bakterien weder ihn noch seine Freunde umbringen würden. Sie versuchten, Mitgefühl zu haben, und gaben sich große Mühe, Timmy zu helfen, erschreckende Situationen zu vermeiden. Sie hoben Spielsachen auf, die er nicht anfassen mochte, und sie erlaubten ihm, vom Tisch früher aufzustehen und nicht in die Sonntagsschule zu gehen. »Zu allem anderen kommt jetzt noch hinzu, dass er anfängt, sich schuldig zu fühlen wegen der vielen Seife, die er verbraucht«, seufzte sie, sichtlich ängstlich und frustriert, dass ihr kleiner Junge den Kampf gegen seine irrationalen Gedanken verlieren würde. »Der Psychologe, zu dem wir Timmy gebracht haben, sagte, er habe eine zwanghafte Störung und solle Medikamente bekommen.«

Ich war nicht gegen den Einsatz von Medikamenten, um Timmy zu helfen. Reginas Beschreibung von Timmys Verhalten erfüllte sicherlich die Kriterien für die Diagnose einer zwanghaften Störung (Obsessive Compulsive Disorder), die die meisten Ärzte gestellt hätten, und ich fand das Ausmaß der Probleme beunruhigend. Noch entmutigender fand ich die Geschichte der psychischen Probleme in dieser Familie: Vier Mitglieder aus Timmys unmittelbarer Familie einschließlich beider Elternteile nahmen Psychopharmaka. Mehr als alles andere befürchtete ich, dass die frühere Festlegung der Familie auf Psychopharmaka sie skeptisch gegenüber jedem alternativen Vorschlag machen würde. Studien haben gezeigt, dass der größte Einfluss auf die Entscheidung, ob ein Kind medikamentös behandelt werden sollte, die Tatsache ist, ob ein Elternteil oder beide Eltern Psychodrogen nehmen.

Ich hingegen war der Meinung, dass Timmy auf lange Sicht besser dran sein würde, wenn er und seine Familie lernten, mit seiner Persönlichkeit umzugehen und das Leben besser in den Griff zu kriegen, als von Tabletten abhängig zu sein. Und mein Hippokratischer Eid als Arzt (»In erster Linie nicht schaden«) hielt mich davon ab, Timmy den unbekannten Risiken auszusetzen, eine Prozac-ähnliche Pille einzunehmen (keines dieser Medikamente ist auf seine Langzeitwirkung oder Nebenwirkungen bei Kindern getestet worden), zumindest so lange nicht, bis wir eine nichtmedikamentöse Methode ausprobiert hatten, die bei Kindern mit ähnlichen Schwierigkeiten wirksam ist.

Lernen Sie Sneaky Poo kennen

In den späten 80er Jahren tauchte eine frische Stimme auf der Familientherapie-Szene an einem ungewohnten Ort auf: Adelaide, Australien. Michael White, ein Familientherapeut, der dort praktizierte, beschrieb eine kluge Methode, psychische Probleme anzugehen. Er nannte sie *Externalisierung*.

Ich erinnere mich genau an das erste Mal, als ich ihn sprechen hörte. Ich war bei einer Konferenz, und er berichtete, wie Externalisierung einem Jungen geholfen hatte, der an Enkopresis, dem medizinischen Ausdruck für Einkoten, litt. White half dem Jungen, das Problem anders zu begreifen als einem Wesen, das außerhalb des Kindes existierte. Es war ein niederträchtiger, herumschleichender Feind, schlug White vor, der diesem Kind und seiner Familie das Leben schwer machte. Gemeinsam gaben er und der Junge dem Feind einen Namen: Sneaky Poo! Er schlug dem Kind vor, ein Team zu bilden und Wege zu suchen, diese schreckliche Bedrohung zu besiegen. Der Junge war erfreut und stimmte einigen vernünftigen Maßnahmen zu, um Sneaky Poo zu bekämpfen, einschließlich der Einhaltung regelmäßiger Diät- und Verdauungsgewohnheiten, die er bisher vermieden oder vergessen hatte. Diese Umformung des Problems zu etwas Externem – außerhalb des Kindes und nicht immanenter Teil seiner Veranlagung – gefiel nicht nur dem Kind und seinen Eltern sehr, sondern beeindruckte auch die große Zuhörerschaft der Therapeuten, die mit mir auf der Konferenz waren.

Vieles von dem, was White vorschlug, ist fester Bestandteil eines kognitiv-behavioristischen Therapieansatzes, der beinhaltet, dass, wenn man jemanden dazu bringt, sein schlechtes Verhaltensmuster zu benennen und zu erkennen, man ihn ermutigen kann, anders zu denken und zu handeln. Tatsächlich hatte ich etwas ähnliches, das ich »Kampf gegen das Problem« nannte, seit Jahren praktiziert. Aber Whites Formulierung bot einen größeren Rahmen für Dramatik und Schilderung an. Seine konkreten, wunderbar allgemein bekannten Figuren (niemals die Kinder selbst) und die Kampfaspekte begeisterten die Kinder regelrecht, ebenso wie die Erwachsenen, die mit ihnen lebten. Meine spezielle Variation von Whites Arbeit ist die Verlegung des Hauptschauplatzes des externalisierten Problems des Kindes ins Reich der Ideen und Handlungen der *Eltern*. Was können diese tun, um ihrem Kind zu helfen, Sneaky Poo (oder Darth Vader oder Mrs. Bossy oder Das Hinterletzte – oder welchen Namen das Kind dem Problem sonst geben möchte) zu erkennen und zu besiegen? Wenn die Eltern intensiv miteinbezogen werden, kann nach meiner Ansicht ein schneller Wandel eintreten.

Timmy gegen den Tyrannen

Ich versuchte, Zweifel an der Unvermeidlichkeit von Tabletten für Timmy zu säen und wartete ab, wie Regina reagieren würde: »Wissen Sie, wir hatten ziemlich gute Erfolge, Kindern wie Timmy zu helfen, ohne Medikamente. Wie fänden Sie es, wenn es Timmy besser ginge, ohne Tabletten zu schlucken?« Natürlich war dies eine Fangfrage. Welche Eltern würden nicht wünschen, dass es ihrem Kind besser ginge – und wenn dies ohne Medikamente erreicht werden könnte, umso besser. Doch bei Timmys Familiengeschichte hätte es mich nicht überrascht, wenn Regina einfach gesagt hätte, dass sie es für sehr unwahrscheinlich hielte und für ihren Sohn unmittelbare Erleichterung wünschte – mit anderen Worten: eine Pille.

Doch Regina entpuppte sich als Optimistin. Sie setzte sich aufrechter und aufmerksamer hin. »Wenn Sie glauben, dass Sie Timmy ohne Medikamente helfen könnten, wäre das toll.« Wie bei so vielen Eltern war das, was sie am meisten wollte, ein *Plan*. Wir vereinbarten einen Termin, bei dem ich Timmy kennen lernen sollte, und einen weiteren für ihn zusammen mit seinen Eltern. Die Woche darauf wollte ich die ganze Familie treffen. Regina stimmte zu.

Als Timmy und Regina zu ihrem Termin eintrafen, war ich angenehm überrascht, dass er sich leicht von seiner Mutter trennte, die im Wartezimmer blieb. Er war ein blondes, blauäugiges Kind, ein zierlicher Junge, dessen Größe im Kontrast stand zu seiner besonnenen, intelligenten Art zu sprechen. »Ich denke viel über Bakterien nach – ständig«, erzählte er mit grimmiger Miene. »Bakterien können andere Menschen krank machen.«

Timmy stimmte zu, dass es nicht richtig geholfen hatte, über sein Problem mit seinen Eltern oder dem Psychologen zu reden, doch er machte weiter, weil er sich Sorgen machte. Er fand es nicht gut, sich so oft die Hände zu waschen oder das Mittagessen zu versäumen, aber er wollte auch seine Freunde nicht vergiften. Obwohl er zuhörte, wenn seine Eltern und Lehrer versuchten, ihn zu beruhigen, war er von ihren Argumenten nicht überzeugt.

Anders als manche andere Kinder, die ihre Eltern zu zitieren scheinen und einfach unkoordiniert wirken, sprach Timmy ruhig und direkt, wie ein Kind, das physische Schmerzen hat und versucht, dem Arzt zu helfen, indem er die gewünschten Informationen gibt. Er weinte oder jammerte nicht. Seine Stärke bestätigte die Schwere seines Problems und das ungewöhnliche Ausmaß seines Unglücks.

Anders als viele andere Ärzte war ich nicht daran interessiert, viel mehr über den Inhalt seiner Sorgen zu hören. Ich glaubte nicht, dass es viel nützen würde. Auch glaubte ich nicht, dass es hilfreich wäre, ihn zu beruhigen oder seine Sorgen in die richtige Perspektive zu rücken. Andere wichtige Erwachsene in seinem Leben hatten dies bereits erfolglos versucht, und ich hatte keinen Grund zu der Annahme, ich könnte eine Ausnahme sein. Stattdessen begann ich, ihn über Schwankungen in der Intensität seiner Sorgen zu befragen und Momente, in denen diese Sorgen nicht so groß waren, ein Verfahren, das von manchen »lösungsorientierte Therapie« genannt wird. Das Herausfinden von Pausen im Problemverhalten kann Eltern und Kindern den dringend benötigten

Mut, Hoffnung und Vertrauen geben. Wenn sie realisieren, dass das Problem nicht *immer* da ist, erscheint es viel weniger gigantisch und weniger eine Angelegenheit außerhalb ihrer eigenen Kontrolle. So können auch Strategien für die Zukunft aufweisen. (Zum Beispiel können die Eltern eines hyperaktiven Kindes entdecken, dass es sich tatsächlich ziemlich häufig recht gut benimmt, dass aber gewisse Umstände – z. B. nach einer unstrukturierten, frei gestalteten Pause ruhig in das Klassenzimmer zurückzugehen – Probleme auslösen. Wenn das Kind besser zurechtkommt, wenn ein Erwachsener in der Pause ein Spiel organisiert, können Eltern und Schule schon Erfolg haben, indem sie die »freie« Spielzeit mehr strukturieren.)

Wir stellten schnell eine Liste zusammen mit Situationen, in denen die Sorgen stärker oder schwächer waren, größer oder kleiner. Timmy stimmte zu, dass ihn, wenn er sich auf andere Dinge konzentrierte, besonders in der Schule, die Sorgen weniger belästigten. Wenn er mit Freunden spielte oder wenn er ganz allgemein gute Laune hatte, »sind die schlechten Gedanken nicht da«, wie er es selbst nannte.

Umgekehrt, wenn er seine Arbeit in der Schule fertig hatte und ein Buch las, kamen die Sorgen zurück. Wenn er allein war im Gegensatz zum Zusammensein mit Freunden, oder wenn er zornig war statt glücklich, »gehen die Sorgen nicht weg«. Ich stellte Überlegungen an zu dem, was mir andere Kinder über solche Schwankungen erzählt hatten, doch er stimmte fest mit meinen Mutmaßungen überein.

Dann fragte ich ihn, ob er jemals irgendwelche anderen Ängste überwunden habe – wiederum auf der Suche nach einem Beispiel für seine Kompetenz und einen Grund zur Hoffnung. Er sagte, er wisse keines. »Ich weiß eins«, behauptete ich siegesgewiss. Ich sagte, dass er wahrscheinlich irgendwann einmal Angst gehabt hatte, ein zweirädriges Fahrrad zu fahren, nun aber nicht mehr. Doch ich erfuhr, dass ich mich geirrt hatte, und kam mir dumm vor. Timmy sagte, dass er immer noch Angst habe, auf einem Zweirad zu fahren, obwohl er gern mit seinen Freunden fahren würde. Folglich machte ich rasch einen Rückzieher. »Nun, ein Beispiel weiß ich *ganz bestimmt*«, sagte ich und hörte mich an wie ein gescholtener, dummer Erwachsener. »Echt, was denn?« fragte er neugierig. »Also, als du zuerst anfingst, laufen zu lernen, meinst du, dass du damals Angst hattest, dass du hinfallen könntest?« Er lächelte und nickte. »Und hast du jetzt Angst, wenn du läufst?« Er lächelte wieder und verneinte.

»Und was glaubst du, wie du gelernt hast zu laufen und keine Angst mehr zu haben, hinzufallen?« fragte ich, aber diesmal wartete ich seine Antwort nicht ab. »Du hattest Mut. Du wolltest wirklich laufen und hast es wieder und wieder versucht und warst schließlich erfolgreich. Nach einer Weile konntest du es so gut, dass du aufgehört hast, dir überhaupt noch Sorgen zu machen, du könntest hinfallen. Hab ich Recht?« Er bejahte. »Gut, okay. Dieses Problem mit dem Sorgenmachen hat dich jetzt herumkommandiert, und wir müssen nun einen Weg finden, dass *du* der Chef des Problems wirst. Es gibt aber nur einen Weg, seine Ängste zu überwinden und das ist, den Mut zu haben, ihnen gegenüberzutreten. Verstehst du?« Er stimmte zu und verstand, lächelnd und leise lachend, während ich sprach.

Er erinnerte sich dann daran, dass er früher Angst hatte, dass das Familienauto einen Unfall haben könnte, und dass er anfangs Angst hatte, in einem Bett zu schlafen statt in seiner Wiege (er tat es erst mit vier Jahren). Ich gratulierte ihm zu seinen früheren Siegen über die Angst. Da er es früher geschafft habe, könne er es jetzt auch. Aber ich versicherte ihm, dass wir nicht versuchen würden, die schlimmsten Sorgen zuerst anzupacken. Ich half ihm, ein Angstthermometer zu erstellen – eine Idee, die ich von John March übernommen habe, einem Kinderpsychiater an der Duke University, der ein Thermometer erfand, das Ängste statt Temperaturen maß. Bei der 37°-Markierung schrieben wir zwei Punkte hin, vor denen er früher Angst gehabt hatte, nun aber nicht mehr: in einem großen Bett zu schlafen und zu laufen. Ich fragte ihn, was das Schlimmste für ihn sei bei seiner Angst vor Bakterien. »Mich im Matsch herumzuwälzen und mich mit meinen Freunden schmutzig zu machen«, erwiderte er mit einem leichten Lächeln. Wir bestimmten eine Temperatur von 40° für Wälzen im Matsch.

Dann kategorisierten wir bei unterschiedlichen Graden andere Aktivitäten, die weniger schwierig waren als das Matschrollen, wie Mittagessen in der Schule oder Gegenstände anzufassen, die sich in der Nähe seines Hauses befanden. Wir wiesen ihnen eine Temperatur von 38° zu. Ich sagte, dass wir, nachdem wir mit seiner Mom und seinem Dad gesprochen hätten, beginnen könnten, eines dieser Probleme anzupacken. Aber im Moment wollte ich, dass er sich einen Namen für die Probleme, die seine Ängstlichkeit ihm vermittelte, ausdachte.

Timmy entschied sich für »der Tyrann«. Wir waren uns einig, dass der Tyrann keine reale Person war, sondern eine Anzahl von Vorstellungen und Gefühlen, die Timmy zu sehr herumkommandierten. Unsere Aufgabe war es, ein Team zu bilden, das seine Eltern und Lehrer einband, ein Team, das ihm helfen würde, ihm den Tyrannen vom Hals zu schaffen – Timmy mehr Kontrolle über seine Gedanken zu geben, anstatt seinen Gedanken zu gestatten, ihn zu kontrollieren. Ich bin nicht sicher, wie viel Timmy tatsächlich verstand, aber er schien aufgeregt und positiv, als wir seine Mutter hereinholten und ihr unser Gespräch erklärten. Auch sie lächelte, als wir ihr von den Schwankungen in seinen Ängsten, früheren Episoden, Ängste zu überwinden (sie fügte zwei weitere hinzu, an die sie sich erinnerte), die Notwendigkeit, Mut zu haben, das Angstthermometer und den Plan, den Tyrannen zu besiegen, erzählten. Ich fühlte mich ermutigt durch ihre Reaktion, wollte aber, bevor ich irgendetwas versuchte, noch warten, bis ich Timmys Vater gesehen hatte. Meine Erfahrung sagte mir, dass von seiner Position Erfolg oder Nichterfolg der Behandlung abhängen würden.

Bill, Regina und Timmy kamen zwei Tage später, zu meiner letzten Sitzung an dem Tag, dem einzigen Zeitpunkt, den Bills Terminkalender zuließ. Bill war ein Mann in mittleren Jahren mit einer kummervollen Miene. Er seufzte häufig und sprach mit einer Stimme, die sich teilweise einem Flüstern näherte. Er schien schrecklich belastet durch die Probleme seines Sohnes, und er sagte auch sehr deutlich zu Beginn, dass er glaube, Timmy habe eine Störung, genau wie er. Er glaubte, dass Timmy seine Neigung zu Angst und Panik geerbt habe. Bill erinnerte sich, dass auch er im Alter von ungefähr acht Jahren angefangen hatte, sich Sorgen zu machen, und dachte, dass Timmy von Medikamenten profitieren werde.

Ich spürte die Macht und den Druck der Resignation dieses Mannes gegenüber dem Schicksal seines Sohnes und fragte mich insgeheim, ob er die Praxis verlassen würde, wenn Timmy kein Medikament erhielt. Erneut erwog ich, Timmy sofort Tabletten zu verschreiben, und sei es nur, um die Familie in der Therapie zu halten.

Doch ich entschied, noch ein bisschen weiter zu bohren. Ich erzählte Bill, ich sei sicher, dass biologische Prozesse Timmys Verhalten mitbestimmten; jedoch, wie bei Ausbruch von Diabetes oder Hypertonie im Erwachsenenalter, seien oft die ersten Maßnahmen – Gewichtsabnahme, Bewegung, Reduzierung von Stress – äußere Einflüsse. Ich erklärte, dass Timmys Grad der Sorgen *nicht* stabil sei; manchmal sei er vollkommen angstfrei. Laut überlegte ich, ob wir irgendwie seine angstfreie Zeit ausdehnen könnten.

Ich holte Timmy und Regina zu dem Gespräch dazu, und Timmy war erfreulich sachlich zu seinem Vater wegen des Angstthermometers und der Namensgebung »Tyrann« für das Problem. Reginas Optimismus half zusätzlich, und Bill sagte zu meiner Überraschung: »Okay, lasst uns sehen, was ohne Tabletten passiert.« Ich war erfreut, doch nun fühlte ich *wirklich* den Druck, etwas in Gang zu bringen. Ich wusste, dass es, obwohl Anfangsvorschläge des Arztes wichtig sind, um die Familie zum Erfolg zu führen, letztendlich bei Timmy und seinen Eltern lag, den Tyrannen zu schlagen.

Wir schauten auf das Angstthermometer und beschlossen, dass das Mittagessen in der Schule für Timmy in etwas eingeschränkter Weise machbar sein müsse. Regina bot ihm an, ihm Tücher mitzugeben, damit er seine Hände und den Tisch säubern könne, bevor er aß. Ich erinnerte Timmy daran, dass er Mut brauchen würde, um sich mit dem Tyrannen anzulegen, der versuchte, ihm Angst zu machen. Timmy sagte, er wolle es versuchen.

Ich traf Timmys ganze Familie, einschließlich Brüder und

Schwestern, beim nächsten Besuch. Sie bildeten eine freundliche, liebevolle Gruppe. Ich spürte, dass sie ihre Gefühle voreinander schützten, als gäbe es Geheimnisse unter ihnen. Bei dieser Sitzung erwies sich Bill als der Familienpatriarch. Obwohl er nicht viel sagte, neigten die Familienmitglieder dazu, an jedem einzelnen seiner Worte zu hängen. Selbst wie oft er atmete oder seufzte, beeinflusste ihr Worte und ihr Verhalten.

Als ich die Eltern ein paar Tage später allein wiedertraf, wollte ich im Detail meine Gedanken über Timmys Probleme und einige Strategien für den Kampf gegen den Tyrannen besprechen. Ich hatte den Eindruck, dass sie bereits einige Fortschritte gemacht hatten: Timmy aß nun einiges von seinem Mittagessen, wenn auch nicht alles, in der Schule. Ich sagte ihnen, dass er besonderen Ansporn brauchte, um zu versuchen, den Tyrannen zu besiegen, und schlug eine Belohnung in Form eines Schokoriegels vor, wenn er sein Essen beendet hatte.

Aber vor allem wollte ich die Macht, die Timmys Ängste über seine Eltern, besonders Regina, hatte, entdramatisieren. Im Wesentlichen, erklärte ich ihnen, kontrolliere der Tyrann nicht nur Timmy, sondern *sie* als Eltern ebenso. Sie widmeten seinen Ängsten sehr viel Zeit, sprachen mit Timmy darüber, versuchten ohne Erfolg, ihn zu beruhigen, und halfen ihm, Situationen zu vermeiden, in denen er sich unwohl fühlte. Ich fragte sie, ob sie ebenfalls bereit wären, sich der Macht des Tyrannen zu widersetzen und Timmy zu helfen. Beide waren bereit, fragten aber, wie.

»Es ist relativ leicht. Versuchen Sie, sich nicht so sehr anzustrengen, um Timmy entgegenzukommen, wenn der Tyrann ihn beherrscht. Sie können Timmy sogar darauf hinweisen, dass Sie nicht mit ihm verhandeln, solange der Tyrann die Oberhand hat.« Ich riet ihnen nicht, ihren Sohn absichtlich mit so unerhörten Aufgaben zu überfordern wie allein mit dem BART-Zug von Walnut Creek nach San Francisco zu fahren. Doch bei Dingen, von denen sie wussten, dass er sie leisten könnte – wie abends ein Spielzeug aus seinem Zimmer zu holen, wenn es dunkel war –, könnten sie einfach sagen: »Wenn du dieses Spielzeug haben willst, musst du es dir selbst holen. Ich denke, du kannst den Tyrann in diesem Fall schlagen.«

Andere Eltern hatten sich Sorgen gemacht, dass diese Methode sie aus der Gedankenwelt ihres Kindes ausschließen könnte, also verriet ich Regina eine zusätzliche Technik. Ich sagte ihr, Timmy fünf Minuten »Sorgezeit« zuzugestehen, in der Timmy zeigen konnte, dass er die Oberhand über den Tyrannen hatte, indem er ihn absichtlich für fünf Minuten in seine Gedanken ließ und seine momentanen, früheren und künftigen Sorgen seiner Mutter mitteilte. Die meisten Patienten mit zwanghaften Störungen klagen über die Penetranz der sorgenvollen Gedanken: Sie kommen und gehen ohne jegliche Kontrolle des Patienten. Wir baten Timmy, den Tyrannen einzuladen – nein, ihm zu befehlen –, in seinen Gedanken aufzutauchen. Mit anderen Worten, er sollte den Tyrannen im Griff haben.

Die Aufgabe seiner Mutter war es, zuzuhören und zu versuchen, Timmys Sorgen so vollständig wie möglich zu verstehen. Sie durfte jedoch auf keinen Fall mit ihm argumentieren, ihn beruhigen oder ihm seine Ängste verweigern. Nach fünf Minuten musste dieses Thema abgehandelt sein. Timmy musste ihr zeigen, dass er der »Boss« über den Tyrannen war, und ihn fortjagen. Wenn Timmy nach fünf Minuten nicht aufhörte, über seine Ängste zu reden, konnte er zwar für sich weiter daran denken, aber *sie* würde nicht länger zuhören. Sollte er darauf bestehen, ihr davon zu erzählen, würde sie ihn in sein Zimmer schicken, wo er sich sorgen konnte, so viel er wollte.

Regina gefiel diese Methode sehr. Sie wollte ihrem Sohn zuhören, aber sie schätzte es, ihm sagen zu können: »Jetzt reicht es«. Sie war häufig frustriert wegen Timmys ständigen Klagen und war es leid, aber bis jetzt hatte sie sich zu ängstlich und schuldbewusst gefühlt, ihm zu sagen, dass er aufhören solle. Erst wenn ihre Frustration enorme Ausmaße erreicht hatte, hatte sie ihn angebrüllt – danach hatte sie sich nur umso schlechter gefühlt. Sie fand diese Struktur und Kontrolle über den Tyrannen reizvoll. Bill konnte das Gleiche tun, aber ich schlug vor, dass Regina mindestens fünf Minuten jeden Abend damit verbringen sollte, den Tyrannen in ihr Leben zu bitten und dann Timmy zu sagen, er solle ihn hinauswerfen.

Regina und Timmy kamen eine Woche später zu mir. Sie waren beide hocherfreut und begierig, mir von ihren Erfolgen über den Tyrannen zu erzählen. Timmy aß jetzt regelmäßig seine Brote in der Schule und bekam jeden Nachmittag, wenn er nach Hause kam, zur Belohnung einen Schokoriegel. Am Tag zuvor hatte er jedoch einen kleinen Rückschlag erlitten. Er hatte nur sein halbes Brot gegessen. Ich riet ihm, aufzupassen: »Der Tyrann ist schlau und kann manchmal zurückkommen, wenn du einen schlechten Tag hast oder jemand gemein zu dir war.« Timmy verstand mich genau und stimmte mit einem Kichern zu.

Noch mehr freute sich Regina über die fünf Minuten Sorgezeit. Sie war gewissenhaft nach Hause gegangen, hatte Timmy das Verfahren erklärt und seitdem jeden Abend fünf Minuten damit verbracht, mit ihm über seine Ängste zu reden. Sie war überrascht, als er an den letzten zwei oder drei Abenden viel weniger hatte, über das er reden wollte. Wichtiger noch, er beklagte sich nicht mehr so stark über seine Ängste wie früher. Einmal hatte sie ihn in sein Zimmer geschickt, als er nicht aufhören wollte, später am Abend über irgendwelche Ängste zu reden. Ich sagte zu Timmy, dass das hart klinge, erzählte ihm aber auch, wie froh ich war, dass der Tyrann seine Mutter nicht mehr beherrschte, so dass sie ihm mehr helfen konnte.

Bill, Regina und Timmy kamen eine Woche später wieder. Bill war sehr froh über den Erfolg seines Sohnes. Timmy wirkte unbeschwerter und Bill ebenfalls. Timmy aß jeden Tag sein gesamtes Mittagessen und hatte mit dem ständigen Händewaschen aufgehört (obwohl wir dieses spezielle Verhalten noch gar nicht in Angriff genommen hatten). Regina und er hatten nach wie vor ihre fünf Minuten jeden Abend, doch in letzter Zeit hatten sie eher über positive Ereignisse des Tages gesprochen als über seine Sorgen.

Ich sagte ihnen, dass ich mich freute, ermahnte sie aber, sich in Acht zu nehmen vor den Angriffen des schlauen Tyrannen. Jeder hat gute und schlechte Tage, und ich sah Timmys Ausmaß an Sorgen als Barometer seines emotionalen Zustandes. Ich wusste, dass es ihm im Moment besser ging, aber die Verbesserungen waren so erstaunlich schnell eingetreten, dass ich ein wenig skeptisch war.

Ich riet ihnen, die gute Arbeit fortzusetzen, und wir verabredeten einen Besuch für den nächsten Monat. Sie sollten mich in der Zwischenzeit anrufen, falls es irgendwelche Rückschläge geben sollte.

Einen Monat später kamen sie wieder. Timmy ging es immer noch gut. »Der Tyrann ärgert jetzt jemand anderen«, erzählte er mir. Tatsächlich sagte Timmy, dass er nicht einmal mehr an Bakterien dächte, der eindeutigste Indikator, dass er seine zwanghaften Gedanken überwunden hatte. Regina erzählte mir, dass sie Timmys Erfolg meinem Glauben zuschreibe, dass er und seine Eltern etwas gegen die Zwanghaftigkeit tun könnten. Bill stimmte zu. Regina fügte hinzu, dass sie sich keine Sorgen um die Zukunft mache; sie hatte das Gefühl, dass Timmy Mittel und Techniken entwickelt habe, um mit seinen Problemen fertig zu werden. Sie hatten diesmal funktioniert, und sie könnten sie, wenn nötig, wieder anwenden. In einer kleinen Zeremonie mit seinen Eltern überreichte ich Timmy ein Zertifikat für den »Sieg über den Tyrannen«, um die Leistung der Familie zu honorieren. Kinder mögen das und die Eltern noch viel mehr.

Die erfolgreiche Anwendung einer Externalisierung erfordert, dass die Eltern sich konsequent daran halten, wie lange der »Feind« bleiben darf. Während sie an vergangene Erfolge zurückdenken und Ausschau halten nach Beispielen für die Kompetenz des Kindes zu »kämpfen«, lernen sie, dass sie ihr Kind zu einem vernünftigen Verhaltensstandard anhalten können. Obwohl es von den Eltern fordert, stark zu sein, ist die Übung positiv und macht Spaß. Die offensichtlichsten Kandidaten für diese Methode sind die, die unter ungewöhnlichen Zwängen und Ritualen leiden (wie Timmy) und Kinder, die von übermäßigen Ängsten geplagt werden, insbesondere wenn sie glauben, von Gefühlen herumkommandiert zu werden, die sie nicht mögen.

Kindern mit Symptomen von ADHS oder ODD kann ebenfalls durch Externalisierung geholfen werden, doch deren kognitive Einstellungen, die den Regeln folgen wollen, können durch die impulsiven oder trotzigen Aspekte der Kindheit außer Kraft gesetzt werden.

In diesen Fällen verlasse ich mich auf Externalisierung als ein Mittel für die Eltern, das schlechte Verhalten von der Person des Kindes zu unterscheiden. Die Eltern erkennen so die Notwendigkeit, das Problem zu beherrschen, das ihren Sohn oder ihre Tochter beherrscht. Ich habe einmal mit einem siebenjährigen Mädchen gearbeitet, das beschloss, ihre Wut und ihr auffälliges Verhalten »Hühnerschenkel« zu nennen. Der Name wurde zum Codewort für die Eltern, die es benutzten, um das Mädchen daran zu erinnern, das ihr Verhalten inakzeptabel wurde. »Nimm dich in Acht vor Hühnerschenkel«, mahnten sie zum Beispiel oder: »Wenn du mit Hühnerschenkel zusammen sein willst, musst du ihn mit nach oben in dein Zimmer nehmen. Hier bei uns wollen wir Hühnerschenkel nicht haben.« Wenn Hühnerschenkel trotz der Warnungen herumlungerte, ordneten die Eltern eine Auszeit an, und das Mädchen wurde konsequent in sein Zimmer gebracht.

Ein letztes Wort zu Timmy. Seine Familie fragte mich, ob sie die gleichen Techniken auch anwenden könnte, um ihrer Tochter zu helfen, einem Teenager, der seit Jahren in psychiatrischer Behandlung war. Kürzlich war sie bei einem Ladendiebstahl erwischt worden, was einen Selbstmordversuch zur Folge hatte – sie leerte eine Flasche Tylenol. Obwohl ich bereit war, die Arbeit mit dieser Familie fortzusetzen, glaubte ich nicht, dass dieser Teenager auf eine kognitiv-behavioristische Methode ansprechen würde, wie sie Externalisierung darstellt. Ihre Probleme wurzelten zweifellos sehr tief und stellten sogar eine direkte Bedrohung für ihre eigene Gesundheit und die ihrer Familie dar. Sie nahm bereits zwei verschiedene Medikamente, und ich fragte mich, ob sie mit ihren Problemen zu Hause gut aufgehoben war. Diese zusätzliche Information half mir auch zu verstehen, dass Timmys zwanghaftes Händewaschen wahrscheinlich mit dem Druck innerhalb der Familie zusammenhing – die Probleme seiner Schwester, die Traurigkeit seines Vaters und andere psychische Belastungen. Externalisation ist kein Allheilmittel, das diese Probleme lindern könnte. Eine Fortsetzung der Arbeit mit der Familie war zwar möglich, doch ich war unsicher, ob ich helfen könnte. Timmy zumindest ging es besser. Die Externalisierungsmethode half Timmy und seinen Eltern, seine Zwangsvorstellungen zu besiegen, und es zeigte sich, dass er (und sie) die inneren Kräfte hatte, mit zusätzlichen Belastungen fertig zu werden. Obwohl ein Medikament wie Prozac ihm vielleicht ebenfalls über diese schwierige Phase geholfen hätte, hätte es ihm nicht das Gefühl von erbrachter Leistung und Vertrauen gegeben, von dem ich hoffe, dass es ihm bei künftigen Herausforderungen hilft.

6. Wie können Lehrer und Schule helfen?

Ein wesentlicher Schritt einer vielseitigen Methode, Kindern zu helfen, ist die Unterstützung von Schule und Lehrern. Kinder, über die es Klagen wegen störenden Verhaltens im Klassenzimmer gibt, sind offensichtliche Kandidaten für eine Eltern-Lehrer-Kooperation, doch selbst Kinder, die wenig Schwierigkeiten im Unterricht haben (denken Sie an Timmy, den zwanghaften, aber umgänglichen Händewascher), profitieren, wenn Eltern, Lehrer und andere Fachleute sich zusammenschließen. Und da hinter Verhaltensauffälligkeiten und emotionalen Problemen oftmals Lernstörungen stehen, könnte das Aufdecken und Angehen von Lernproblemen der entscheidende Punkt für eine Verbesserung des Zustandes ihres Kindes werden.

Schulsysteme sind ausgestattet mit diversen Ressourcen für Kinder mit Lern- oder Verhaltensschwächen. Es gibt viele populäre Strategien auf schulischer Basis; obwohl einige davon nur zweifelhaften Nutzen haben, bieten andere die Art gezielter Hilfe an, die wirklich etwas bewirkt.

Mögliche Hilfen: Beurteilungen, IEPs, 504 Pläne und Lösungen in der Klasse für Lernprobleme

Zwei Bundesgesetze schreiben in den USA einen Beurteilungsprozess und Hilfestellungen für Kinder mit Lernschwächen vor. Da mindestens 30 bis 40 Prozent der verhaltensauffälligen Kinder auch Lernprobleme haben und da viele Verhaltensprobleme in der Schule verschwinden oder abnehmen, wenn die Lernschwierigkeiten in Angriff genommen werden, bin ich der Meinung, dass ein Minimum an Lernbeurteilung *vor* einer psychologischen Beurteilung durchgeführt werden sollte. Dies gilt für alle Kinder, die zu kämpfen haben, aber insbesondere für solche, die keine Schwierigkeiten hatten, bis sie zur Schule kamen. Sie haben als Eltern das Recht, jederzeit eine Einschätzung der Lernschwächen zu verlangen. Lehrer, Psychologen und Ärzte können ebenfalls eine fordern, mit Zustimmung der Eltern. Da Schuleinschätzungen und Beurteilungen aus öffentlichen Mitteln bezahlt und verlangt werden, wenn ein Kind Sonderleistungen erhalten soll, entscheiden sich die meisten Eltern zunächst für die Schultests.

Wenn Eingangstests, so genannte Student Study Team (SST) Assessments, auf eine Lernschwäche hindeuten, muss die Schule eine gründlichere Beurteilung vornehmen. Anschließend treffen sich Schulpersonal und Eltern, um die Ergebnisse zu diskutieren und einen Plan zu entwerfen, der auf die individuellen Bedürfnisse des Kindes zugeschnitten ist. Wenn ein Kind eine gewisses Maß an Behinderung aufweist, gewöhnlich eine Leistung, bei der es mindestens zwei Schuljahre hinter seinem Alter und den Fähigkeiten, die bei psychometrischen Tests gemessen wurden, zurückbleibt, muss die Schule einen individuellen Lehrplan (IEP) bereitstellen. Das kann Nachhilfe innerhalb der Klasse oder spezielle Lehrer und Klassen bedeuten. Eltern geben die Zustimmung für den IEP, der jedes Jahr neu überprüft wird, und die Schule ist gesetzlich dann verpflichtet, diese Grundsätze zu respektieren.

Viele dieser Methoden können im normalen Klassenraum angewandt werden. Manchmal vereinfachen Lehrer ihre Anweisungen und stellen sicher, dass das Kind diese versteht, wie im Fall von Reese Gardner, oder sie fügen den verbalen visuelle Zeichen hinzu. Sonderplätze vorn in der Klasse oder beim Lehrerpult können eingerichtet und zusätzlich zu den mündlichen Vorträgen können schriftliche Notizen verteilt werden. Häufig bekommen die Kinder mehr Zeit, um ihre Tests und Aufgaben durchzuführen oder sie werden nicht nur nach Leistung, sondern auch nach ihrem

Bemühen beurteilt. Wenn diese relativ unauffälligen, aber bedeutsamen Änderungen vorgenommen werden – besonders in Kombination mit wirksamer Erziehung zu Hause – können sich sowohl die Noten als auch das Verhalten zum Besseren wenden.

Die meisten Erzieher, Eltern und Kinderarztspezialisten gehen davon aus, dass die ideale Lernumgebung für ein Kind diejenige ist, die wenig restriktiv ist und dennoch ein optimales Maß an Unterstützung bietet. Wenn Maßnahmen in der Klasse keinen Erfolg haben oder wenn Lernschwächen schwerwiegend sind oder sich aus ernsthaften Verhaltensproblemen zusammensetzen, können Eltern und Lehrer Ressourcen außerhalb des regulären Klassenzimmers zu Hilfe nehmen, die von Spezialklassen bis zu ganztägigen Sonderprogrammen und sogar alternativen Schulen reichen. Es ist eine schwierige Aufgabe für die Eltern, zwischen der Restriktion einerseits und der speziellen Aufmerksamkeit, die ein Kind bei diesen Programmen erhält, abzuwägen. Ich werde auf diese Optionen außerhalb des regulären Klassenzimmers noch detaillierter in diesem Kapitel eingehen.

Theoretisch sind diese Pläne solide, nützliche Werkzeuge, und ich habe selbst erlebt, dass vielen Kindern mit intelligenten, individuellen Programmen geholfen wurde. Doch man muss leider auch erwähnen, dass einige Eltern frustrierende Erfahrungen gemacht haben. Sie haben vielleicht das Gefühl, dass die Mühlen der Beurteilung außerordentlich langsam mahlen. Die meisten Mitarbeiter einer Schule haben wirklich gute Absichten, doch der Druck auf unser Erziehungssystem ist enorm. Höhere Standards, abnehmende Toleranz gegenüber sozialen Fragen und auch die Förderprogramme selbst – obgleich lobenswert – können sich wie Felsbrocken anfühlen, die noch zusätzlich zu der ohnehin schon schweren Bürde auf den Schultern der Lehrer gehäuft werden. Auf Verwaltungsebene können Kosten und Personalsituation Auswirkungen darauf haben, welche Leistungen realistischerweise angeboten werden können. Und Schulleiter müssen eine Vielzahl von widersprüchlichen sozialen Vorrechten verhandeln: Wir wollen besondere Aufmerksamkeit für unser Kind, doch wir wollen es nicht gebrandmarkt sehen; wir wollen eine bessere Sondererziehung, aber nicht auf Kosten des regulären Unterrichts; wir wollen die Kinder mit besonderen Bedürfnissen in die allgemeine Klasse integrieren, ohne aber die anderen Kinder vom Lernen abzuhalten.

In dieser Umgebung sind die besten Absichten vielleicht nicht genug. Und da jeder, der an diesem Prozess beteiligt ist, ein menschliches Wesen ist, kann der Austausch zwischen Eltern und Schule manchmal ziemlich kontrovers erscheinen. In solchen Zeiten kann es besonders ratsam sein, einen außenstehenden Experten zu konsultieren, der eine Beurteilung durchführen und dafür sorgen kann, dass sich die Räder ein wenig schneller drehen. Bei einem Treffen in der Schule kann ein Experte den Eltern helfen, die manchmal schwierigen Informationen zu verarbeiten, eine geladene Atmosphäre zu entschärfen oder neue Strategien in das bestehende Schulrepertoire einzuführen. Wenn Sie sich dagegen entscheiden, einen Experten hinzuzuziehen, sollten Sie Ihren Ehepartner oder auch einen Freund mit zu diesen Treffen nehmen. Auf jeden Fall sind dann zwei Paar Ohren dabei, um die manchmal überwältigende Menge an Informationen anzuhören, die von drei oder vier Schulmitarbeitern, die gewöhnlich dabei sind, vermittelt werden. Während des Treffens sollten Sie daran denken, dass alles, wozu sie Ihre Zustimmung geben oder was Sie unterzeichnen, jederzeit geändert werden kann, wenn Sie sich später unwohl oder unglücklich damit fühlen.

Verhaltensmaßnahmen innerhalb des regulären Klassenzimmers

Lernmaßnahmen sind oft die beste Hilfe, die eine Schule einem Kind, das Schwierigkeiten hat, zur Verfügung stellen kann. Doch selbst wenn Verhaltensprobleme *nicht* mit Lernschwächen einhergehen, ist es immer noch gut möglich, mit Lehrern und Schulen zusammenzuarbeiten. Manchmal sind es lediglich geringfügige Umstellungen, die im Klassenzimmer nötig sind. Timmy, das Kind, das sich zwanghaft die Hände wusch, erhielt Hilfe von einer Lehrerin, die in die Methode des Externalisierens miteinbezogen wurde. Sie willigte ein, das Maß an Sorgen, das Timmy laut äußern durfte, zu begrenzen, und bot ihm umgehende Ablenkung durch Arbeit und Spaß an. Ryan Cash, der an einer Impulsivität litt, aber keine Lernschwäche hatte, kam viel besser zurecht, nachdem Mrs. Grey das Sternen-Sticker-Programm eingeführt hatte, das sowohl Belohnungen als auch Strafen anwandte, die prompt und nicht verspätet erfolgten. Ich habe festgestellt, dass die meisten Grundschullehrer bereit sind, mit den Kindern diese Methode – wenn nicht mit Stickern, dann mit Hilfe eines anderen Systems von konkreten, sofortigen Belohnungen und Bestrafungen anzuwenden.

Obwohl heftiges oder bedrohliches Verhalten ernsthaftere Konsequenzen erfordern mag, z. B. Unterbringung in einer Spezialklasse oder einer anderen Schule (ich komme auf beides später zurück), können manchmal Kinder, die am Rande eines Verweises stehen, in der Klasse bleiben, wenn Eltern, Schulen und Gesundheitsexperten zusammenarbeiten, wie im folgenden gezeigt wird.

Evan, ein Junge, der ständig in die Luft ging

Ich lernte Evan und seine Familie im März kennen, als Evans Schule drohte, ihn aus der siebten Klasse zu werfen. Die Bezirksschulen, auf die er stattdessen hätte gehen können, waren keine angemessene Alternative – entweder ein partielles Tagesprogramm oder eine Klasse, die nur einmal pro Woche zusammentraf –; Evan und seine Eltern wollten außerdem, dass er blieb, wo er war. Doch Evans Verhalten stellte erhebliche Herausforderungen dar. Zum Beispiel hatte Evans Mathelehrer ihn getadelt, weil er gegenüber einem Mitschüler Grimassen geschnitten hatte. Obgleich das ursprüngliche Vergehen geringfügig war, leugnete Evan die Beschuldigung. »Sie hacken auf mir herum«, schrie er. »Ich bin nicht der Einzige!« Der Lehrer, der seine Autorität öffentlich herausgefordert sah, stellte ein Ultimatum: Entschuldige dich oder du verlässt die Klasse. Evan brüllte wieder und schmiss seinen Stift auf den Fußboden. Er verließ die Klasse und blieb für zwei weitere Unterrichtsstunden weg. Als er zurückkehrte, erzählte er den Lehrern, dass er sich auf den Sportplätzen aufgehalten und dort »herumgegangen« habe. Dies war das dramatischste Ereignis in einer Serie von Geschrei und Hinausrennen aus dem Klassenzimmer.

Seine Eltern erzählten mir, dass Evan ebenfalls aus einem Gespräch mit seinen Lehrern und dem stellvertretenden Rektor, bei dem ein Verhaltensvertrag erarbeitet werden sollte, herausgestürmt sei. Er hatte das Gefühl, dass ihm etwas angehängt würde, um ihn »aus der Schule zu werfen«, und dass jeder, besonders sein Mathelehrer, gegen ihn sei. (Evan war von Anfang an in das Treffen einbezogen worden, als die Erwachsenen versuchten, ihre Schwierigkeiten zu erörtern. Für gewöhnlich schlage ich vor, dass die Gruppe einen Plan und eine einheitliche Position erarbeitet, ohne dass das Kind dabei ist, und dass man es erst zum Schluss dazuholt). Evans Eltern war sein Verhalten während des Treffens peinlich, aber sie hatten das Gefühl, dass ihr Sohn ganz richtig die Absicht herausbekommen hatte, dass man ihn »loswerden« wollte.

Evan sprach widerwillig mit mir. Er gab seinen Lehrern die Schuld an seinen Problemen, stimmte aber zu, dass er an der Schule bleiben wollte. Er war ein stämmiger Zwölfjähriger, gebaut wie ein Hydrant, und man konnte sich leicht vorstellen, dass er bedrohlich aussah, wenn er wütend war. Selbst seine Eltern schienen von ihm eingeschüchtert zu sein. Sie versuchten geduldig und endlos zu argumentieren und beschwichtigten oftmals seine Forderungen, um einen Wutausbruch zu Hause zu vermeiden, wobei er zu schreien und mit den Fäusten gegen die Wand zu hämmern pflegte. Sein älterer Bruder war auf der Highschool und hatte während der Mittelstufe ebenfalls beträchtliche Probleme mit seinem Verhalten. Man diagnostizierte bei ihm ADHS und er wurde zwei Jahre lang mit Ritalin behandelt. Er war jedoch später an einer angesehenen privaten Schule angenommen worden; laut Aussage seiner Eltern war er »gereift« und kam gut ohne Medikamente zurecht.

Nach einer Beurteilung, die sich über mehrere Sitzungen erstreckte, war ich der Meinung, dass Evan der Prototyp des zu Ausbrüchen neigenden Kindes war – eine Kategorie, die aus unflexiblen, hyperangespannten Kindern besteht, die nicht in der Lage sind, auf die gängigen Belohnungen und Strafen für Fehlverhalten zu reagieren, weil sie in eine »Blockade« irrationaler Wut hineingeraten. Andere Elemente seiner Geschichte hätten bei Evan ebenso gut auf bipolare Störungen schließen lassen können, eine zunehmend populäre und höchst kontroverse Diagnose bei Kindern. Auf praktischer Ebene jedoch beschrieb ich Evan als hypersensibel. Er bekam Angst, wenn er sich einfach ausagierte und Lehrer ihn zur Rede stellten, und fühlte sich verbal, logisch und physisch in der Falle. Sein Verstand erstarrte in einer Haltung, die ausdrückte: »Sie sind gegen mich«. Wenn er sich vor seinen Klassenkameraden potentiell gedemütigt fühlte, würde er sich bis zum Letzten verteidigen – und seine Situation von Minute zu Minute verschlimmern.

Früheren Lernbeurteilungen nach war er ein intellektuell fähiger Schüler, obwohl eine geringfügige Entwicklungsschwäche schriftliche Arbeiten schwieriger machte. Für ein Kind mit einem ausgeglicheneren Temperament wäre diese Schwäche keine große Sache gewesen, doch bei Evan konnte eine kleine Frustration sich zu einer gewaltigen Reaktion aufbauschen, besonders wenn er gebeten wurde, Berichte zu schreiben oder andere längere, schriftliche Aufgaben zu erledigen. Die Schule hatte auf diesem Gebiet bereits Einiges unternommen: Evan musste Matheaufgaben nicht schreiben (nur die Antworten), und seine Eltern hatten die Erlaubnis, einige seiner anderen Arbeiten an ihrem Computer für ihn zu schreiben. Die Änderungen hatten etwas geholfen, und ich hielt es nicht für nötig, in dieser Richtung noch mehr zu tun. Aus meiner Sicht war es gut zu wissen, dass Schule und Eltern bereits ihre Bereitschaft gezeigt hatten, manches zu verändern.

Bei unseren Sitzungen externalisierten Evan und ich das Problem als »das unfaire Ding« – ein Code für sein Gefühl für Ungerechtigkeit und seine erhöhte Sensibilität dafür, herausgegriffen zu werden; beides konnte sein Verhalten bestimmen. Wir arbeiteten an einer Botschaft für das unfaire Ding: »Egal, worum es geht, es ist es nicht wert«, durchzudrehen; einige seiner anderen Verhaltensweisen brachten mich darauf, ihn auf depressive Symptome hin zu beobachten, die als andere Seite bei aggressivem, expandierendem Verhalten auftreten können. Seine Eltern und ich arbeiteten daran, auf festen Grenzen zu bestehen, und ich entdeckte, dass sein Vater regelrecht Talent dafür hatte, Wahlmöglichkeiten anzubieten, die elegant waren in ihrer einfachen und begrenzten Art: »Du machst das jetzt oder du verbringst den Rest des Abends in deinem Zimmer. Stell mich nicht auf die Probe. Noch Fragen?« Indem er Evan einen knappen Rahmen vorgab, innerhalb dessen er handeln sollte, ließ der Vater ihm Zeit, um die innere Einstellung vorzunehmen, die so schwierig für ihn war.

Eine Intervention mit dem Schulpersonal war ebenfalls äußerst wichtig, da ein Verweis von der Schule eine ständige Gefahr bedeutete, und die alternativen öffentlichen Schulen für die Familie nicht akzeptabel waren. Evan, seine Eltern und ich einigten uns auf einen Plan, den wir der Schule vorstellen wollten: Wenn Evan anfing, in der Klasse die Kontrolle zu verlieren, sollte sein Lehrer ihn warnen. Evan konnte darauf auf zwei Arten reagieren. Entweder konnte er sich beruhigen und in der Klasse bleiben (»Es lohnt sich nicht«, in die Luft zu gehen, könnte er dem »unfairen Ding« sagen) oder, wenn er es vorzog, konnte er die Klasse kurz verlassen, für etwa fünf Minuten, um sich zu sammeln. Danach sollte er zurückkehren, ohne dass vom Lehrer oder von Evan eine Bemerkung fallen würde. Wenn Evan beschloss, in der Klasse zu bleiben, sich aber nicht beruhigte, sollte der Lehrer ihn für fünf Minuten hinausschicken. Sollte er sich weigern, würde der Lehrer im Büro anrufen und jemand, der vorher damit beauftragt worden war, würde ihn ins Büro führen. Wenn er sich wehren sollte oder davonlief, würde man seine Eltern benachrichtigen, und einer von beiden müsste ihn abholen und ihn für den Rest des Tages zu Hause behalten. Das Schulpersonal sollte nicht versuchen, Evan zu besänftigen oder mit ihm zu argumentieren, weil solche Bemühungen in der Vergangenheit anscheinend zur Eskalation beigetragen hatten. Wenn man die Eltern öfter als zweimal innerhalb einer kurzen Frist anrufen müsste, würde der Plan als erfolglos betrachtet und eine alternative Schule in Betracht gezogen werden.

Evan gefiel der Plan, weil er ihm eine Möglichkeit bot, sich zu beruhigen und dabei sein Gesicht zu wahren. Er bewahrte ihn auch davor, sich wie in einer Falle zu fühlen, worin er das Schlüsselelement für sein früheres Verhalten sah. Obwohl es schwierig war, eine Schulkonferenz einzuberufen nach dem vorangegangenen Desaster, fand die Schule den Plan akzeptabel, und die Lehrer stimmten alle zu. (Ein solcher Plan wäre bei älteren Kindern komplizierter, wenn auch nicht unmöglich, weil viele Lehrer der Ansicht sind, dass diese Art spezifischer Anpassung auf der Highschool nicht notwendig sein sollte.)

Der Plan erwies sich als Erfolg – Evan musste die Klasse nicht ein einziges Mal verlassen! Er erhielt Ermahnungen von den Lehrern, doch diese Warnungen waren kurz und forderten ihn nicht heraus. Er fühlte sich nicht nur nicht mehr in der Falle, sondern hatte ein gutes Gefühl, weil er kooperativ mitgearbeitet hatte, eine Einigung zu erzielen. Er erkannte auch »seinem Bauch nach«, dass die Schule am Ende ihrer Geduld war; fortgesetzte Aggressivität seinerseits hätte unweigerlich zu einem Verweis von der Schule geführt. Evan, seine Eltern und ich trafen uns regelmäßig bis zum Ende des Schuljahres. Innerhalb weniger Monate verbesserten sich sogar seine Noten. Während des Sommers beschlossen seine Familie und ich, eine Pause einzulegen und danach zu beobachten, was zu Beginn des neuen Schuljahres passierte.

Diese Maßnahme erlaubte Evan, an der Schule zu bleiben, und erleichterte das Leben für ihn und seine Familie. Sie lösten jedoch seine Probleme nicht vollständig. Nach den Weihnachtsferien des Jahres darauf begann Evan, seine Eltern zu Hause durch erneute Herausforderungen und Wutausbrüche unglücklich zu machen. Drei Wochen später wurde er suspendiert, nachdem er auch in der Klasse einen Wutausbruch bekommen hatte.

In die Praxis kam Evan sichtlich deprimiert. Im Gegensatz zu dem aufsässigen Kind, das ich im Jahr zuvor kennen gelernt hatte, ließ Evan nun buchstäblich Kopf und Schultern hängen. Seine Sprache war langsamer, trauriger. Er war sogar bereit, zuzugeben, dass er Fehler machte. Schließlich bot ich ihm Zoloft, ein Prozac-ähnliches Medikament an, das ihn möglicherweise robuster machte gegenüber kleinen Verletzungen und das die Wahrscheinlichkeit, dass er explosiv reagierte, verringern sollte. Sorge machten mir auch seine Äußerungen: »Ich hasse mich«, sagte er zu seinen Eltern während seiner reuevollen Rückkehr zu einer normalen Haltung. Noch beunruhigender waren Bemerkungen wie: »Euer Leben wäre so viel besser, wenn es mich nicht gäbe.« Ich glaubte, dass Medikamente seine Laune aufhellen würden und, nach einigem Zögern, willigte er ein, es mit Zoloft zu probieren. Gemeinsam mit seiner Mutter setzten wir Ziele für ihn, die ihn zu weniger Demonstrationen von Wut, Schreien und Jammern veranlassen sollten.

Ich wandte mich abermals an die Schule. Diesmal war der Schulpsychologe weitaus weniger zugänglich. Er hatte diverse förmliche Beschwerdebriefe von Lehrern erhalten, die Evan aus ihrer Klasse heraushaben wollten. Sie fühlten sich physisch bedroht. Eine dritte Runde von Schulsitzungen wurde vereinbart und trotz meiner geringen Erwartungen verlief sie unerwartet gut. Seine Lehrer in der achten Klasse waren, wie sich herausstellte, noch nicht informiert über den erfolgreichen Plan des letzten Jahres. Als sie davon hörten, waren sie bereit, ihn erneut anzuwenden. Dies ist ein Punkt, an den sowohl Eltern als auch Therapeuten denken sollten: Jedes Jahr könnte es eine neue Runde von Lehrern geben, die »eingewiesen« werden müssen. Mit Hilfe der Medikation, unserer Sitzungen und der Kooperation mit der Schule verbesserte sich die Lage für Evan wieder.

Schließlich beschloss Evan, das öffentliche Schulsystem nach der Mittelstufe zu verlassen, um an die Highschool zu wechseln, auf die sein Bruder ging. Es war ein natürlicher Übergang für ein Kind in seiner Gemeinde und nicht lediglich herbeigeführt durch seine Schwierigkeiten; viele von Evans Freunden verließen ebenfalls das öffentliche System in diesem Alter. Ich fügte seinen Bewerbungsunterlagen einen Brief bei, der einige von Evans unberechenbaren Verhaltensweisen erklärte, und äußerte, dass ich der Meinung sei, dass diese spezielle Schulumgebung ideal sei für Evan auf Grund ihrer Struktur, ihres Gefühls für Stolz und ihrer Unterstützung. Nach diesem Schreiben ist Evan nun seit drei Monaten an seiner neuen Highschool. Ihm gefällt die Schule, und er nimmt kein Zoloft mehr; er sagt, dass er nicht das Gefühl habe, es zu brauchen, und dass er glaube, es mache ihm Schwierigkeiten, einzuschlafen. Seine

Eltern, die es vorgezogen hätten, dass Evan weiterhin Zoloft einnähme, stimmen seinem Wunsch zu, weil es ihm gut ging.

Möglichkeiten außerhalb des regulären Klassenzimmers

Kinder mit schwerwiegenden, andauernden Lern- und Verhaltensproblemen erfahren möglicherweise keine wesentliche Verbesserung durch einfache Veränderungen in der Umgebung ihres normalen Klassenzimmers. Hier müssen die Eltern ihre Alternativen abwägen. Die meisten bedeuten Opfer in Form von gesellschaftlichem Stigma, finanzielle Kosten, Transportlogistik oder anderen Dingen, die alle in Betracht gezogen werden müssen. Bei dem Balanceakt, ihrem Kind eine angemessene Lernunterstützung zu geben, dabei aber nicht mehr Restriktionen als nötig in Kauf zu nehmen, müssen sie den Fortschritt ihres Kindes genau im Auge behalten und bereit sein, sowohl mit dem Lehrer als auch mit einem außenstehenden Berater zusammenzuarbeiten. Kluge und erfahrene Eltern erzählen mir, dass es, wenn Kinder sich lange Zeit abgemüht haben, unglaublich schwer sein kann, die perfekte Übereinstimmung zwischen Kind und Lernumgebung zu finden. Sie müssen wahrscheinlich nach Kompromissen Ausschau halten, mit denen sie, ihr Kind und Ihre Familie am besten leben können.

Wenn Unterstützung und Entgegenkommen im regulären Klassenzimmer nichts nützen, schlagen die meisten Schulen in den USA ein begrenztes Herausnehmen aus der Klasse, »pull-out for resource« (der neue Ausdruck für Sondererziehung), vor. Unter idealen Umständen wird ein Kind, das beispielsweise Schwierigkeiten beim Lesen hat, aus der normalen Klasse herausgenommen, wenn Lesen unterrichtet wird. Doch eine Übereinstimmung des Stundenplans der Kinder mit dem Plan des für die Sondererziehung zuständigen Lehrers ist oft nicht möglich. Ganz gleich, wann der Unterricht stattfindet, ein Kind in einem »Resource-Programm« arbeitet mit einem speziell ausgebildeten Lehrer zusammen, gewöhnlich in einer sehr kleinen Gruppe mit zwei oder drei anderen Kindern, manchmal aber auch allein mit dem Lehrer. Die

Arbeit konzentriert sich auf die Schwäche des Kindes; zum Beispiel kann der Lehrer die phonetischen Schritte zum Lesen verlangsamen, so dass das Kind die Elemente der Sprache lernt zu begreifen. Auf Grundschulniveau haftet diesem Weg wenig Stigma an. In der Mittelstufe und auf der Highschool können diese Sonderprogramme nur eine von vielen Unterrichtsformen in ihrem Stundenplan sein. Die meisten anderen Kinder kümmert das nicht so sehr wie die Eltern des Kindes.

Schattensuche:
Eine schwer definierbare Option innerhalb der Klasse

Für ablenkbare, impulsive Kinder, deren Lernschwächen es ihnen schwer machen, sich zu konzentrieren, haben einige Schulen den Einsatz einer Hilfskraft oder eines »Schattens«, der dem Kind innerhalb der regulären Klasse zur Seite steht, eingeführt. Wenn die Aufmerksamkeit des Kindes oder die Kontrolle abwandert, reagiert die Hilfskraft sofort, um dem Kind zu helfen, konzentriert zu bleiben. In den meisten Fällen ist die Hilfskraft nur für ein Kind zuständig, obwohl sie in einigen Klassen mehrere Kinder in ihrer Obhut haben kann. Ich halte solche Schatten für eine gute Alternative zum Herausnehmen der Kinder aus der normalen Klasse. Es funktioniert besonders gut bei Grundschülern. Durch die strenge, intensive Hilfe scheinen sie zu lernen zurechtzukommen, und in den unteren Klassen gibt es weniger soziale Stigmatisierung. Selbst für Kinder auf der höheren Schule kann eine Hilfskraft dazu beitragen, dass es weniger Unterbrechungen und soziale Spannungen gibt als bei der Unterbringung in einer Spezialklasse.

Obwohl Hilfskräfte zu den wirksamsten Mitteln gehören, ein schwieriges Kind in der Mitte der Klasse zu belassen, zögern Administratoren häufig, sie einzusetzen. Sie sind schlicht zu teuer für die Budgets der meisten Schulen; es ist viel billiger, ein Kind in einen Spezialunterricht oder gar auf eine Sonderschule zu schicken, als eine Vollzeithilfskraft einzustellen.

Privatschulen

Privatschulen sind zurzeit beliebt bei denen, die es sich leisten können, selbst in amerikanischen Mittelstands-Vororten, die sich angeblich »guter« staatlicher Schulen rühmen. Werde ich gefragt, sage ich den Eltern, dass ich die konfessionellen katholischen Schulen vorziehe (was die Leute erstaunt, da ich Jude bin). Sie bieten ein beständiges strenges Moralsystem, das eine Alternative zu der üppigen Konsum-Mentalität in den meisten staatlichen Schulen bietet. Schüler in konfessionellen Schulen scheinen sich beschützter und mutiger zu fühlen; in einer positiven Variante von Gruppendynamik assimilieren die Schüler vielleicht die Werte der Schule und verleihen ihnen Geltung untereinander. Weltliche Privatschulen mit ihren kleineren Klassen und ihrer größeren Aufmerksamkeit für das einzelne Kind können eine weitere gute Wahl sein. Einige bieten spezielle Lernmöglichkeiten an, ähnlich den staatlichen Schulen, aber die Eltern sollten sich bewusst sein, dass Privatschulen im Allgemeinen dazu neigen, die leistungsstarken Schüler anzuziehen und nicht solche mit Lernschwächen. Der Lerndruck ist vermutlich höher.

In einigen Gemeinschaften gibt es Privatschulen für lernbehinderte oder verhaltensgestörte Kinder. Es gibt weiterhin so etwas wie die Ausbreitung privater und extrem teurer Internate für verhaltensauffällige Jugendliche, doch sind die Erfolge der Kinder in dieser Umgebung nicht eindeutig. Ich ziehe es vor, Jugendliche nicht fortzuschicken, aber es gibt Situationen, in denen das normale Umfeld von Zuhause und Schule nicht die Unmittelbarkeit und Überwachung leisten kann, die notwendig ist, um einen Teenager zu schützen – es sei denn, seine Fügsamkeit kann durch Medikamente erreicht werden, oftmals für den Preis einer Sedierung oder anderer Nebenwirkungen (ein wirklich wütendes, gestörtes Kind lehnt ohnehin für gewöhnlich eine Medikation ab).

Obwohl Evan, der Junge, den ich weiter oben beschrieben habe, fähig war, relativ erfolgreich durch die staatliche Mittelstufe zu kommen, entschieden seine Eltern, dass ihm eine weltliche private Highschool mehr Struktur und individuelle Unterstützung bieten würde, einfach weil dort ein günstigeres Schüler-Lehrer-Verhältnis bestand. Die Entscheidung fiel ihnen leichter durch den Erfolg des älteren Sohnes in diesem Umfeld und dadurch, dass die Familie in der Lage war, die Gebühren zu zahlen. Einige Eltern, die ich kenne, haben Privatschulen zunächst in Betracht gezogen, dann aber abgelehnt, weil sie befürchteten, dass die finanzielle Belastung die Familie noch mehr unter Druck setzen könnte.

Andere Eltern haben entschieden, dass ihr Kind zu sehr unter dem Verlust ihrer derzeitigen Schulfreunde leiden würde oder zu Hause niemanden zum Spielen hätte. All diese Sorgen sind berechtigt, und die Familien haben bei ihren Entscheidungen meine volle Unterstützung. Andere potentielle Nachteile wie längere Fahrtzeiten müssen ebenfalls berücksichtigt werden.

Ein Spezialprogramm an einer Privatschule

Paul und Alice Robertson wurden durch einen Psychologen an mich verwiesen, der bei ihrer Tochter Christina, die die dritte Klasse besuchte, ADHS, unaufmerksamer Typ, diagnostiziert hatte. Der Psychologe dachte, ich könne die Möglichkeit, Ritalin zu verabreichen, weiter untersuchen. Als ich mit den Eltern sprach, stellte ich fest, dass sie unterschiedlicher Auffassung waren: Alice war bereit, Medikamente auszuprobieren, Paul hingegen wollte eine zweite ärztliche Ansicht hören. Ihre Geschichte vermittelt einen Eindruck, welche Überlegungen Eltern anstellen müssen, wenn sie über Spezialklassen und Privatschulen nachdenken.

Wir sprachen über Christinas Probleme. Die Lehrerin an ihrer Privatschule hatte sich beklagt, dass es dem Mädchen nicht gelang, seine Aufgaben in der Klasse zu erledigen, unkonzentriert im Unterricht war und die Hausaufgaben nicht machte. Sie hatte das Gefühl, dass Christina in eine sogenannte »Plum Class« gehörte, ein ganztägiges Sondererziehungsprogramm. Obwohl die Unterbringung in dieser neuen Klasse der Anlass für die psychologische Beurteilung war, waren Christinas Probleme zu Hause sogar noch größer. Sie sei liebenswert, sagten ihre Eltern, enthusiastisch und lebhaft, aber sie brauche ständige Überwachung. Sie hasste Übergänge und machte Theater und schrie, wenn es Zeit war, zur Schule zu gehen oder den Park zu verlasen, um nach Hause zu gehen. Weder sie noch ihre jüngeren Schwestern (sieben und fünf Jahre alt) konnten während des Abendessens mit ihren Eltern die ganze Zeit still sitzen. Ihre Eltern gaben zu, dass sie nicht sonderlich konsequent beim Einhalten der Disziplin waren. Ihre strapaziösen Arbeitszeiten machten dies schwierig: Beide Eltern arbeiteten mehr als fünfzig Stunden in der Woche. Sie sahen erschöpft aus, besonders Christinas Mutter, deren Seufzer und Tränen darauf hinwiesen, das sie ziemlich ausgebrannt war.

Wie um die Bemerkungen der Eltern zu bekräftigen, zeichnete sich die Familiensitzung durch allgemeines Chaos aus, indem die Kinder sich an der Unterhaltung beteiligten oder auch nicht und durch den Raum liefen, während wir anderen zu sprechen versuchten. »Kommt ihr Mädchen jetzt hierher zurück?« rief Alice wiederholt von der Couch, doch die Kinder ignorierten sie. Paul kam zwanzig Minuten zu spät, mit Entschuldigungen und ein wenig außer Atem, während er seine Jacke auszog. Er neigte dazu, die Kontrolle in Sachen Disziplin seiner Frau zu überlassen, obwohl er seufzte und seine Haltung veränderte, um auszudrücken, wie unangenehm ihm die übermäßige Aktivität seiner Kinder war. Ich bemerkte keinen großen Unterschied zwischen Christinas Verhalten und dem ihrer beiden jüngeren Schwestern. Ich hatte Mitleid mit dieser erschöpften Familie und ihrem Wunsch nach Hilfe.

Christinas Familie verließ den Raum und ich sprach mit dem Mädchen allein. Sie sah niedlich aus; ihr dunkles Haar mit einem kurzen koboldhaften Haarschnitt unterstrich ihre lausbübischen Eigenschaften. Zunächst plauderte sie mit einer Babystimme, schwang ihre Füße vom Stuhl weg und ließ ihren Blick durch den Raum wandern. Doch nachdem wir fünf Minuten miteinander geredet hatten, schien sie zwei oder drei Jahre zu reifen. Sie setzte sich aufrechter hin, zappelte weniger und sprach zu mir mit klarer und kompetenter Stimme. Nach meiner Lernprüfung stimmte ich grundsätzlich mit der Lernbeurteilung des Psychologen überein. Christinas Intelligenz war normal, aber sie hatte deutliche Schwierigkeiten, Gehörtes zu verarbeiten. Weiterhin war sie beim Addieren und Subtrahieren vollkommen von ihren Fingern abhängig. Trotz des Berichtes der Lehrerin über ihr Verhalten in der Klasse, ging Christina beim Test methodisch vor; ich sah nichts von dem impulsiven Raten, das unter anderem den Psychologen veranlasst hatte, sie als ADHS-Kandidatin einzustufen.

Ich glaubte, dass Christina auch ohne Medikamente Erfolg haben konnte. Es schien eindeutig, dass die ganze Familie erheblich profitieren würde, wenn es zu Hause mehr Grenzen gäbe. Was die Sache entschied, war mein Gespräch mit dem Hauptlehrer der »Sonderklasse«. Es waren nur zwölf Kinder in der Klasse, mit drei Lehrern. Die Probleme der Kinder lagen mehr im Lernbereich als in ernsthaft gestörtem Verhalten. Der Lehrer berichtete, dass Christina von ihren neuen Klassenkameraden gemocht wurde; als ich ihn fragte, ob es irgendwelche Konflikte zwischen ihr und den Erwachsenen gäbe, schien der Lehrer ein wenig überrascht. Es gab keine – ein ziemlicher Kontrast zu den Verhaltensproblemen, die ihre Eltern zu Hause erlebten. Christina bekam Aufgaben, die eher ihren Fähigkeiten entsprachen, und wurde genau überwacht; unter diesen Umständen waren die Erledigung der Arbeiten und Konzentration keine Probleme mehr. Die Lehrer setzten auch greifbare Belohnungen ein (Murmeln, die die Kinder für Preise sammeln konnten, entweder einzeln oder als Tischgruppen).

Ich fand, das dieses Lernumfeld für Christina ideal sei, und konnte keine Mittel anbieten, wie das, was sie in der Klasse tat, zu verbessern sei. Ich wünschte nur, dass mehr Kinder in Christinas Situation hätten sein können.

Paul und Alice stimmen mir zu, dass es Christina in ihrer neuen Klasse besser ging, aber sie machten sich Sorgen, dass sie dort weniger lernen würde. Sie erkannten jedoch, dass ihre Tochter in der anspruchsvollen Umgebung eines normalen privaten Klassenzimmers vermutlich ein Stimulans gebraucht hätte, um mitzuhalten – eine Option, von der ihre Eltern glaubten, dass sie ihre besten Hoffnungen für Christina gefährdete. Wir diskutierten kurz darüber, Christina auf eine staatliche Schule zu schicken, wo die breitere Palette an Fähigkeiten der Kinder ihr gestatten könnte, einen Platz in einem normalen Klassenzimmer zu finden, doch am Ende fanden die Eltern, dass die Privatschule sowohl eine bessere Ausbildung als auch ein besseres soziales Umfeld böte. Ich arbeitete weiterhin mit den Eltern zusammen, wobei ich deutlich machte, wie notwendig unmittelbare und wirksame Disziplin sei, angesichts des Verlangens ihrer Kinder nach Sicherheit.

Fragwürdige Maßnahmen

Vielfach kommt es bei erfolgreichen Schulmaßnahmen auf die Individuen an – Kinder, Eltern, Lehrer und andere –, die direkt betroffen sind. Ich finde allerdings einige Routine-Maßnahmen kaum nützlich, egal, wie engagiert das Team ist. Regelmäßige Treffen mit dem Schulpsychologen oder Beratern sind ein Beispiel hierfür. Es gibt wenig Beweise, dass Gesprächs- oder Spieltherapie viel mehr bewirken als reine emotionale Unterstützung, die auch durch gelegentliche »Überprüfungstermine« erreicht werden kann. Wöchentliche oder zweiwöchentliche Termine bieten meiner Erfahrung nach nicht viel zusätzliche Hilfe, es sei denn, ein Kind hat kürzlich ein Trauma erlitten, wie z. B. Missbrauch, Scheidung oder beständiges Tyrannisieren und Schikanieren; in diesen Fällen können häufigere Besuche ratsam sein.

Eine weitere beliebte Strategie ist die »Regenbogengruppe«, ein Euphemismus für schwierige Kinder, die sich regelmäßig mit dem Berater treffen. Die Kinder werden ermutigt, sich gegenseitig ihre Probleme und Lösungen mitzuteilen. Sie können auch miteinander spielen. Diese Gruppen sind etwas vorteilhafter als Einzelsitzungen, weil die Kinder zumindest einige soziale Fähigkeiten unter der Führung eines ausgebildeten Erwachsenen üben. Im Allgemeinen, denke ich, wäre es eine sehr viel klügere Verwendung der öffentlichen Gelder und des knappen Personals, wenn der Schulberater oder Psychologe das Kind am Anfang und dann bei gelegentlichen Nachbesuchen beurteilt.

Der Berater hätte mehr Zeit, um den Lehrer des Kindes zu unterstützen und einen integrierten Plan zu entwickeln, an dem sich die Eltern beteiligen. Dieser Fachmann könnte Methoden der Verhaltenssteuerung, Maßnahmen bei Lernschwächen und andere Mittel zur wirksamen Unterstützung des Kindes *im Klas-*

senzimmer vorschlagen. Zu häufig erfährt der Lehrer nichts von solchen Techniken, bis ein Experte von außerhalb darauf hinweist.

Was können Eltern tun?

Häufig wollen Eltern wissen, was sie tun können, um das Verhalten ihrer Kinder und deren schulische Leistungen zu verbessern. Die Antwort lautet zum Teil: frustrierend wenig. Mit dem Kind über die Probleme zu sprechen ist tendenziell unwirksam, ebenso wie das Anbieten von Belohnungen oder Bestrafungen für Verhalten in der Schule, weil die elterlichen Maßnahmen gewöhnlich zu spät für die Kinder erfolgen. (Eine Ausnahme ist ein System wie das Sternen-Sticker-Programm, das ich in diesem Buch bereits beschrieben habe, bei dem ein Lehrer Sterne für gutes Benehmen austeilt; die Eltern können zu Hause eine Belohnung geben, wenn eine bestimmte Anzahl an Sternen während der Woche angesammelt wurde. Aber in diesem Fall ist der Sticker selbst die unmittelbare Belohnung für das Kind und ebenso wichtig wie das Spielzeug oder das besondere Privileg, das es später erhält.).

Was Eltern tun können, ist, sich über die Lernmöglichkeiten, die für das Kind zur Verfügung stehen, zu informieren. Sie können Ihren Arzt dazu bewegen, mit der Schule zusammenzuarbeiten. Lehnt er dies ab, könnten Sie sich einen anderen suchen. Realistisch gesehen sind jedoch nicht alle Spezialisten bereit, in der Schule mitzuhelfen; Sie könnten aber versuchen, mit dem Lehrer und dem Schulpersonal auf eigene Faust ein Brainstorming durchzuführen, idealerweise zusammen mit dem anderen Elternteil des Kindes. Der beste und wichtigste Versuch jedoch, den Sie unternehmen können, ist, sowohl das Kind als auch die Schule zu unterstützen, indem Sie angemessenes Verhalten in der Klasse und gute Lerngewohnheiten zu Hause fördern. Setzen Sie hohe Erwartungen, benutzen Sie weniger Worte und Wahlmöglichkeiten und reagieren Sie mit Konsequenz und Handlungen, dann ist Ihr Kind für das soziale Umfeld in der Schule gut vorbereitet.

7. Wann ist es genug?

Ich glaube nur selten, dass ein Kind ein Psychopharmakon nehmen *muss*. Es gibt beinahe immer andere Möglichkeiten, die die Umgebung des Kindes verändern, nicht die Biochemie seines Gehirns. Bei Kindern mit schwerwiegenden Problemen jedoch bringen viele dieser Maßnahmen – restriktive Klassenzimmer oder auch Wohngemeinschaften und psychiatrische Kliniken – ihre ganz eigenen Probleme mit sich, die den Einsatz von Medikamenten durchaus wünschenswert erscheinen lassen. Doch auch wenn die Schwierigkeiten eines Kindes weniger groß sind, kann der Einsatz eines Psychopharmakons in einem Behandlungsplan Sinn machen. (Wenn jedoch die Eltern strikt gegen eine Medikation sind, selbst wenn ich der Meinung bin, sie könnte helfen, unterstütze ich vernünftige Alternativen.)

Bei der Entscheidung, Medikamente zu verabreichen, geht es wie immer darum, die Schwere der Probleme des Kindes gegen die bewiesene oder unbewiesene Wirksamkeit bzw. die Nebenwirkungen einer Tablette abzuwägen. Ich werde spezifische Medikamentengruppen und Namen an anderer Stelle in diesem Buch besprechen, doch ich möchte hier schon einmal festhalten, dass für viele psychoaktive Drogen, die zurzeit Kindern verordnet werden, keine Beweise vorliegen hinsichtlich ihrer Wirksamkeit oder Sicherheit in der Pädiatrie. Folglich müssen die Probleme des Kindes schwerwiegend genug sein und andere Maßnahmen nicht greifen, um die unbekannten Risiken, die damit verbunden sind, zu rechtfertigen.

Ich behalte jedoch auch im Auge, dass unbehandelte Probleme ihre eigenen negativen Ergebnisse haben können, angefangen bei besorgniserregendem Schwinden des Selbstvertrauens beim Kind bis zu physischen Schäden. Im Folgenden berichte ich von einigen Fällen, bei denen die besonderen Umstände eines Kindes, einer Familie und der weiteren Umgebung mich veranlassten zu sagen: »Es ist genug«, mit anderen Worten, Medikamente zu verschreiben. Diese Szenarien mögen Ihnen eine Vorstellung geben, wann mich die Umstände eines Kindes veranlassen, auf bestimmte

Medikamente zurückzugreifen. Wenn ich Medikamente verschreibe, ermutige ich dennoch weiterhin zu nichtmedikamentösen Strategien. Selbst wenn ein Kind eine Tablette nimmt, die zu helfen scheint, müssen sich die Eltern bemühen, zu Hause eine Umgebung zu schaffen, die Liebe, Stabilität und Grenzen bietet, und sowohl Lernschwächen als auch Disziplinschwierigkeiten müssen in der Klasse angegangen werden.

Während der Familiensitzung im Rahmen seiner Beurteilung war der siebenjährige Tony impulsiv und zappelig. Seine Eltern hatten eine ziemlich passive und unbestimmte Haltung gegenüber Disziplin, und ich überlegte, was passieren würde, wenn sie mit größerer Konsequenz Grenzen setzen würden. Die Familie wirkte allerdings wie eine starke, liebevolle Einheit, ohne offensichtliche, gravierende Probleme (wie eine bevorstehende Scheidung oder ernsthafter finanzieller Druck), abgesehen von ihrem schwierigen Kind. Ich sprach mit Tonys Lehrerin, deren Forderungen vernünftig schienen. Obwohl sie bei Tony nicht das anwendete, was ich als wirklich rigorosen Verhaltensansatz bezeichne, versuchte sie, ihm Sticker als Belohnung für gutes Verhalten anzubieten, und ließ ihn dicht bei sich sitzen, so dass sie ihm helfen konnte, Schritt zu halten. Trotz ihrer Bemühungen verlor Tony weiterhin die Konzentration und wanderte gedanklich von den Klassenaktivitäten ab.

Viele Kinder mit einem Verhalten wie Tonys sitzen still, wenn sie mit mir allein in der Praxis sind. Wenn ein Kind sich in einer bestimmten Umgebung kontrollieren kann, nicht aber in einer anderen, überlege ich: Könnten wir Elemente dieser Umgebung, in der das Kind erfolgreich ist, nehmen und sie in andere Umgebungen hineinkopieren? Vielleicht könnte die hochstrukturierte Einzel-Begegnung mit dem Arzt auf andere Situationen übertragen werden. Oder wenn das Kind die Regeln in der Klasse befolgt, nicht aber zu Hause, könnten die Eltern die Schulmethode, Disziplin zu erreichen, unternehmen. (Auf die Frage, warum sie »mürrische Anfälle« nur zu Hause und niemals in der Schule hatte, erwiderte eine Neunjährige: »Naja, Dr. Diller ... zu Hause gibt's keinen Direktor.«)

Bis vor zwanzig oder selbst zehn Jahren noch war diese Methode in den meisten medizinischen und therapeutischen Praxen vorherrschend. Das Kopieren von Umständen, die sich als erfolgreich erwiesen haben, bedeutet nicht, den Eltern oder Lehrern die Schuld zu geben: Einige Kinder brauchen ein Maß an Konsequenz, Unmittelbarkeit und Erziehung, das außergewöhnliche Anforderungen an die Erwachsenen in ihrem Leben stellt. Diese Methode bietet einen Weg, über das Problem nachzudenken, der nicht zur Medikamentenverabreichung als erster und einziger Maßnahme führt. Heutzutage schlagen jedoch viele Fachleute einen beinahe gegensätzlichen Weg ein. Es ist weit verbreiteter Glaube, dass ein Kind, das in einer Praxis wunderbar spielen, arbeiten und ein Gespräch führen kann – sowohl im Beisein der Familie als auch allein mit dem Arzt – und sich zu Hause tadellos verhält, dennoch ein möglicher Kandidat für Medikamente ist, wenn es Verhaltensprobleme in der Schule zeigt. Medikation wird zu einem Werkzeug, das sehr viel schneller angeboten wird.

Doch wie sich herausstellte, konnte sich Tony, auch als er mit mir allein war, nicht besser steuern. Wenn ich versuchte, mit ihm zu sprechen, sprang er vom Stuhl, spazierte im Zimmer herum und versuchte, zu den Spielsachen zu gelangen. Während des pädagogischen Teils der Beurteilung schaukelte er in seinem Stuhl vor und zurück und spielte mit seinem Bleistift. (Ich nahm ihn weg, als er ihn nicht mehr brauchte.) Er war so abgelenkt durch das Geräusch der Klimaanlage, dass er beim Lesen stockte und nicht mehr wusste, wo er stehen geblieben war.

Wenn die Impulsivität und Ablenkbarkeit eines Kindes so hartnäckig und durchdringend sind, dass sie in nahezu jeder Umgebung sich manifestieren – mit den Eltern, in der Schule, allein mit dem Arzt –, ist es sehr viel wahrscheinlicher, bereits zu Beginn des Prozesses an Medikamente zu denken. Stimulanzien, die Mittel, die bei ADHS-ähnlichen Symptomen verordnet werden, unterscheiden sich von anderen psychoaktiven Medikamenten, die Kindern verschrieben werden, dadurch, dass ihre Wirksamkeit und zumindest Sicherheit bei kurzfristiger Anwendung dokumentiert ist. Insofern war ich bereit, ein Medikament zu verschreiben, um

Tony zu helfen, sich zu konzentrieren. Ich sagte den Eltern, dass das Medikament kein Ersatz sei für weiteres Arbeiten am Verhalten zu Hause und in der Schule; auf lange Sicht würde dies wichtiger sein als die Tabletten. Ein Medikament gleich zu Beginn könnte es leichter machen, diese Bemühungen in Gang zu setzen.

Die achtjährige Vicki war von Natur aus einigermaßen ablenkbar und impulsiv; zusätzlich zu ihrem angeborenen Temperament litt sie unter einigen geringfügigen Lernschwächen, die es ihr noch schwerer machten, sich auf Schulaufgaben zu konzentrieren. Nach drei Monaten ernsthafter Anstrengungen ihrer Eltern wurde Vickis Verhalten zu Hause ruhiger; meistens hob sie ihre Spielsachen vom Boden auf, nachdem sie ein- oder zweimal dazu aufgefordert worden war, und Streitereien mit ihrer Schwester wurden sehr viel seltener. Doch Vickis Lehrerin in der dritten Klasse, Miss Ray, berichtete, dass Vicki trotz der Sondernachhilfe für ihre Lernschwächen weiterhin freche Antworten gab und mit ihren Freunden redete, wenn sie arbeiten sollte. Miss Ray probierte ein System aus, bei dem Vicki direkte Bestätigung erhielt, gab es aber nach einigen Wochen auf. Sie habe einfach zu viel zu tun, sagte sie, um ihren Unterrichtsstil zu ändern und spezielle Belohnungen und Bestrafungen für ein einzelnes Kind einzuführen. Da in ihrer Klasse 31 Kinder waren, konnte ich ihr Dilemma verstehen. Vickis Eltern sahen sich eine Privatschule in ihrer Nähe an, die ihnen auch gefiel, doch konnten sie sich das Schulgeld nicht leisten.

Vicki war zwar stolz auf ihre Erfolge zu Hause, wurde aber zunehmend frustriert wegen ihrer fortgesetzten Schwierigkeiten in der Schule: »Ich bin schlecht«, erzählte sie mir. Ich erklärte ihren Eltern, dass ich bereit sei, Vicki ein stimulierendes Mittel wie Ritalin oder Adderall für die Schulstunden zu geben. Es würde nicht ihre Lernschwächen heilen, doch es würde ihr helfen, sich zu konzentrieren, anstatt abzuschweifen, wenn die Arbeit anstrengend wurde. Sie würde weniger impulsiv handeln und könnte das Regelsystem ihrer Lehrerin annehmen. Ich wiederhole noch einmal, dass ich weniger abgeneigt bin, Kindern ein Anregungsmittel zu verschreiben als jedes andere Medikament, auf Grund dessen, was wir über seine Wirkung wissen. Das Ergebnis in diesem Fall war gut, wenngleich leicht gefährdet durch die Situation in der Schule: Durch die Kombination aus Anregungsmittel, Fürsorge ihrer Eltern und Nachhilfe hatte Vicki weitaus weniger Probleme im Unterricht. Ihre Eltern stellten weitere Verbesserungen zu Hause fest, wenn Vicki die Tablette nahm, obwohl die Wirkung des Medikaments am Nachmittag nachließ und Vicki mit »ihrer eigenen Chemie« zurechtkommen musste.

»Hör auf mit dem Mist!« schnauzte Laura Cunningham. Jason, ihr vierjähriger Sohn, hatte Spielsachen auf die Erde geworfen, seit vor einer halben Stunde unsere Sitzung begonnen hatte. Er machte zu Hause vieles kaputt und seine Vorschule drohte, ihn hinauszuwerfen. In einer früheren Sitzung hatte Laura mehrmals still vor sich hin geweint und war kaum in der Lage gewesen, über die Probleme ihres Sohnes zu sprechen. Heute reagierte sie auf das Verhalten ihres Kindes in der Praxis mit ruhiger und stiller Angespanntheit. Sie erinnerte mich an eine Schnur, die an beiden Enden fest gezogen wird. »Ich fühle mich wie eine Versagerin«, sagte sie zweimal mit erstickter Stimme. Jetzt, da sie Jason mit barschen Worten zurechtgewiesen hatte, vergrub sie ihr Gesicht in den Händen, mit zitternden Schultern.

»Wie, glauben Sie, könnten Sie Ihrer Frau jetzt helfen?« fragte ich ihren Mann, der sich bisher kaum geäußert hatte. Als Antwort schaute er zur Decke hinauf und öffnete seine Handflächen.

Hier war ein Fall von ernsthaftem »Sauerstoffmangel«, definitiv bei Laura und vielleicht auch bei Ihrem Mann. Ich hatte das Gefühl, dass die Familie eine sofortige Erleichterung brauchte, bevor sie daran arbeiten könnte, für Jason eine hilfreiche Umgebung zu schaffen. Wir konzentrierten uns auf Maßnahmen, wie Laura wieder Luft in ihre Lungen bekommen könnte, vielleicht in Form eines Urlaub ohne Kind, durch regelmäßige Bewegung oder mehr Unterstützung seitens ihres Mannes. Schließlich bot ich Medikamente an – nicht für das Kind, sondern für Laura. Ich machte mir Sorgen wegen ihrer andauernden Belastung und der Anzeichen einer handfesten Depression. Nachdem sie die Tabletten einige Zeit eingenommen hatte und beide Elternteile Änderungen beim Einsatz von Disziplin vorgenommen hatten, berichtete Laura, dass Jasons Probleme, obgleich immer noch schwer, nicht mehr überwältigend schienen. Sie fühlte sich auch in der Lage, auf seine Provokationen gleichmäßiger zu reagieren. Als sie anfing, einen Mittelweg zwischen völligem Schweigen und Gebrüll zu finden, besserte sich Jasons Verhalten.

Ich kannte den vierzehnjährigen Peter und seine Familie bereits seit einiger Zeit wegen Peters Episoden intensiver Wut. Nach einigem Anfangserfolg hatte Peter eine wütende Auseinandersetzung mit einem Lehrer in der Schule; hinterher erzählte er seinen Eltern, er wünschte, tot zu sein. Als ich ihn direkt danach fragte, beschrieb Peter eine Phantasievorstellung, wie er auf der Straße lag und darauf wartete, dass ihn ein Auto überfuhr. Er hatte es noch nie ausprobiert, sagte er, glaubte auch nicht, dass er es in Zukunft täte. Trotzdem hatte ich das Gefühl, dass die Deutlichkeit seiner Vorstellung in Kombination mit anderen Anzeichen ein beunruhigend hohes Maß an Verzweiflung signalisierten. Ich bot ihm Zoloft an, um seine Stimmung aufzuhellen und seine Belastbarkeit zu stärken. Keine Studie kann mir mit Sicherheit sagen, dass ein Medikament wie Zoloft, das zur Gruppe der so genannten selektiven Serotonin-Wiederaufnahmehemmer (Selective serotonin reuptake inhibitors = SSRIs) gehört, Teenagern hilft, und wir wissen noch nicht, welche Langzeitnebenwirkungen es bei ihnen haben könnte. Auf der anderen Seite kenne ich aber seine kurzfristigen Auswirkungen im Fall eines Selbstmordversuchs oder seiner Androhung.

Es ist wahrscheinlicher, dass ich eine Medikation bei Selbstmordphantasien und -risiko in Erwägung ziehe, wenn ein Kind dreizehn oder älter ist. Kleinere Kinder führen solche Vorhaben kaum jemals aus; dieses geringere Schadensrisiko bei Selbstmordgedanken lässt mich zögern, die unbekannten Nebenwirkungen in Kauf zu nehmen, besonders da es hilfreiche nichtmedikamentöse Maßnahmen für unglückliche Kinder gibt. Außerdem sprechen kleinere Kinder einfach nicht so gut auf diese Tabletten an wie Erwachsene oder Jugendliche. Wenn jedoch Ihr Kind von Selbstmord spricht, sollten Sie sofort eine professionelle Beurteilung einholen, ganz gleich, wie alt das Kind ist.

Peters Leben wurde erträglicher, doch sein Umfeld hatte sich ebenfalls verändert. Folglich ist es schwer für mich zu sagen, ob die Tablette ein entscheidender Faktor war. Er nahm einen Monat lang an einem Abenteuerkurs teil und berichtete, dass er dort sehr gute Erfahrungen gemacht habe. Ich erfuhr auch, dass seine Mutter sich die ganze Zeit Sorgen gemachte hatte, dass sich ihr Sohn umbringen würde, etwas, das sie mir vorher nicht anvertraut hatte. Sie hatte sich wie auf Eierschalen um ihn herum bewegt, voller Angst, ihn durch Forderungen oder Strafen für schlechtes Benehmen aufzuregen. Sobald er die Tabletten nahm und wir offen über ihre Ängste sprachen, fühlte sie sich viel weniger wie eine Geisel dessen, was sie als Labilität ihres Sohnes wahrnahm. Und sie fühlte sich wohler dabei, ihm klare Grenzen zu setzen. Seine Mutter fand, dass Peter »sanfter« war durch das Medikament – Kleinigkeiten, die ihn weniger störten, und er erholte sich schneller, nachdem er einen Anfall gehabt hatte. Peter selbst war sich nicht sicher, wie viel die Tabletten ihm geholfen hatten; seine Gefühle darüber variierten zwischen unbestimmt und positiv.

David Mendelssohn, zwölf Jahre alt, hatte das Tourette-Syndrom. Er hatte unfreiwillige Tics entwickelt, die in Form von Blinzeln und Grimassen auftraten – sein Mund öffnete sich weit, als würde er ständig gähnen, und gelegentlich gab er grunzende Geräusche von sich. Ohnehin schon ein äußerst gehemmter Junge (zu gehemmt, um eben darüber zu sprechen), machte er sich Sorgen, seine Freunde könnten denken, er sei seltsam. Er nahm allen Mut zusammen, seiner Mutter von diesen Sorgen zu erzählen, und sie wiederum erzählte mir davon. David war anfangs nicht sicher, ob er Medikamente nehmen wollte, doch schließlich erzählte er in der vertrauten Umgebung seines Zuhauses seiner Mutter (wieder traten seine Hemmungen deutlich zum Vorschein), dass er es versuchen wollte. Ich bot ihm Clonidin an, ein Mittel, auf das ich an anderer Stelle in diesem Buch detaillierter eingehen werde. Clonidin, bekannt hauptsächlich durch seine Wirkung bei Hypertonie, ist gleichfalls nützlich bei Verhaltensproblemen in der Kindheit und hat schon manchem Kind mit Tourette-Syndrom geholfen.

David erlebte zunächst eine Reduzierung der Automatismen durch Clonidin. Ungefähr ein Jahr später tauchten sie jedoch mit größerer Häufigkeit wieder auf, und ich gab David schließlich Haldol, ein Medikament, das manchmal unerwünschte Bewegungen (Spätdyskinesie) hervorruft, jedoch ironischerweise keine dieser Wirkungen zeigt, wenn es in geringen Dosen beim Tourette-Syndrom verabreicht wird. Er und seine Mutter berichteten, dass er sich mit sich selbst wohler fühlte, seit er Haldol nahm; sie erzählten auch, dass er wenig oder gar nichts von der dämpfenden Wirkung spürte, die dieses Medikament häufig mit sich bringt. Als ich das letzte Mal von David hörte, war er in der späten Pubertät. Die Automatismen waren so gut wie verschwunden, und er nahm keine Medikamente mehr. Ich glaube nicht, dass das Haldol half, die Tics verschwinden zu lassen, bin aber überzeugt, dass das Mittel ihn auf einem besonders rauen Stück des Weges zum Erwachsenwerden unterstützte.

Taylors Pflegeeltern erzählten mir, dass sie sein aggressives Verhalten gegenüber ihren anderen Pflegekindern nicht kontrollieren könnten. Er brach ständig ihre Regeln. Es war ein täglicher Kampf, ihn morgens für die Schule fertig zu machen. Die Abende waren getrübt durch seine Streitereien mit den anderen Kindern, ganz zu schweigen von seinen regelmäßigen Ausbrüchen und Anfällen. Er hatte bereits zwei der anderen Kinder gebissen und die Haut eingeritzt. Wenn ich Taylor keine Tabletten verschreiben wolle, um ihn zu beruhigen, sagten die Eltern, würden sie ihn an eine andere Familie weitergeben. Es sei für diesen Sechsjährigen die dritte Pflegefamilie in weniger als einem Jahr.

Taylors Situation war besorgniserregend. Seine Eigensinnigkeit und sein Beißen bedrohte das gute Klima, das im Wesentlichen eine Wohngemeinschaft für Kinder darstellte. Seine Pflegeeltern verdienten Lob für ihre Bemühungen, doch es waren keine besonders wahrherzigen Menschen. Sie verließen sich hauptsächlich auf Videos und Fernsehen, um die Kinder zu beschäftigen, und sie waren überraschend naiv in ihren Erwartungen, dass die Pflegekinder in ihrem Haus sich um sich selbst kümmerten. Sie waren so überlastet mit ihren Aufgaben, dass sie nur selten die Zeit fanden, Taylor von den anderen Kindern zu trennen und von ihnen fernzuhalten, bis er sich beruhigt hatte. Sie hatten versucht, Taylor bestimmte Grenzen zu setzen, wie der Sozialarbeiter es vorgeschlagen hatte, aber es hatte nicht funktioniert.

Die Pflegeeltern willigten ein, nichtmedikamentöse Behandlungsmethoden auszuprobieren, und so arbeiteten wir an der Qualität der Aufmerksamkeit und Zuneigung in ihrem Haus. Wir machten jedoch kaum Fortschritte. Trotz der kaum adäquaten Bedingungen in seiner augenblicklichen Pflegefamilie machte ich mir Sorgen, dass Taylor Schaden erleiden würde, wenn er schon wieder an die nächste Familie weitergereicht wurde. Bei seinen heftigen Ausbrüchen, die ihn leicht in die Gruppe der Kinder mit einer bipolaren Störung bringen konnten, beschloss ich, einen Serotonin-Wiederaufnahmehemmer auszuprobieren. Als das nicht besonders gut half, bot ich ihm eine geringe Dosis Risperdal an, eines der neueren Medikamente mit antipsychotischer Wirkung. Ich griff zu diesem schweren Geschütz mit großem Widerstreben und nur, weil Taylors Umgebung so trostlos und resistent gegenüber Änderungen war, dass es mir gerechtfertigt erschien. Taylor blieb letztendlich bei der Familie, während ich ihn regelmäßig auf Nebenwirkungen untersuchte. Sein Gewicht erhöhte sich mit der Zeit (was bei Risperdal oft passiert), aber welche Auswirkungen es sonst noch auf ihn hatte, weiß ich nicht. Nach mehreren Monaten verlor ich aufgrund eines Versicherungswechsels den Kontakt zu dieser Familie. Ich bin mir immer noch nicht sicher, welche Art von langfristigen Wirkungen das Mittel auf Taylors Gehirn und Körper haben mag.

In diesen geschilderten Extremfällen könnte man Medikamente verabreichen. Letztendlich sollte die Entscheidung eines Arztes, Tabletten anzubieten, maßgeschneidert sein für die Bedürfnisse jedes einzelnen Kindes, das in die Praxis kommt. Das folgende Kapitel hilft Ihnen vielleicht, mehr über Medikamente und die Situationen, in denen sie indiziert sind, zu erfahren.

8. Wie wirken sich die Medikamente auf Ihr Kind aus?

Manchmal ist die Persönlichkeit eines Kindes so schwierig oder das Umfeld, in dem das Kind lebt oder zur Schule geht, so unflexibel, dass trotz aller Interventionen im Verhaltens- und Lernbereich schwerwiegende Probleme bestehen bleiben. Wenn sich Eltern in diesen wenig beneidenswerten Situationen die größte Mühe gegeben haben, die Umwelt ihres Kindes zu verändern, sollten sie keine Schuldgefühle haben, wenn sie an Medikamente denken. Allerdings sollten sie dieses in mancher Hinsicht unerforschte Gebiet mit offenen Augen betreten.

Das Abwägen der Vorteile einer psychoaktiven Substanz gegenüber den Risiken für das Kind ist für die meisten Eltern nervenaufreibend. Die Meinung eines vertrauten Arztes – vielleicht auch von zweien – kann Ihnen in dieser Phase helfen, doch Sie benötigen ebenso Informationen über die spezifische Medikation, die erwogen wird. Wie viel kann sie helfen? In welcher Weise könnte sie Schaden anrichten? Sind diese Tabletten hinsichtlich ihrer Nebenwirkungen auf Kinder getestet worden? Welches Maß an Beeinträchtigung oder Leiden rechtfertigt die Risiken, die für das Kind entstehen können?

Es gibt nicht auf all diese Fragen einfache, direkte Antworten. Sie sind Gegenstand lebhafter und manchmal heftiger Debatten unter Akademikern, Ärzten, Eltern, Lehrern, Politikern und nahezu jedem sonst, der großes Interesse an der Gesundheit unserer Kinder hat. In diesem Kapitel versuche ich, für Sie einen Anfang zu machen, mit Informationen über die Gruppen der psychoaktiven Medikamente, die Kindern am häufigsten verschrieben werden. Ich habe meine Ansichten darüber einfließen lassen, welche Medikamente sicher und wirksam zu sein scheinen und welche verabreicht werden, ohne vorher angemessen für Kinder getestet worden zu sein. Aus praktischen Gründen werden die beiden beliebtesten Tablettengruppen – Stimulanzien und selektive Serotonin-Wiederaufnahmehemmer (die Gruppe, zu denen Prozac und Zoloft gehören) – zuerst und am detailliertesten vorgestellt. Weniger häufig angewandte

Optionen wie Neuroleptika oder trizyklische Antidepressiva werden weiter unten beschrieben. Mehr Informationen über spezifische amerikanische sowie deutsche Handelsnamen und Präparate sind in einem Verzeichnis am Ende des Buches nachzulesen.

Der Weg zum Rezept für Kinder: Was Eltern wissen sollten

Die meisten Psychopharmaka sind *nicht* systematisch auf Sicherheit und Wirksamkeit bei Kindern getestet worden. Bei Erscheinen dieses Buches sind die einzigen Medikamente, die von der Food and Drug Administration (FDA: die amerikanische Aufsichtsbehörde für Lebensmittel und Medikamente) für die Behandlung psychischer Erkrankungen bei Kindern zugelassen wurden, Stimulanzien wie Ritalin und zwei Prozac-ähnliche Präparate. Die meisten Medikamente für die Behandlung emotionaler Probleme bei Kindern wurden erst verfügbar, wenn sie dem Standard der FDA für psychiatrische Behandlung bei *Erwachsenen* entsprachen. Einige wurden ursprünglich für Erwachsene mit nicht-psychischen Erkrankungen wie Krämpfen und Bluthochdruck zugelassen.

Wenn die FDA ein Medikament zur Behandlung einer spezifischen Krankheit genehmigt hat, darf ein Arzt es auch für jedwede andere Indikation verschreiben. Dies ist bei Kinderärzten gängige Praxis und nicht notwendigerweise besorgniserregend an sich, doch es wird nirgendwo sonst so häufig praktiziert wie bei Psychopharmaka. Die örtlichen Krankenhaus- und Ärztekomitees mischen sich für gewöhnlich wenig in die Behandlungsstrategien eines Arztes ein, und insofern hängt die Entscheidung, einem Kind ein Psychopharmakon zu verschreiben, von der Beurteilung und den ethischen Grundsätzen des jeweiligen Arztes ab. Unter diesen Umständen sind Eltern gut beraten, sich so gut wie möglich über die vorgeschlagenen Medikamente zu informieren.

Wie erlangt ein Medikament, das noch nicht für Kinder getestet wurde, weitreichende Akzeptanz und Anwendung? Der typische

Weg beginnt mit einem Bericht über die Reaktion eines einzelnen Kindes auf ein bestimmtes Medikament, gewöhnlich als Zuschrift an eine der Fachzeitschriften. Ein solcher Bericht kann andere Zuschriften nach sich ziehen, bis eine Reihe von Fallstudien erscheint. Da es keine besseren Studien gibt, können solche Berichte ein gewisses Maß an Nützlichkeit haben. Doch die meist rigorose Überprüfung und Rezension durch Kollegen, die der Veröffentlichung eines wissenschaftlichen Artikels vorausgehen, fehlen. In den meisten Fallstudien wissen alle – Arzt, Eltern, und Kind –, welche Tablette eingenommen wird, ein methodischer Schwachpunkt, der unser Wissen über die Wirkungen des Medikaments, positive wie unerwünschte, beeinflussen kann.

Viel aufschlussreicher ist der Königsweg des Tablettentestens, die randomisierte Doppelblindstudie. In einer solchen weiß weder die Familie noch der Arzt, ob das Kind die Medizin oder ein Placebo (eine identische Kapsel ohne Wirkstoffe) erhält. Lediglich der Apotheker, der das Medikament zubereitet, weiß, welche Kapsel die Pille, die getestet wird, enthält. Die Patienten werden sorgfältig auf die psychische Erkrankung, die behandelt werden soll, untersucht und erhalten dann durch Zufallszuteilung entweder die richtige Tablette oder das Placebo. Eltern und Ärzte beobachten die Kinder in Hinblick auf Besserungen und Nebenwirkungen; viele Kinder, die Placebos erhalten, zeigen Besserungen oder klagen über unerwünschte Nebenwirkungen wie Kopf- und Bauchschmerzen. Nach einer vorbestimmten Zeitspanne wird aufgedeckt, wer das Medikament bekam und wer nicht. Erst dann erkennt man die »tatsächlichen« Wirkungen des Medikaments gegenüber den »angenommenen«. (Bei der einzigen Studie zu Prozac bei Kindern wurden 60 Prozent der Besserungen depressiver Symptome dem Placebo-Effekt zugeschrieben.)

Diese gründlichen Studien sind teuer und bis vor kurzem erhielten Forscher der Kinder-Psychopharmakologie nur geringe Mittel. Die wenigen Studien, die durchgeführt wurden, umfassten gewöhnlich gerade genug Kinder, oftmals weniger als 100 Probanden, um die Wahrscheinlichkeit einer statistisch bedeutsamen Differenz zwischen Medikament und Placebo entstehen zu lassen, die für eine Veröffentlichung in einer wissenschaftlichen Zeitschrift gefordert wird, aber nicht genug für eine FDA-Zulassung. (Die Zulassung durch die FDA bedeutet nicht notwendigerweise, dass ein Medikament wirkungsvoller ist als andere Maßnahmen, sondern nur, dass es wirkungsvoller ist als ein Placebo.) Viele Studien sind lediglich ein paar Wochen lang durchgeführt worden, kaum lange genug, um langfristigen Nutzen oder Risiken festzustellen.

Sind Studien bei Kindern wirklich notwendig?

Selbst wenn ein Psychopharmakon für Erwachsene genehmigt wurde, ist eine Untersuchung der Wirkungen bei Kindern äußerst wichtig, weil Gehirn und Körper sich noch in der Entwicklung befinden. Nebenwirkungen, die bei Erwachsenen unproblematisch sind, können bei den Kleinen viel ernsthaftere, langfristige Folgen haben. Auch der Nutzen einer Tablette ist nicht notwendigerweise gleich bei beiden. Trizyklische Antidepressiva wie Imipramin, Desipramin und Nortriptylin (die am häufigsten verordneten Präparate für Erwachsene bei Depressionen, bis Prozac auf den Markt kam) wurden z. B. anfangs Kindern bei ähnlichen Problemen verabreicht. Dann offenbarten Untersuchungen in den 1960er und 1970er Jahren ihre Wirkungslosigkeit bei depressiven Symptomen in der Kindheit. Es gibt viele Theorien, um diese Differenz zu erklären: Irgendwie unterscheidet sich das in der Entwickelung befindliche von dem ausgereiften Gehirn; das junge Gehirn wandelt das Medikament anders um; die Diagnose von Depression und anderen Störungen ist bei Kindern ungenau; die Umgebung hat auf Kinder aufgrund ihre völligen Abhängigkeit von ihren Betreuern einen viel größeren Einfluss als auf Erwachsene. Es gibt für keine dieser Theorien Beweise. Doch die Erfahrung mit den trizyklischen Antidepressiva zeigt die Notwendigkeit separater Untersuchungen mit Kindern.

Obwohl nur einige hundert Kinder bisher hinsichtlich ihrer Reaktionen auf Psychopharmaka formal getestet wurden, werden zum Beispiel Prozac, Risperdal, Clonidin und Wellbutrin Hunderttausenden von Kindern verschrieben. Vielleicht wird es bald bessere Tests geben. Befürworter der Medikamente innerhalb der Gemeinschaft für psychische Krankheiten bei Kindern fordern lautstark mehr Mittel für die Erforschung der Kinder-Psychopharmakologie. Und die pharmazeutische Industrie, die nun einen Markt für Kinder sieht, der groß genug ist, um die Kosten zu rechtfertigen – und der von einem neuen Gesetz profitieren würde, das Medikamentenpatente um sechs Monate verlängert, wenn die Firma das Medikament für die Kinderheilkunde testet –, finanziert viele umfangreiche Studien. Dennoch ist es nicht unbedingt ratsam, sich auf Untersuchungen zu verlassen, die von einer Industrie, die von bestimmten Ergebnissen profitiert, unterstützt werden. Bei anderen Tablettentests, die von der Industrie finanziert wurden, gab es Beweise für »Verzerrungen« und sogar Verschweigen negativer Ergebnisse.

Selbst wenn ein Medikament für Kinder zugelassen wird oder wenn ein neues Präparat auf den Markt kommt, das mit Sicherheit und weniger Nebenwirkungen wirbt, sollten Familien und Ärzte an die »5-Jahres-Regel« dieser Medikamente denken, von der ein erfahrener Kollege mir einmal erzählte. »Die ersten fünf Jahre verschreibst du vielleicht ein neues Medikament, bevor der volle Umfang der Nebenwirkungen bekannt ist«, sagte er. »In den nächsten fünf Jahren wirst du vorsichtiger, da Wirkung und Sicherheit der neuen Tablette anfangen, den älteren, die es gegen diese Krankheit gibt, zu ähneln. In den darauf folgenden fünf Jahren jedoch wirst du dieses Medikament überhaupt nicht mehr verschreiben, weil die Zulassung abgelaufen ist und eine neue Pille, die bessere Wirksamkeit und weniger Nebenwirkungen verspricht, angeboten wird.« Wirkliche Fortschritte bei Medikamenten sind selten, obgleich es sie gibt. Der zynische Rat meines Kollegen ist eine Warnung vor nicht nachlassenden Erwartungen, potentieller Manipulation und Ausbeutung.

Die Macht der pharmazeutischen Industrie

Ich meine, dass Eltern ein Bewusstsein entwickeln sollten für die Macht der pharmazeutischen Industrie und Einfluss darauf nehmen, wie wir die Probleme unserer Kinder sehen und darauf reagieren. Im Jahr 2001 begannen Medikamentenfirmen, sich über Zeitschriften und Fernsehen mit ihrer Werbung direkt an die Eltern zu wenden. Unter dem Deckmantel »Erziehung« fördert diese Werbung eine besondere – und profitable – Perspektive des kindlichen Verhaltens: Probleme sind das Ergebnis einer Störung im Gehirn und erfordern eine »Reparatur« durch Tabletten. Mindestens ein Werbetext reduziert die Schwierigkeit, Hausaufgaben zu erledigen – in Wirklichkeit eine komplexe erzieherische und soziale Aufgabe –, auf eine Störung, die mit einer Pille behoben werden kann.

Werbung wirkt auch auf Ärzte. Nach drei Jahren unerbittlicher Kampagne der Hersteller von Adderall verschreiben Ärzte nun dieses Stimulans häufiger als jedes andere, einschließlich Ritalin. Fachtagungen werden geradezu mit »Drogengeld« finanziert. Ich bekomme regelmäßig Angebote zwischen 250 und 1000 Dollar, als »Berater« für ein neues psychoaktives Medikament aufzutreten, was bedeutet, dass ich dafür bezahlt werde, in einem Raum zu sitzen und einem anderen Arzt zuzuhören, wie dieser die bemerkenswerten Wirkungen der neuen Pille dieser Firma propagiert.

Der Einfluss der pharmazeutischen Industrie darauf, welche Forschung finanziert wird, und sogar, welche Forschung veröffentlicht wird, hat die Wächter der medizinischen akademischen Integrität auf den Plan gerufen. Mehrere Gemeinschaftsklagen sind von einem Konsortium aus Anwaltskanzleien eingereicht worden, die behaupten, dass es eine Verabredung zum Betrug der Öffentlichkeit zwischen den Herstellern von Ritalin und der organisierten amerikanischen Psychiatrie gebe. Obwohl die Klagen oberflächlich betrachtet weither geholt erscheinen, haben Anwälte erfahren, dass die Grundsatztagungen, die von der American Psychiatric Association in den 1970ern veranstaltet wurden, um die Kriterien für ADHS zu ändern und erheblich zu erweitern, fast vollständig von der Firma Novartis, dem Hersteller von Ritalin, finanziert worden waren. Diese finanzielle Unterstützung fand weder in dem aus diesen Tagungen hervorgegangenen Diagnostic and Statistical Manual noch in der Vielzahl von Konferenzen Erwähnung, die anschließend mit Fachleuten abgehalten wurden, um sie mit den neuen Kriterien vertraut zu machen.

Die Anwaltskanzleien, die sich für diese Prozesse zusammengeschlossen haben, greifen an, was in ihren Augen ein »soziales Übel« ist: dass Industrie, Akademiker, staatliche Aufsichtsbehörden, Politiker und sogar Selbsthilfegruppen eng zusammenarbeiten, selbst wenn es darum geht, dass Kinder ungetestete Medikamente bekommen. Die Anwälte – die mehr als eine Milliarde Dollar im Tabakprozess erstritten – haben öffentlich verkündet, dass sie bereit seien, diese Fälle gerichtlich zu verfolgen, selbst wenn sie zunächst genau wie beim Tabak und beim Asbest hundertmal bei Gericht verlieren sollten. Und tatsächlich, die ersten zahlreichen Klagen wurden abgewiesen. Es erscheint tragisch, doch unvermeidbar, dass das Problem der Psychopharmaka für Kinder irgendwann doch von großen Firmen, Anwälten und Gerichten gelöst wird.

Die am häufigsten verschriebenen Medikamentengruppen: Stimulanzien und Selektive Serotonin-Wiederaufnahmehemmer

Stimulanzien
Was sie können. Zu diesen Medikamenten gehören unter anderem die sehr beliebten Präparate Ritalin, Adderall und Concerta (vgl. S. 252 ff.). Sie verbessern Fokussierung und Konzentration. Wenn diese richtig bei ADHS-ähnlichen Symptomen eingesetzt werden, wie Impulsivität, Hyperaktivität und Aufmerksamkeitsproblemen, sind sie außerordentlich wirksam. Studien zeigen, dass Stimulan-

zien eine Erfolgsquote von 60-90 Prozent haben; aus meiner eigenen Erfahrung würde ich den Erfolg sogar bei 90 Prozent ansiedeln. Kinder, die impulsiv und hyperaktiv sind, können innerhalb von Minuten ihr Verhalten verbessern, wenn sie eine angemessene Dosis einnehmen. Ich traf Tony, den wirklich hyperaktiven Jungen, den ich in Kapitel 7 beschrieben habe, zwei Wochen nachdem ich ihm Ritalin verschrieben hatte, wieder. Zwei Stunden vor unserer Sitzung hatte er eine 10-Milligramm-Dosis eingenommen. In scharfem Kontrast zu seiner früheren zappeligen Haltung saß er nun bequem auf der Couch, mit den Händen auf dem Schoß. Seine Stimme war fester, und während ich mit seiner Mutter sprach, hob er tatsächlich die Hand, um eine Bemerkung zu machen! Er war in der Lage, dem Gespräch zu folgen; später spielte er still mit Legosteinen. Dennoch schien er weder betäubt noch »zombiehaft«, sondern wie ein ganz normales Kind.

Andere Kinder, die nicht hyperaktiv oder impulsiv sind, nehmen die Tablette vielleicht zur Bewältigung ihrer Arbeit. Sie profitieren ebenfalls rasch, obwohl es manchmal zwei oder drei Wochen dauert, bis sich genügend erledigte Aufgaben ansammelt haben, so dass die Erwachsenen einen Unterschied bemerken.

Stimulanzien heißen so, weil sie in höheren Dosen Blutdruck, Herzfrequenz und Aufmerksamkeit erhöhen. Es sind keine Präparate, von denen man ursprünglich erwartet hätte, dass sie hyperaktiven Kindern helfen könnten, und tatsächlich herrscht der weit verbreitete Mythos, dass Stimulanzien eine paradoxe Wirkung auf Kinder mit ADHS haben. Bei normalen Kindern und Erwachsenen, sollen sich nach Einnahme von Stimulanzien erhöhte Aktivität und Erregung zeigen, während Kinder mit ADHS sich beruhigen. Tatsächlich verbessern Anregungsmittel *in geringen Dosen* die Fähigkeit, Aufgaben durchzustehen, die langweilig und schwierig sind, bei jedem – ob normal, impulsiv, Erwachsener oder Kind. Hyperaktive Kinder können ruhiger erscheinen, einfach weil sie methodischer vorgehen und besser in der Lage sind zu fokussieren, wenn sie Tabletten nehmen. Obwohl Stimulanzien die Lernschwäche nicht heilen, können sie Kindern helfen, bei ihren Aufgaben zu bleiben, die sie frustrierend oder öde finden.

Sicherheit. Stimulanzien werden Kindern seit 1937 bei Symptomen von Hyperaktivität und Impulsivität verabreicht, und ich verschreibe sie in meiner eigenen Praxis seit über zwanzig Jahren. Sie sind intensiver getestet worden als jedes andere Mittel, das bei Kindern verordnet wird; Tausende von Studien zeigen ihre relative Wirkung und Sicherheit auf kurze Sicht. Ein Grund, weshalb ich sie mag, ist, dass sie schnell wirken – innerhalb von Minuten, wie bereits bemerkt – und dann ein paar Stunden später den Blutkreislauf wieder verlassen (wie viele Stunden später, hängt von dem spezifischen Präparat ab). Wenn unangenehme Nebenwirkungen auftreten, so verschwinden sie schnell wieder.

Aufgrund dieser Kombination aus pharmazeutischem Wissen, Geschichte und persönlicher Erfahrung zögere ich weniger, Kindern Stimulanzien zu verschreiben, als jedes andere Präparat. Wenn die Probleme bei einem Kind fortbestehen, nachdem ich mit den Eltern und der Schule zusammengearbeitet habe, um gute Verhaltens- und Lernprogramme einzuführen, oder wenn das Kind, wie Tony, ein ungewöhnliches Maß an Hyperaktivität an den Tag legt, werde ich wahrscheinlich ein anregendes Mittel verschreiben.

Stimulanzien sind allerdings nicht so streng getestet worden, wie die meisten besorgten Eltern oder ich es gern hätten. Die meisten Studien haben die Kinder nicht länger als ein paar Wochen oder Monate begleitet, und fast alle haben sich auf Jungen zwischen 6 und 13 Jahren konzentriert. Ich würde gern mehr Untersuchungen sehen, die lange Zeiträume der Einnahme abdecken, die Kinder noch mehrere Jahre, nachdem sie die Tabletten abgesetzt haben, überprüfen und auch andere Gruppen als Jungen im Schulalter berücksichtigen. Ich hätte auch gern Studien, die den verbesserten Zustand eines Kindes nicht nur am Abnehmen der Hyperaktivität, sondern an der Lebensqualität messen. Gewiss, Kinder, die Stimulanzien nehmen, zappeln vielleicht weniger – aber haben sie eine bessere Chance, die Highschool abzuschließen, Drogenmissbrauch und Konflikte mit dem Gesetz zu vermeiden als andere, die keine nehmen?

Wahl eines Anregungsmittels. Die meisten eingeführten Stimulanzien, die bei psychischen Krankheiten eingesetzt werden, enthalten entweder Amphetamin oder Methylphenidat, ein synthetisches Derivat von Amphetamin, das beinahe identisch in chemischer Struktur und Wirkungsweise ist, als Wirkstoff. Ritalin, Concerta, Metadate und Methyllin enthalten Methylphenidat; Dexedrin, Dextrostat und Adderall enthalten Amphetamin (vgl. S. 252 ff.).

Groß angelegte Studien haben gezeigt, dass es keinen Unterschied gibt bei der Wirkung, Sicherheit und den Nebenwirkungen von Medikamenten auf Methylphenidat-Basis gegenüber denen mit Amphetamin als Wirkstoff. Mein eigenes Gefühl, das von anderen Ärzten geteilt wird, ist, dass die Produkte auf Amphetaminbasis geringfügig stärker sind und einige zusätzliche Nebenwirkungen haben: Allerdings schlucken viele meiner Patienten Amphetamintabletten ohne jegliche Probleme. Wenn das Präparat bei den Problemen des Ausagierens nicht hilft oder Nebenwirkungen, die nicht akzeptabel sind, mit sich bringt, lohnt es sich sicherlich, das andere auszuprobieren, bevor Sie zu einer ganz anderen, nicht-anregenden Gruppe übergehen. Diese haben wieder ihre eigenen – und potentiell ernsteren – Nebenwirkungen und sind für die Anwendung bei Kindern nicht so gut untersucht worden.

Ein weiterer Faktor, der bei der Wahl eines Anregungsmittels berücksichtigt werden sollte, ist die Wirkzeit. Ritalin und einige andere Präparate halten in ihrer Wirkung ungefähr drei bis vier Stunden an, in vielen Fällen eine gute Zeitspanne für Kinder in der Grundschule. Die Unterstützung, die sie bei der Konzentration und der Aufmerksamkeit in den Morgenstunden erhalten, reicht aus, um mit den größeren Anforderungen ihres Tages fertig zu werden; die wichtigsten Arbeiten werden morgens erledigt, während der Nachmittag häufig mit Projekten und vergnüglichen Beschäftigungen ausgefüllt wird. Ich sollte hinzufügen, dass der verbesserte emotionale Zustand, den der Erfolg am Vormittag mit sich bringt, diese Kinder wahrscheinlich gut durch Nachmittag und Abend bringt. Glückliche, zufriedene Kinder (selbst solche mit ADHS-Symptomen) können sich besser konzentrieren als unglückliche und zornige und ihre Belohnung auch verspätet empfangen.

Bis vor ein paar Jahren mussten Kinder, die mehr Unterstützung durch Stimulanzien brauchten, mittags bei der Krankenschwester oder der Schulsekretärin für ihre zweite Dosis Ritalin anstehen. Dank der längeren Wirkungsweise der Medikamente, die heute auf dem Markt sind, ist diese belastende Situation, ohne das soziale Stigma, das sie mit sich brachte, verschwunden.

Warum Sie sich über Nebenwirkungen weniger Sorgen zu machen brauchen, als Sie dachten. Die meisten Kinder können anregende Mittel ohne allzu viele Probleme vertragen, und Nebenwirkungen kann man häufig mit vernünftigen Maßnahmen begegnen. Zu den verbreitetsten Problemen gehört Appetitlosigkeit, während die Dosis wirkt. Bei Kindern, die eine einzige Morgendosis eines kurz wirkenden Präparats erhalten, kehrt der Appetit gewöhnlich mittags zurück, doch diejenigen, die länger wirkende Anregungsmittel erhalten, finden den Gedanken ans Mittagessen wahrscheinlich nicht sehr verlockend. Den meisten Kindern scheint diese Wirkung nichts auszumachen, doch einige wenige stört es so sehr, dass es sich lohnt, die Dosis zu verringern oder ein ganz anderes Medikament auszuprobieren. Wenn der Appetit mittags gebremst ist, sollten Eltern und andere Tagesbetreuer einen großen Snack nachmittags nach der Schule bereit halten.

Wenn die Wirkung eines Medikaments über den frühen Abend hinausgeht, könnten die Kinder Schwierigkeiten haben, einzuschlafen. Taucht Schlaflosigkeit im frühen Stadium der Dosierungseinstellung auf, dränge ich die Familie meist, der Medikation noch ein paar Tage Zeit zu geben, weil das Problem oftmals von allein verschwindet. Tut es dies nicht, verringere ich für gewöhnlich die letzte Dosis oder verschiebe sie auf einen früheren Zeitpunkt des Tages. Einige Ärzte fügen dem Stimulans dann ein anderes Präparat hinzu, um dem Kind beim Einschlafen zu helfen, aber ich halte nicht viel von dieser Option.

Obwohl Appetitlosigkeit und Einschlafschwierigkeiten die bekanntesten Nebenwirkungen sind, haben Sie vielleicht auch von anderen Problemen gehört: Kopfschmerzen, Bauchschmerzen, überschießende Reaktionen nach Absetzen eines Medikaments, Tics und Wachstumsverzögerung. Die meisten dieser Wirkungen sind bei neueren Studien nicht einheitlich bestätigt worden. Kopfschmerzen und Bauchschmerzen tauchen als Beschwerden ungefähr ebenso häufig auf wie beim Gebrauch eines Placebos – anscheinend löst bei einigen Kindern die einfache Handlung, eine Tablette zu schlucken, Angstgefühle aus, die zu Symptomen führen. Diese Schmerzen verschwinden für gewöhnlich wieder, wenn die Kinder sich daran gewöhnt haben, Medikamente zu nehmen; bis dahin hilft Tylenol gegen die Kopfschmerzen.

Das Symptom der überschießenden Raktionen ist nicht gut erforscht (es erscheint nicht auf den Listen der Hersteller bei möglichen Nebenwirkungen). Wie so viele andere Ärzte frage ich mich, ob diese vielleicht weniger mit den Tabletten zusammenhängt als vielmehr mit der ominösen Stunde zwischen siebzehn und achtzehn Uhr, wenn die Wirkung des Medikamentes nachlässt und die Eltern, entweder erschöpft vom Arbeitstag oder mit ihrer Geduld am Ende, sich mit fordernden und müden Kindern beschäftigen müssen. Das bedeutet nicht, dass ich dieses Symptom nicht ernst nehme. Wenn sie auftaucht, versuche ich zunächst, sie mit verhaltenstherapeutischen Maßnahmen anzugehen, mit dem üblichen Programm der unmittelbaren und konsequenten Belohnungen und Bestrafungen. Wenn diese Strategie nicht hilft, füge ich vielleicht eine weitere Dosis eines kurz wirkenden Anregungsmittels spät am Nachmittag hinzu, eines, das nicht den Appetit beim Abendessen verdirbt und keine Schlafstörungen verursacht. Einige Ärzte fügen zu diesem Zeitpunkt eine sedierende Tablette hinzu, doch ich würde eher versuchen, ein einziges Präparat finden, das gut genug wirkt, als zwei zu verschreiben, die einander ausbalancieren.

Bis in die späten neunziger Jahre waren Ärzte besorgt, dass Stimulanzien Tics – unfreiwillige Muskelzuckungen – bei anfälligen Kindern hervorrufen könnten. Der Zusammenhang ist in den letzten Jahren sorgfältig untersucht und in den neuesten Studien nicht bestätigt worden. Wenn Tics bei Kindern, die Anregungsmittel nehmen, auftauchen, ist es nicht sicher, ob die Tabletten schuld daran sind; vielleicht wären die Tics ohnehin entstanden. Ärzte und Eltern neigen übereinstimmend dazu, dass es – wenn die Medikation mit einem Anregungsmittel hilft – sich lohnt, damit fortzufahren, selbst wenn Automatismen auftreten. Die unfreiwilligen Bewegungen kommen und gehen von allein und sind nicht gefährlich. Doch beide Parteien sollten auf negative soziale Reaktionen aufpassen, die eine schädliche Wirkung auf das Selbstbild des Kindes haben könnten. Wenn Automatismen zum Problem werden, sollten Eltern und Ärzte zunächst versuchen, das Medikament abzusetzen. Bleiben die Automatismen, sollte ein anderes Medikament dagegen eingenommen werden.

Die neuere Forschung hat eine weitere Sorge aus der Vergangenheit widerlegt – dass Anregungsmittel das Wachstum des Kindes hemmen. Obwohl ich gelegentlich erlebt habe, dass Kinder bei Einnahme der Tabletten an Gewicht verlieren, besonders am Anfang, kann ich mich nicht erinnern, je ein Kind in meiner Praxis gehabt zu haben, dass die Medikamente absetzen musste, weil es ständig Gewicht verlor und aufhörte zu wachsen. Neueste Untersuchungen haben gezeigt, dass Kinder mit ADHS-Symptomen, die Stimulanzien einnehmen, ihre endgültige Erwachsenengröße später erreichen können als Kinder ohne ADHS, aber dieses Phänomen wird für ein Ergebnis ihres Zustandes gehalten, nicht der Einnahme von Medikamenten.

Schließlich glauben einige Fachleute und Laien, dass, wenn ein Kind eine bipolare Störung »hat«, aber eine falsche Diagnose für ADHS bekommt, die Behandlung mit Stimulanzien die schwerwiegenderen bipolaren Symptome verstärken könnte. Ich halte diese Argumentation für unseriös – ähnlich wie das Argument, dass das Trinken von Milch zu Heroin führt, da alle Heroinkonsumenten anfänglich Milch tranken. Kinder, die schlimmere Verhaltenssymptome entwickeln, während sie ein Stimulans nehmen, sind wahrscheinlich diejenigen, die ohnehin die größeren Probleme haben. Ich befürworte *auf keinen Fall* das Ersetzen von Stimulanzien durch eine direkte Verschreibung von Neuroleptika oder Anti-Konvulsiva, wenn der Verdacht auf eine bipolare Störung besteht. Beide Medikamentengruppen haben weitaus mehr Risiken und potentielle Nebenwirkungen.

Was Eltern über Dosierung wissen sollten. Im typischen Fall fangen Kinder mit der niedrigsten Dosis des gewählten Präparats, die erhältlich ist, an und steigern diese alle drei oder vier Tage leicht bis zu insgesamt zehn bis fünfzehn Tagen. Während der Probierphase schicke ich dem Lehrer einen Fragebogen, der mir hilft, die beste Dosis zu bestimmen (vgl. S. 184). Dazu bitte ich die Eltern, das Medikament jeden Tag zu geben, auch wenn sie beabsichtigen, es schließlich nur an Schultagen einzusetzen, so dass sie die volle Wirkung der Tabletten bei ihrem Kind beobachten können.

Hüten Sie sich vor dem allgemeinen therapeutischen Irrtum, die Verabreichung in dem Moment zu stoppen, wenn das Kind eine Besserung des Befindens erkennen lässt. Wenn das Kind keine unmittelbaren Nebenwirkungen zeigt, gibt es keinen Beweis, dass eine höhere und häufigere Dosierung von Anregungsmitteln gefährlicher ist als eine geringe Dosis, die einmal täglich gegeben wird. Ich ziehe es eindeutig vor, die Dosis zu erhöhen, bis die optimale Dosis – diejenige, die das höchste Maß an Besserung mit den geringsten Nebenwirkungen bewirkt – ermittelt worden ist, auf Basis der Theorie, dass eine Familie, die Medikamente einsetzt, dies mit der größten Wirksamkeit tun sollte.

Andererseits gibt es einen Punkt, über den hinaus es wenig Sinn macht, die Dosis zu erhöhen. Wenn ein Kind eine 20 Milligramm-Dosis ohne Wirkung ausprobiert hat, ist es für gewöhnlich am besten, ein anderes Stimulans zu geben (vielleicht eines auf Amphetamin-Basis, wenn ein Methylphenidat-Produkt unwirksam war oder umgekehrt) oder, wenn notwendig, eine ganz andere Medikamentengruppe.

Kann mein Kind an Wochenenden weniger oder bei besonderen Anlässen mehr Medikamente einnehmen? Eltern machen sich häufig Sorgen darüber, dass das Stimulans beständig eingenommen werden muss, um seine volle Wirkung zu erzielen. Das stimmt nicht. Die meisten Familien geben ihren Kindern keine Anregungsmittel, wenn es keine klaren Leistungsanforderungen gibt oder wenn ihr Verhalten keine Probleme macht. Wochenenden, Ferien und die Sommermonate bedeuten oft eine Pause in der Medikation. Ich habe festgestellt, dass die Abnahme der Besuche auf meiner Web Site, www.docdiller.com mit einem Rückgang des Verkaufs von Ritalin im Juni in den USA zusammenfällt. (Das ändert sich wieder auf das gewohnte Maß im September, mit Beginn der Schule.) Es besteht keine Gefahr, wenn Kinder – geplant – ihre Medikamente nicht nehmen. Sie können dann einfach nicht so gut fokussieren oder sich konzentrieren. Ich habe kein Problem mit Familien, die ihren Kindern eine »Pillenpause« gewähren möchten. Warum sollten Kinder jeden Tag eine Tablette schlucken, wenn es nicht notwendig ist?

Sollte ein Kind, das normalerweise nur an Schultagen Stimulanzien nimmt, bei einem besonderen Ereignis, wie die Einladung zu einer Hochzeit oder Lernen für eine Prüfung am Sonntagnachmittag, eine Extra-Dosis erhalten? Es besteht kein Risiko eines physischen Schadens bei solch einem gelegentlichen Gebrauch, aber ich bin vorsichtig, was das wachsende Risiko des Kindes – oder, genauer gesagt, das Risiko der Eltern – von psychischer Abhängigkeit (»Ich brauche/Er braucht die Pille, um erfolgreich zu sein«) betrifft. Dennoch kann ich verstehen, warum eine Familie sich unter solchen Umständen zur Einnahme eines Medikaments entschließt. Mehr Sorgen bereitet der ältere Schüler, der die Tablette nur nimmt, wenn er eine Nacht durchbüffeln muss. Ich unterstütze solch einen Gebrauch nicht, weil ich glaube, dass er einen unverantwortlichen Lebensstil toleriert und fördert.

Was ist mit Drogenmissbrauch? Vielleicht die größte lauernde Angst der Eltern gegenüber Stimulanzien ist die Frage der Drogenabhängigkeit, weil man fast alle anregenden Medikamente einnehmen kann, um high zu werden. (In der Tat sind Anregungsmittel nicht in kinderfreundlichen Suspensionen erhältlich wegen der Sorge, dass Abhängige eine flüssige Form der Droge sich injizieren könnten. Es ist unwahrscheinlich, dass die pharmazeutische Industrie jemals die Möglichkeit negativer Werbung, die einen solchen Missbrauch begleiten würde, riskieren würde.) Ich mache mir jedoch wenig Gedanken über den Missbrauch von Anregungsmitteln bei Kindern im vorpubertären Alter. Es gibt keine Berichte oder Klagen, dass sie nach einer oral eingenommenen Dosis high oder nach Einnahme zu hoher Dosen nervös und zappelig wurden. Auch ist es für die Eltern leicht, den Zugriff zu den Medikamenten zu kontrollieren. Kein vorpubertäres Kind hat, soweit ich weiß, je Ritalin missbraucht.

Bei Teenagern ist das ganz anders. Eine Studie behauptet, dass Stimulanzien, die in der Kindheit verabreicht wurden, das Risiko erhöhen, als Teenager drogenabhängig zu werden, im Vergleich zu Kindern, die keine Anregungsmittel erhalten haben. Die Kinder, die untersucht wurden, waren jedoch nicht zufällig den Gruppen mit oder ohne Medikament zugeordnet worden. Es ist möglich, das die Kinder, die Tabletten bekamen, von Anfang an stärkere Verhaltensprobleme hatten und daher ohnehin anfälliger waren für den Missbrauch. Mich tröstet allerdings auch nicht eine andere Studie, die besagt, dass Teenager, die Anregungsmittel vom Arzt verschrieben bekommen, ironischerweise irgendwie »geschützt« seien vor der Einnahme illegaler Drogen. Wieder hatte ich das Gefühl, dass die Kinder und Familien, die bereit waren, Medikamente zuzulassen, eine andere Art Gruppe darstellten als die, die sich dagegen entschieden.

Im Allgemeinen bin ich der Auffassung, dass das Risiko der Abhängigkeit, wenn Anregungsmittel, die vom Arzt verschrieben wurden und wie angeordnet eingenommen werden (oral, nicht schnüffelnd) wirklich sehr gering ist. Ich glaube, dass Kinder mit schwerwiegenden Problemen, denen schließlich Medikamente verordnet werden, aufgrund ihrer eigenen Persönlichkeit und Lebensweise eher dazu neigen, Drogen, Alkohol und Zigaretten auszuprobieren und zu missbrauchen. Wenn Stimulanzien eine »vor-sensibilisierende« Wirkung in Richtung eines späteren Drogenmissbrauchs haben sollten, ist diese meiner Meinung nach recht begrenzt. Ich bin überzeugt, dass positive Familienbeziehungen auf lange Sicht das Element sind, das am wirkungsvollsten gegen Drogenmissbrauch schützen kann. Davon abgesehen sind die Berichte über ansteigenden Missbrauch von rezeptpflichtigen Anregungsmitteln in den Highschools und auf dem Campus der Colleges alarmierend; ebenso wie Berichte in den Medien über Kinder, die Ritalin-abhängig wurden. Bevor Teenager ein Anregungsmittel verschrieben bekommen, sollten sie auf Drogenprobleme in der eigenen und in der Familiengeschichte und auf ihr generelles Verantwortungsgefühl überprüft werden. Diejenigen mit sehr unberechenbarem Verhalten sind vielleicht einfach keine Kandidaten für diese spezielle Medikamentengruppe.

Wenn ich Jugendlichen Stimulanzien verordne, ermahne ich die Eltern, dass diese Medikamente nicht von der Art sind, die man auf dem Küchentisch liegen lassen kann. Ich bin der festen Überzeugung, dass selbst die reifsten Teenager keinen freien Zugriff auf die Tabletten haben sollten. Auch wenn sie selbst vielleicht die Präparate nicht missbrauchen würden, könnten sie von Mitschülern unter Druck gesetzt werden, sie ihnen zu überlassen oder zu verkaufen.

Lösen Stimulanzien das Problem? Obwohl ich kein ungutes Gefühl dabei habe, Stimulanzien zu verschreiben, vorausgesetzt, die Familie und die Schule tragen ihren Teil dazu bei, bin ich nicht überzeugt davon, dass sie zu einer langfristigen Verbesserung des Zustandes führen. Die wenigen Studien, die Kinder, die Anregungsmittel einnahmen, über die Pubertät hinaus begleiteten, zeigen *nicht,* dass von diesen Jugendlichen weniger von der Schule abgegangen oder mit dem Gesetz in Konflikt geraten sind. Eine Langzeitstudie mit Ritalin ergab, dass – obwohl die Tabletten halfen –, die Familienberatung und die Sondererziehung wichtiger waren. So wie die Untersuchungen über Drogenmissbrauch ist jedoch auch diese Studie kritisiert worden, weil sie die Familien für die eine oder andere Behandlungsweise nicht zufällig ausgesucht hat. Mit anderen Worten, es ist gut möglich, dass sich bereits die Familien, die sich für eine Familienberatung entschieden haben, von denen, die nur Medikamente wollten, unterscheiden.

Ein gegenteiliges Resultat erbrachte allerdings die neueste Langzeitstudie (die ungefähr vierzehn Monate dauerte) gemäß einigen dramatischen Meldungen in Fachzeitschriften sowie der allgemeinen Presse: dass sich die Symptome durch Medikamente verringerten. In der Studie Multimodal Treatment for ADHD (MTA) mit gut sechshundert Kindern hatten psychosoziale Maßnahmen allein keine so große Wirkung wie Medikation allein. Dennoch, mit mehr Zeit und mehr Analyse scheint selbst diese Studie anzudeuten, dass für viele Probleme, die mit ADHS-Symptomen einhergehen, wie z. B. Lernschwächen, Oppositionsverhalten und Ängstlichkeit, verhaltenstherapeutische Maßnahmen wichtig sind. Die meisten führenden Forscher haben aber ein ungutes Gefühl bei der Empfehlung: »ausschließlich Stimulanzien«.

Prozac und Co:
Selektive Serotonin-Wiederaufnahmehemmer (SSRIs)

Ein kurze Geschichte der Serotonin-Wiederaufnahmehemmer. Mehr als jedes andere Medikament ist Prozac (in Deutschland Fluctin, vgl. S. 252 ff.) verantwortlich für die Revolutionierung der amerikanischen Psychiatrie sowie das Bild in der Öffentlichkeit von Verhalten und Persönlichkeit. Eli Lilly brachte Prozac 1988 auf den Markt; nach Jahren systematischer Forschung nach Substanzen, die den Ausstoß von Serotonin im Gehirn beeinflussen könnten, wurde ein Neurotransmitter als möglicher Mediator (Überträgerstoff) bei Depressionen erkannt. Schließlich entdeckten die Wissenschaftler Fluoxetin, den generischen Namen für Prozac, das selektiv die Menge an Serotonin erhöht, die für die Nervenzellen zur Verfügung steht. Heute ist Prozac lediglich eines von vielen Mitteln, einschließlich der beliebten Medikamente Paxil (Seroxat) und Zoloft, in der Gruppe der Selektiven Serotonin-Wiederaufnahmehemmer oder SSRIs.

Präparate zur Behandlung von Depressionen hatte es bereits Jahrzehnte zuvor gegeben, bevor Prozac den Markt stürmte, aber die Nebenwirkungen, einschließlich der Sedierung, konnten so unangenehm sein, dass Ärzte und Patienten nur in sehr schweren Fällen auf sie zurückgriffen. Selbst dann wurden die älteren Antidepressiva mit extremer Vorsicht verabreicht, weil sie in größeren Mengen tödlich sein konnten und zu einem der meist gebrauchten Mittel zum Selbstmord bei stark Depressiven wurden. Doch Prozac schien bei früheren Tests ziemlich unbedenklich zu sein. Es wurde attraktiv nicht nur für Menschen, die den Diagnosekriterien des DSM für Depressionen entsprachen, sondern auch für die »Leichtverwundeten«, die nur bedrückt und melancholisch waren. Trotz der Meldungen über durchaus auch ernsthafter Nebenwirkungen werden die Präparate außer bei Depressionen bei zahlreichen anderern Problemen verabreicht: bei Zwanghaftigkeit, Ängsten und Panikattacken, bei Platzangst, Bulimie und posttraumatischen Belastungsstörungen, um nur einige zu nennen. Die mittlerweile breite Erfahrung mit den Tabletten – etwa jeder zehnte Amerikaner hat einen Serotonin-Wiederaufnahmehemmer ausprobiert – hat eine gewisse Akzeptanz für biochemische Erklärungen von Stimmungsschwankungen sowie den Einsatz von biochemischen Mitteln, um sie zu korrigieren, herbeigeführt.

Sind SSRIs wirksam bei Kindern? Bei Erwachsenen ist einer der Gründe für den Erfolg durch SSRIs, dass sie eine nicht-spezifische Wirkung auf die Stimmung haben – sie scheinen die Empfindlichkeit gegenüber emotionalen Verletzungen und bei Schmerzen zu verringern. Während die stimmungsaufhellenden Eigenschaften der SSRIs recht hilfreich sind bei depressiven Patienten, ist ein weiterer Effekt des Medikaments erhöhte Widerstandskraft gegenüber Situationen, unter denen Erwachsene emotional leiden.

Es ist jedoch viel zu früh, um daraus zu schließen, dass diese Wirkungen bei Kindern die gleichen sind wie bei Erwachsenen. Von den SSRIs haben sich nur zwei – Paxil und Luvox (Seroxat, Tagonis; Fevarin) – bei den klinischen Tests, die von der FDA gefordert werden, bei den Symptomen der Zwanghaftigkeit im Kindesalter als wirksam erwiesen. Bisher hat kein anderes SSRI die Zulassung durch die FDA zur Anwendung bei Kindern erhalten;

zudem sind weder Paxil noch Luvox für die Behandlung von Kindern außer bei Zwanghaftigkeit genehmigt worden. Zu diesem Zeitpunkt haben nur sieben oder acht kontrollierte, systematische Studien die Wirkung bei Kindern beobachtet, und nur eine davon über die Länge eines Jahres. Eine unkontrollierte Studie (die die Möglichkeit eines erheblichen Placebo-Effekts offen lässt) belegte positive Effekte von Prozac bei reizbaren Kindern, wahrscheinlich weil es ihre Empfindlichkeit minderte. Obwohl ich im Allgemeinen in meiner Praxis SSRIs nicht bei kleineren Kindern benutze, behandele ich eine Reihe Teenager, die diese Tabletten nehmen. Sie haben sich dafür entschieden, weil sie meinen, dass die Medikation für sie hilfreich ist. Sie sprechen jedoch nicht von so dramatischen Veränderungen, wie Erwachsene sie über SSRIs berichten.

Trotz des Mangels an echten Beweisen hat bereits eine geschätzte Zahl von 1,5 Millionen Kindern unter achtzehn Jahren SSRIs erhalten. Die Mehrheit dieser Kinder sind Jugendliche, besonders Mädchen, aber es haben auch schon Kinder im frühen Alter von zwei Jahren Prozac eingenommen. Nicht nur ich allein mache mir Sorgen, weil diese gegenwärtige Vergabe von Tabletten an so viele Kinder nicht genügend von der Forschung abgesichert ist.

Nebenwirkungen und Sicherheit. Anders als Stimulanzien, die den Blutkreislauf nach einigen Stunden wieder verlassen, kann es einen oder zwei Monate dauern, bis der Körper ein SSRI vollständig ausgeschieden hat. Beachten Sie dies, wenn Sie an die möglichen Nebenwirkungen denken, weil eine unangenehme Reaktion eine ganze Weile anhalten könnte.

Von allen bekannten Nebenwirkungen sind Schlafstörungen die verbreitetsten. Sie verschwinden oftmals wenige Tage nach Einnahmebeginn; wenn nicht, kann der Arzt die Dosis verringern, sie auf den Tag verteilen oder ein anderes SSRI ausprobieren. Einige Ärzte fügen ein Schlafmittel hinzu oder ein Antihistamin wie Benadryl, aber ich versuche, wie ich bereits andeutete, mit der geringstmöglichen Medikation auszukommen. Paxil und Luvox sind weniger anregend und können eine Option sein für Patienten mit Schlafschwierigkeiten; einige Ärzte verschreiben sie sogar ängstlichen Kindern zur abendlichen Einnahme.

Diese mild anregende Eigenschaft der SSRIs hat gelegentlich eine stärkere Wirkung bei einzelnen Kindern. Der vierzehnjährige Patient Mark hatte Prozac seit einer Woche eingenommen, als er in meinem Wartezimmer gewalttätig wurde. Sein Vater und ich mussten ihn buchstäblich niederringen. Er war, bevor er die Tabletten eingenommen hatte, nie dermaßen außer Kontrolle geraten, und das Problem tauchte auch später, als ich sie absetzte, nie wieder auf. Eine andere Patientin, die zehnjährige Claire, überraschte mich, indem sie mit einem Dutzend ihrer Salamander, die sie als Haustiere hielt, in meine Praxis kam und die Tiere über ihren Pullover kriechen ließ. Während sie mit mir sprach, begann sie, Phantasiewarzen von den Salamandern abzuzupfen. Ich forderte sie schließlich auf, damit aufzuhören, weil ich dachte, sie würde die Tiere quälen. Sie hatte seit zwei Monaten Prozac genommen und sich nie zuvor so merkwürdig verhalten. Ich setzte das Medikament ab.

Es gibt ein geringes Risiko, dass ein SSRI den Stoffwechsel und die Wirkungsweise anderer Medikamente beeinflusst. SSRIs können die Konzentration anderer Antidepressiva im Blut erhöhen und theoretisch die Wirkung einiger Antihistamine aufheben. Wenn Ihr Kind ein SSRI einnimmt, sollten Sie mit dem Arzt über die Wechselwirkungen mit anderen Medikamenten sprechen.

Aus den Erfahrungen in meiner Praxis, »anekdotenhaften« Beweisen und der sehr begrenzten Forschung scheinen SSRIs im Allgemeinen von Kindern gut vertragen zu werden. Es ist jedoch nicht das Risiko der bekannten Nebenwirkungen, das mir Sorgen macht, sondern vielmehr das der unbekannten. Prozac und die anderen SSRIs gibt es erst seit vierzehn Jahren, und erst seit etwa fünf Jahren sind sie in großen Mengen Kindern verordnet worden. Wir wissen ganz einfach nicht, ob in Zukunft ernstzunehmende, schlimme Folgen auftauchen werden. Selbst heute schon gibt es einige seltene Berichte, die Prozac mit Spätdyskinesie in Verbindung bringen – unfreiwillige und ständige Muskelbewegungsprobleme, die in der Vergangenheit hauptsächlich mit stärkeren

Neuroleptika wie Thorazin oder Melleril (Propaphenin; Melleretten) in Verbindung gebracht wurden.

Eine weitere besorgniserregende, aber oft ignorierte Gefahr sind Auswirkungen auf die Sexualität. Etwa einer von drei Erwachsenen, die SSRIs nehmen, hat sexuelle Probleme, z. B. verminderte Orgasmusfähigkeit, Impotenz und verringerte Libido. Man sollte nicht meinen, dass diese Wirkungen ein Problem für Kinder, die nicht sexuell aktiv sind, darstellen könnten – aber sagen Sie das einem vierzehnjährigen Jungen, der Zoloft nimmt und in seiner Panik seinem Vater anvertraut, dass er nicht mehr ejakulieren oder einen Orgasmus bekommen kann, wenn er masturbiert. Niemand hat ihm mitgeteilt, dass dies eine verbreitete Nebenwirkung von SSRIs bei erwachsenen Männern ist.

Zudem ist mir unwohl bei dem Gedanken an die Langzeit-Effekte dieser Tabletten, die die Sexualität beeinflussen, auf das in der Entwicklung befindliche Gehirn kleinerer Kinder und Jugendlicher.

Wenn mein Kind einen Serotonin-Wiederaufnahmehemmer einnehmen soll, welcher wirkt am besten? Es gibt keine großen Unterschiede bei den SSRIs. Prozac ist das anregendste (möglicherweise hilfreich bei Depressionen), während Paxil und Luvox eine eher sedierende Wirkung haben, die bei Ängstlichkeit nützlich sein kann. Ihr Arzt hat vielleicht seine Präferenzen, und Familienmitglieder, die SSRIs ausprobiert haben, können ein spezifisches Präparat vorschlagen, abhängig von den eigenen Reaktionen.

Wie Stimulanzien haben auch SSRIs eine unterschiedliche Wirkungsdauer. Prozac kann bis zu einem Monat brauchen, um ein beständiges Quantum des Wirkstoffs im Körper aufzubauen. Alle anderen SSRIs haben eine kürzere Aufbauzeit und halten ungefähr vierundzwanzig Stunden lang an. Wenn ein Kind oder ein Elternteil besonders besorgt ist wegen potenzieller Nebenwirkungen, verschreibe ich eher diese Präparate als Prozac. Wenn irgendwelche unerträglichen Nebenwirkungen auftreten, kann das Medikament vom Körper schneller ausgeschieden werden.

Eine weitere Überlegung ist die Form des Mittels. Prozac, Paxil und Celexa sind jetzt auch in flüssiger Darreichungsform erhältlich, was bei Kindern, die keine Tabletten schlucken können, nützlich ist, oder deren Eltern lieber eine Pipette benutzen, um die sehr genau dosierten und kleinen Mengen zu verabreichen.

Wann ist ein SSRI sinnvoll? Es wäre gewiss schön, mehr wissenschaftliche Daten über diese Medikamente zu haben. Besonders wichtig erscheine mir eine Studie, die eine Gruppe Kinder, die SSRIs nimmt, über die Pubertät hinaus begleitet, um festzustellen, ob die Medikation ihr Leben verändert hat oder ob irgendwelche schwerwiegenden Nebenwirkungen aufgetreten sind. Doch eine solche Studie durchzuführen und durchzuhalten ist schwierig, also warte ich nicht darauf. Sollte man also vorläufig SSRIs vermeiden, wenn ein Kind leidet?

Meine gegenwärtige Strategie ist das genaue Abwägen der Vor- und Nachteile. Da es viel weniger Beweise für die Wirksamkeit und Sicherheit von SSRIs gibt im Vergleich zu Stimulanzien, muss ein bedeutend höheres Ausmaß an Gefährdung oder Behinderung vorliegen, um die Unsicherheiten aufzuwiegen. Selbstmordandrohungen oder der tatsächliche Versuch, besonders bei Teenagern, veranlassen mich häufig dazu, eine Medikation zu Beginn der Behandlung anzubieten. Die Weigerung, zur Schule zu gehen oder das Haus zu verlassen, gefährdet das Leben eines Kindes ernsthaft und kann somit eine medikamentöse Behandlung rechtfertigen. (Obwohl eine frühe Studie keinen Nutzen der SSRIs für diese spezifischen Probleme aufzeigen konnte, würde ich vielleicht eines anwenden, in der Hoffnung, dass das Medikament die Stimmung oder die Widerstandsfähigkeit des Kindes verbessern könnte.)

Wenn ein sechzehnjähriges Mädchen mit mehreren Anzeichen einer Depression darüber spricht, sich das Leben zu nehmen, biete ich sicherlich ein SSRI an. Wenn aber die Angst vor Spinnen ein siebenjähriges Mädchen davon abhält, auf den Spielplatz zu gehen, würde ich mich vehement dafür einsetzen, mit ihm und seinen Eltern zu arbeiten, bevor ich eins dieser Medikamente verschreibe. Ich würde auch SSRIs in Erwägung ziehen für Kinder mit ernsthaften Kontaktstörungen, bei denen man glaubt, dass die Wutanfälle oder seltsamen Handlungen mit Ängstlichkeit zusammenhängen. Aber wie gesagt, die Beweise für die Wirksamkeit dieser Medikamente sind schwach. Zum Leidwesen von anderthalb Millionen Kindern, die zurzeit SSRIs in Amerika bekommen, sind *diese selbst* das Experiment, auf dessen Ergebnisse ich voller Besorgnis warte.

Andere pharmazeutische Optionen

Neuroleptika

Warum sie verordnet werden. Die neuroleptischen Medikamente, so genannt, weil sie ursprünglich bei Anzeichen von Schizophrenie getestet wurden, werden bei extrem schwierigen Verhaltensproblemen verabreicht, besonders bei Kindern, die als »bipolar« eingestuft werden. Diese Tabletten werden angewandt, um Ängstlichkeit und Erregung, aggressives Verhalten und die Symptome von Psychosen (einschließlich Seh- und Hör-Halluzinationen und Denkstörungen) zu vermindern. Einige werden auch eingesetzt, um unfreiwillige Tics zu reduzieren.

Wirksamkeit bei Kindern. Einige Kurzzeitstudien behaupten zu beweisen, dass Neuroleptika Aggressivität bei hospitalisierten Jugendlichen mildern könnten, und vor kurzem las man in einem Zeitschriftenartikel, dass geringere Dosen eines Neuroleptikums, Risperdal, aggressives Verhalten bei autistischen und geistig zurückgebliebenen vorpubertären Kindern verbesserten. Doch keine dieser Studien dauerte länger als ein paar Wochen und keine war doppelblind mit Placebo-Kontrolle. Es *gibt* jedoch starke Hinweise, dass niedrige Dosen einiger Neuroleptika, einschließlich Haldol, die Häufigkeit von Tics verringern.

Nebenwirkungen. Schwere Nebenwirkungen voller Langzeitimplikationen lässt die Neuroleptika zu einer Art Pakt mit dem Teufel werden. Sedierung ist eine Nebenwirkung, die allen neuroleptischen Mitteln gemeinsam ist, ebenso wie erhöhter Appetit und beträchtliche Gewichtszunahme. (Der Chef-Kinderpsychiater beim Langley Porter, dem psychiatrischen Krankenhaus der University of California–San Francisco, hat die Gewichtszunahme einiger Kinder als »Pickwickian« beschrieben, ein Ausdruck von Charles Dickens, mit dem er Menschen beschreibt, die so übergewichtig sind, dass sie kurzatmig werden. Ich bin nicht sicher, ob die Kinder ganz so fettleibig waren, aber sie litten unter körperlichen Veränderungen.) Muskelspannungen und Krämpfe, ein erhöhtes Unruhegefühl und ein Parkinson-ähnlicher Zustand, mit Zittern, allgemeiner Langsamkeit und Mimikarmut sind nicht ungewöhnlich bei Langzeitgebrauch. Die älteren Versionen der Neuroleptika können gleichfalls zu Mundtrockenheit, verschwommenem Blick, Verstopfung und erhöhter Herzfrequenz (ohne ersichtliche Bedrohung) führen. Je nachdem, um welche Nebenwirkungen es sich handelt, können Änderungen bei der Dosierung und des Zeitplanes oder Wechsel zu einem anderen Medikament die Probleme reduzieren. Manchmal wird entweder Benadryl oder Cogentin (Amantadin) zusammen mit einem neuroleptischen Mittel verschrieben, um die Wahrscheinlichkeit solcher Nebenwirkungen zu verringern.

Zwei Komplikationen bei den Neuroleptika sind besonders gefürchtet: Die erste, das neuroleptisch maligne Syndrom, bei dem der Patient Muskelkrämpfe, Verwirrung und hohes Fieber bekommt, macht eine sofortige Hospitalisierung obligatorisch. Bei dieser sehr seltenen Krankheit kann es zu ernsthaften, sogar tödlichen Nierenschäden kommen. Die andere, eine permanente Muskelbewegungsstörung (Spätdyskinesie), ist heimtückisch und sehr viel verbreiteter. Für gewöhnlich sind die ersten Anzeichen unfreiwillige Gesichtsbewegungen wie Lippenschmatzen, Zungenrollen, Augenblinzeln und Grimassen. Mit der Zeit können größere Muskelgruppen des Rumpfes und der Glieder betroffen sein. Manchmal verschwinden sie, wenn das Mittel abgesetzt wird, aber nicht immer. Diese Nebenwirkung tritt häufiger auf, wenn ein Kind eine höhere Dosierung bekommt oder wenn das Medikament über einen längeren Zeitraum verschrieben wird. (Seltsamerweise verursachen Neuroleptika wie Haldol, wenn sie eingesetzt werden, um Tics zu *behandeln*, sehr selten zusätzliche unfreiwillige Bewegungen.)

Wahl eines Neuroleptikums. Die meisten Ärzte verschreiben heute, wenn sie die Wahl haben, die neuere Generation der Neuroleptika, wozu Markenpräparate wie Risperdal und Zyprexa (vgl. S. 252 ff.) gehören. Diese Medikamente, die so genannten neuartigen oder atypischen Neuroleptika, werden auf kurze Sicht angeblich besser vertragen und sollen weniger Fälle von Spätdyskinesie (unerwünschten Bewegungen) verursachen. Zur Zeit muss man befürchten, dass sie weniger bekannte Nebenwirkungen haben, aus dem einfachen Grund, weil sie noch nicht so gründlich untersucht worden sind wie die älteren.

Die alten Marken wie Melleril und Haldol (Melleretten, Haldol-Janssen) werden gelegentlich noch verabreicht, besonders in Staats- und Bezirkskrankenhäusern der USA, wo der niedrige Preis ein entscheidender Faktor ist. Haldol wird vor allem als Mittel zweiter Wahl bei Tics verschrieben.

Wann sind Neuroleptika sinnvoll? Ich bin äußerst vorsichtig, was die wachsende Akzeptanz von Neuroleptika im Kindesalter betrifft. Mehr als 200 000 Kinder erhalten neuroleptische Medikamente, in den meisten Fällen eher um auffälliges Verhalten in den Griff zu bekommen als um Halluzinationen oder andere Symptome einer ernsthaften Psychose zu behandeln. Diese explosive Zunahme von Verschreibungen hängt teilweise mit den angeblich besseren und sichereren neuen Tabletten zusammen (ebenso wie mit der beliebten, aber kontroversen Diagnose einer bipolaren Störung, auf die ich an anderer Stelle in diesem Buch noch eingehe). Ich empfehle dennoch, die »fünf-Jahres-Regel« für Psychopharmaka zu beherzigen; wer weiß, was herauskommt, wenn es mehr Berichte über diese Medikamente gibt? Neuroleptika, wie Antikonvulsiva und Lithium, sind extreme und potentiell gefährliche Mittel für Kinder, die in einer verzweifelten und bedrohlichen Notlage sind.

Wenn Neuroleptika ein paar Wochen lang eingenommen werden, um eine Krise zu überwinden, sind Genesung und Hoffnung einkalkulierbar. Aber für Kinder, die diese Medikamente über Monate und Jahre nehmen, ist die Zukunft düster. Viele dieser

Kinder haben Erfahrung mit Institutionen (Pflegefamilien, Wohngemeinschaften, psychiatrische Kliniken und Sonderschulen). Viele von ihnen kommen aus Verhältnissen mit einem alleinerziehenden Elternteil, ganz ohne Eltern oder aus zerrütteten Familien; oftmals haben sie Armut, Missbrauch, Rassismus und elterlichen Drogenmissbrauch kennen gelernt. In vielen Fällen sind sie mit verletzlichen und schwierigen Persönlichkeitsstrukturen, Lernschwächen oder geistiger Behinderung zur Welt gekommen. Beinahe alle diese Kinder sind Geschädigte und Opfer. Sie hätten ihr Schicksal nur vermeiden können mit einem nahezu unmöglich zu schaffenden Umfeld mit stabilen Eltern und sensationell guten Schulen. Die meisten werden ihr ganzes Leben hindurch ernsthafte Probleme haben, es sei denn, sie haben soviel Glück, eine Umgebung zu finden, die ihren ausgesprochen großen Bedürfnissen entspricht.

Antikonvulsiva

Warum sie verordnet werden. Wie ihr Name andeutet, wurden die Antikonvulsiva zunächst entwickelt und getestet, um Krämpfe und Epilepsie zu behandeln. Als Psychopharmaka werden sie verschrieben, um zornigem und oppositionellem Verhalten »die Spitze zu nehmen«, besonders bei der schweren Variante, die als »bipolare Störung« kategorisiert wird.

Wirksamkeit bei Kindern. Studien über die Wirksamkeit und Sicherheit dieser Tabletten bei Kindern mit psychischen Problemen sind minimal bis nicht existent. Zurzeit entwickelt sich ein Konsens unter Ärzten, dass die neueren neuroleptischen Medikamente bei den gleichen Problemen besser wirken. Nichtsdestoweniger werden Antikonvulsiva regelmäßig eingesetzt, wenn andere psychoaktive Medikamente keine Wirkung hatten; heute nehmen Hunderttausende von Kindern Antikonvulsiva bei emotionalen Problemen oder Verhaltensauffälligkeiten, gewöhnlich in Kombination mit anderen Psychopharmaka.

Nebenwirkungen. Wenn von Ihren Großeltern oder unter älteren Verwandten eine Person Antikonvulsiva gegen Epilepsie nahm, erinnern Sie sich vielleicht an die äußerst sedierenden Eigenschaften dieser Tabletten. Sie sollten wissen, dass in den vergangenen Jahrzehnten Präparate eingeführt wurden, die sehr viel weniger Sedierung verursachen (und weniger andere Nebenwirkungen haben) als die alten Mittel aus den vergangenen Jahrzehnten. Allerdings können alle Antikonvulsiva, egal wie neu, Schläfrigkeit und verminderte mentale Klarheit verursachen; sie wirken, indem sie Gehirnaktivität unterdrücken. Alle erwachsenen Patienten oder Freunde, die zurzeit ein Antikonvulsivum gegen Krämpfe einnehmen, haben mir erzählt, dass sie es vorziehen würden, das Medikament abzusetzen, wenn dies möglich wäre – die Sedierung und die subtilen Auswirkungen auf die Wahrnehmung sind ziemlich beunruhigend. Kinder, die sie einnehmen, können mitten im Schultag einschlafen, neue Schwierigkeiten mit den Schulaufgaben bekommen oder beschließen, zu Hause ein Nickerchen zu halten, anstatt zu spielen.

Andere Nebenwirkungen variieren, je nachdem, welche Tablette genommen wird; eine detailliertere Liste der Antikonvulsiva finden Sie am Ende dieses Buches. Depakote, das beliebteste Antikonvulsivum bei Verhaltensproblemen, kann zu Schwindel sowie zu Gewichtszu- oder -abnahme führen. Schwerwiegendere Nebenwirkungen beinhalten eine Reduzierung der weißen Blutkörperchen, was, wenn nicht rechtzeitig etwas unternommen wird, zu tödlicher Leukämie oder aplastischer Anämie und Infektionen führen kann. Die Medikation kann auch Hepatitis verursachen, obwohl diese Entzündung der Leber reversibel zu sein scheint, wenn die Tablette abgesetzt wird. Als Vorsichtsmaßnahme gegen diese beiden Möglichkeiten braucht ihr Kind Bluttests, bevor es dieses Medikament einnehmen darf, und dann alle sechs Monate während der Einnahme. Zysten im Eierstock und polyzystische Eierstöcke bei jungen Frauen, die dieses Medikament gegen Krämpfe nehmen, sind vorgekommen. Kürzlich wurde der Hersteller von Depakote von der FDA gezwungen, einen Brief an Ärzte zu schreiben, um diese auf Berichte über akute hämorrhagische Pankreatitis (eine schwere gastrointestinale Krankheit, die manchmal tödlich verläuft) in Zusammenhang mit dem Medikament hinzuweisen.

Wegen der potentiell tödlichen Komplikationen von Depakote sowie einer wachsenden Skepsis bei Ärzten hinsichtlich ihrer Wirksamkeit bei der Behandlung von kindlichen Verhaltensproblemen wählen jetzt viele Ärzte stattdessen Neurontin. Es ist neuer als Depakote, verursacht Schwindel, aber offenbar ist die Sedierung geringer. Bisher werden noch keine Bluttests von Kindern gefordert, die Neurontin nehmen, noch ist von tödlichen Nebenwirkungen bei Kindern berichtet worden. Denken Sie aber daran, dass dieses Profil geringer Nebenwirkungen einfach den Mangel an Erfahrung mit dem Medikament reflektieren könnte. Es sind keine Langzeitstudien durchgeführt worden, die Ärzten und Eltern Auskunft geben, ob irgendwelche Nebenwirkungen, vergleichbar denen von Depakote und anderen Antikonvulsiva, auftreten könnten.

Wann sind Antikonvulsiva sinnvoll? Ich verschreibe kaum Antikonvulsiva; ebenso wie Neuroleptika behalte ich sie extremen Situationen vor. Wenn ich diese Tabletten in Betracht ziehe, stehen die Eltern und ich für gewöhnlich gleichzeitig anderen schwierigen Fragen gegenüber: Sollte das Kind in eine Sonderklasse gegeben werden? Kann das Kind zu Hause wohnen oder ist ein spezielles Internat besser? Drohen physische Schäden, entweder beim Kind oder bei anderen? Sollten die Eltern überlegen, sich zu trennen, aufgrund von andauernden und schweren Eheproblemen?

Lithium

Warum es verordnet wird. In den 1950ern erwies sich Lithium als hilfreich bei der Behandlung und Prävention von Anfällen manisch-depressiver Störungen bei Erwachsenen. Mehrere ausgezeichnete Kurz- und Langzeitstudien *bei Erwachsenen* stellten fest, dass in den meisten Fällen die positiven Wirkungen von Lithium, von einigen Ausnahmen abgesehen, überwogen. Die Wirksamkeit von Lithium ist in den letzten Jahren in Frage gestellt gestellt worden, doch das kann an der immer weiter gefassten Gruppe von Patienten liegen, die als Kandidaten hierfür in Betracht kommen. Obwohl Lithium nicht so beliebt ist wie die Antikonvulsiva oder

Antiopsychotika, wird es zunehmend als Mittel der Wahl für sehr schwierige Kinder erwogen.

Wirksamkeit. Trotz der starken Beweise für Lithium bei Erwachsenen gibt es keine Studien, die seine Wirksamkeit bei kindlichen Verhaltensproblemen belegen.

Nebenwirkungen. Lithium ist für Kinder kein einfaches Medikament, und es erfordert von Eltern und Ärzten einen gewissen Einsatz, es erfolgreich zu verwenden. Nebenwirkungen sind zahlreich und ziemlich verbreitet, wie z. B. Übelkeit, Erbrechen, Bauchschmerzen, Zittern, Sedierung, vermehrter Harndrang und Durst. Die Nierenfunktion kann beeinträchtigt und geschädigt werden, folglich müssen Kinder, die Lithium einnehmen, häufig Wasser trinken; wenn sie eine Magengrippe bekommen, müssen sie auf Austrocknung überwacht werden. Die Langzeiteinnahme von Lithium kann auch eine Schilddrüsenunterfunktion hervorrufen. Kinder, die das Medikament nehmen, müssen Blutproben abgeben, bevor sie mit der Einnahme beginnen, und danach alle sechs Monate. Heftige Akne-Ausbrüche während der Einnahme von Lithium halten insbesondere Teenager davon ab, es weiterhin zu nehmen.

Da Lithium mit anderen Medikamenten interagieren kann, darunter einige rezeptfreie Mittel gegen Entzündungen wie Advil, müssen Sie sich mit dem Arzt besprechen, bevor sie Ihrem Kind ein anderes Medikament verabreichen. Ironischerweise wird Lithium gerade Kindern selten allein verschrieben; die meisten Kinder nehmen mindestens auch ein anderes Psychopharmakon.

Wann ist Lithium sinnvoll? Lithium ist kein unbedenkliches, ja sogar potentiell gefährliches Mittel. Es sollte nicht leichtfertig in Erwägung gezogen werden. Ich denke, dass eine Verabreichung für die gleichen Situationen reserviert werden sollte, die auch für die Neuroleptika gelten (wie oben dargelegt).

Trizyklische Antidepressiva

Warum sie verordnet werden. Diese Medikamente schließen Imipramin, Sesipramin, Nortriptylin, Elavil und Anafranil (in D. Tofranil; Nortrilen; Amineurin; vgl. S. 252 ff.) ein. Trizyklische Antidepressiva erwiesen sich zunächst in den 1950ern als wertvoll bei der Behandlung von Depressionen bei Erwachsenen, und sie gehören zu den ältesten psychotropen Wirkstoffen, die noch heute von Ärzten verschrieben werden. Obgleich sich herausstellte, dass sie unwirksam waren bei depressiven Symptomen im Kindesalter, werden sie heute als zweites oder drittes Mittel bei kindlichen Angstkrankheiten gegeben, wenn andere Medikamente nicht geholfen haben. Sie können auch bei besonders auffälligem Verhalten erwogen werden, wenn Stimulanzien keinen Erfolg hatten.

Wirksamkeit. Wie ich bereits erwähnte, sind die trizyklischen Antidepressiva vor Jahrzehnten für die Behandlung von Depressionen im Kindesalter untersucht und für unwirksam befunden worden. Durch die Ausweitung des Begriffes »Depression« im Kindesalter, wie man ihn heute versteht, wie auch eine generelle Offenheit gegenüber aggressiverer Verabreichung von Psychodrogen bei Kindern erleben die trizyklischen Antidepressiva so etwas wie ein Comeback, gewöhnlich bei Symptomen, die mehr in Richtung Ängstlichkeit als Depression gehen.

Nebenwirkungen. Die Nebenwirkungen machen die Einnahme für viele Kinder schwierig. Stellen Sie sich die Schläfrigkeit und die Mundtrockenheit vor, die rezeptfreie Präparate verursachen; multiplizieren Sie dies mit zehn und Sie haben eine ungefähre Vorstellung von den Nebenwirkungen der trizyklischen Antidepressiva. Verschwommener Blick und Verstopfung sind weitere verbreitete Symptome. Es gibt keine klaren Langzeitnebenwirkungen, aber das plötzliche Absetzen des Medikaments (im Gegensatz zum allmählichen Aufhören) kann eine leichte Entzugsreaktion mit Kopfschmerzen, Bauchschmerzen, Erbrechen und Durchfall hervorrufen. Wenn das Risiko besteht, dass ein Kind oder ein anderes Familienmitglied absichtlich eine Überdosis nimmt, stellen trizyklische Antidepressiva eine sehr gefährliche Option dar, weil sie in großen Mengen ein absolut sicheres Mittel für Selbstmord sind.

In den 1990ern wurde sehr intensiv für trizyklische Antidepressiva als zweite Medikation bei der Behandlung von ADHS-Symptomen geworben, doch der plötzliche Tod mehrerer Kinder, die sie einnahmen, ließ diesen Trend rasch an Attraktivität verlieren. Keines der Kinder hatte eine Überdosis dieses Medikaments genommen; einige von ihnen hatten kurz vor dem plötzlichen Kollaps und Tod oder in diesem Moment gerade Sport getrieben. Heute wird empfohlen, dass man bei Kindern ein Elektrokardiogramm (EKG) erstellt, bevor sie trizyklische Antidepressiva nehmen, um unentdeckte angeborene Anomalien in ihrem Herzrhythmus auszuschließen. Oftmals wird ein weiteres EKG gemacht, wenn die optimale Dosis eingestellt worden ist, um sicher zu gehen, dass es im Herzrhythmus keine wichtige Veränderung gegeben hat. Es ist jedoch keineswegs klar, ob das Überprüfen einer Neigung zu Herzproblemen oder eine Überwachung der Herzfrequenz auf irgendeine Weise die Kinder, die dieses Medikament nehmen, schützt vor einer zwar seltenen, aber dafür um so katastrophaleren Nebenwirkung.

Welches trizyklische Antidepressivum ist das beste? Trizyklische Antidepressiva gibt es in einer Vielzahl von Präparaten; häufig ist der ausschlaggebende Faktor, welches Mittel gewählt wird, das Ausmaß seiner sedierenden Wirkung. Wenn es angebracht ist, den Schlaf am Abend zu fördern, sollte eine stärker sedierende Tablette wie Elavil oder Anafranil gegeben werden. Wenn eine Sedierung möglichst vermieden werden sollte, wird der Arzt vermutlich Desipramin verschreiben.

Wann sind trizyklische Antidepressiva sinnvoll? Wenn man bedenkt, dass trizyklische Antidepressiva erwiesenermaßen *nicht* nützlich sind bei depressiven Symptomen im Kindesalter, dazu die Berichte von Todesfällen, habe ich kein gutes Gefühl bei ihrer Verschreibung. Sie sollten nur in Betracht gezogen werden, wenn ein Kind in seinem Leben ernsthaft beeinträchtigt ist und wenn beides, verhaltenspsychologische Maßnahmen und andere Medikamente, erfolglos waren. Ich wäre außerordentlich besorgt, wenn man einem Teenager, der über Selbstmord spricht, ein trizyklisches Antidepressivum in die Hand gäbe.

Clonidin und Tenex: Antihypertensiva (Hypertonica)

Clonidin (auch bekannt unter dem Handelsnamen Catapres; in D. Catapresan) ist das beste Beispiel für ein Medikament, das bei weniger als einhundert Kindern für die Behandlung eines psychischen Problems systematisch getestet wurde, aber Hunderttausenden von Kindern in Amerika verschrieben wird. Clonidin, wie auch das ähnlich wirkende Medikament Tenex (Guanfacin; in D. Estulic-Wander), wird meist als beigeordnetes Mittel bei starken Verhaltensauffälligkeiten am späten Nachmittag/frühen Abend verordnet, wenn eine weitere Dosis stimulierender Mittel nicht gegeben werden kann, weil der Appetit beim Abendessen und der Schlaf beeinträchtigt würden. Clonidin und Tenex werden als Medikamente erster Wahl bei der Behandlung des Tourette-Syndroms verschrieben.

Wirksamkeit. Ich bin nicht sehr überzeugt von den Beweisen für die Wirkung dieser Tabletten in Hinblick auf Verhaltensprobleme. Sie rufen eine leichte Sedierung hervor, die in einigen Fällen am Nachmittag oder Abend hilfreich sein mag. Beim Tourette-Syndrom halte ich Clonidin und Tenex für vernünftige Mittel. Sie werden besser toleriert als das gegen Psychose verschriebene Haldol (auch angewandt bei dieser Krankheit), sind aber meiner Meinung nach nicht so wirksam.

Nebenwirkungen. Die stärkste Nebenwirkung von sowohl Clonidin als auch Tenex ist Sedierung, was es zu einer beliebten Wahl später am Tag macht, aber problematisch sein kann für den Ganztagsgebrauch. Wenn es zur Behandlung des Tourette-Syndroms genommen wird, bedeutet das Balancieren zwischen vollständigem Aufhören der Tics einerseits und Übersedierung andererseits, dass es häufig zum Ausbruch irgendwelcher Tics kommt.

Obwohl die Antihypertensiva (Hypertonica) ursprünglich zur Senkung und Kontrolle des Bluthochdrucks bei Erwachsenen entwickelt wurden, beeinflussen sie selten den Blutdruck bei der Dosierung, die Kindern bei Verhaltensproblemen gegeben wird. Jede Art von Schwindel und Schwäche, die auftaucht, sobald man abrupt aus liegender Position aufsteht (orthostatische Dysregulation) ist ein frühes Zeichen für zu viel Medikation. Eltern sollten wissen, dass weder Clonidin noch Tenex abrupt abgesetzt werden sollten aufgrund eines – in erster Linie theroretischen – Risikos des plötzlichen Blutdruckanstiegs, was zu Kopfschmerzen und der entfernten Möglichkeit eines Hirnschlags führen kann.

Mehrere Kinder sind gestorben, während sie Clonidin in Kombination mit anderen Psychopharmaka einnahmen, was die Sicherheit dieser Medikamentenkategorie bei der Behandlung von kindlichen Verhaltensproblemen in Frage stellt. Die Verbindung zwischen der Entwicklung von Herzrhythmusstörungen und der Einnahme von Clonidin oder Tenex ist noch spekulativ, obwohl Eltern sich der Möglichkeit bewusst sein sollten. Elektrokardiogramme vor und nach Einnahme der Tabletten sind empfehlenswert, um nach irgendwelchen Anzeichen für Gefahren zu forschen.

Atypische Antidepressiva

Die locker definierte Gruppe der Medikamente, die als »atypische Antidepressiva« gelten, wurde ursprünglich für die Behandlung von Depressionen bei Erwachsenen entwickelt und getestet. Heute werden sie breitgefächert bei einer ganzen Reihe von Problemen insbesondere bei Depressionen und Ängsten angewandt. Mit unterschiedlicher Häufigkeit werden sie bei Kindern eingesetzt, einmal mehr, einmal weniger, je nach dem Interesse der Forschung, der Unterstützung der Pharmahersteller und Berichten über Nebenwirkungen. Es gibt praktisch keine Untersuchungen über die Anwendung bei Kindern; die wenigen, die veröffentlicht worden sind, waren keine Doppelblindstudien.

Wellbutrin wird weitgehend als Mittel namens Zyban (vgl. S. 252 ff.) verschrieben und soll helfen, mit dem Rauchen aufzuhören. Unabhängig vom Namen soll das Medikament wahrscheinlich erhöhte Belastbarkeit und verringerte Empfindlichkeit fördern. Es verbessert ebenfalls Aufmerksamkeit und Fokussierung in begrenztem Maße, was es zur zweiten Wahl macht, wenn Stimulanzien versagt haben. Meine Erfahrung beim Verschreiben dieses Mittels lässt vermuten, dass es weder so wirksam wie die Prozac-Gruppe beim Behandeln depressiver Symptome ist noch so wirksam wie die Gruppe der Stimulanzien beim Behandeln der ADHS-Symptome. Dennoch, wenn ein Jugendlicher sowohl Anzeichen für Depressionen als auch Aufmerksamkeitsprobleme hat, kann Wellbutrin eine vernünftige Entscheidung sein. Es kann auch als Erstmittel probiert werden, wenn es Bedenken gibt, dass ein Teenager möglicherweise ein Stimulans missbraucht.

Nebenwirkungen bei Wellbutrin sind wenig bekannt, obwohl bei höherer Dosierung Reizbarkeit auftreten kann. Tägliche Dosen, die 450 mg überschreiten, erhöhen das Risiko einer Grandmal-Epilepsie.

Effexor (in D. Trevilor) ist ein neues Antidepressivum, das irgendwo zwischen der SSRI-Gruppe und den älteren trizyklischen Antidepressiva einzuordnen ist. Seine angebliche Wirkung auf die Bahnen der zwei Neurotransmitter (Serotonin und Noradrenalin) ist von seinem Hersteller als Fortschritt bei der Behandlung von Depressionen bejubelt worden. Ich kann mir nicht helfen, bei dieser Werbetaktik einen gewissen Zynismus nicht abstreiten zu können. Ich erinnere mich noch, wie die Pharmafirmen ihre Werbekampagne für Prozac und die anderen SSRIs bei den Ärzten starteten. Sie wurden als »saubere« Antidepressiva propagiert, weil sie sich nur auf *einen* Neurotransmitter auswirken, Serotonin, und daher weniger Nebenwirkungen als die älteren trizyklischen Antidepressiva hätten, die mehrere Bahnen beeinflussten. Zehn Jahre später werden die »schmutzigen« Wirkungen von Effexor *als Vorteil* hervorgehoben. The beat goes on ... Dennoch, Effexor hat einen begrenzten Platz bei den Psychopharmaka im Kindesalter, gewöhnlich als Mittel zweiter oder dritter Wahl bei Kindern, die Verhaltensauffälligkeiten zeigen und daneben als ängstlich oder depressiv gelten.

Trazadon (in D. Thombran) wurde ursprünglich als Antidepressivum entwickelt, war den meisten Leuten aber zu stark sedierend. Stattdessen hat es einen Platz in der Palette der Mittel mit einschläfernder Wirkung gefunden. Eine ungewöhnliche Nebenwirkung von Trazadon ist Priapismus – eine meist schmerzhafte Dauererektion des Penis. In extrem seltenen Fällen kann Priapismus zu einem Notfall werden, bei dem die erweiterten Blutgefäße des Penis operativ behandelt werden müssen, um dauerhaften Schaden abzuwenden.

Valium und seine Nachfolger: Angstlösende Medikamente
Librium (Chlordiazepoxid) und sein bekannteres Gegenstück Valium wurden in den 1950ern und frühen 1960ern bekannt und berüchtigt als »Mutters kleine Helfer« und »Puppen« – wie in *Tal der Puppen*, einem Roman über junge Frauen, die alkohol- und tablettenabhängig waren. Sie und eine lange Liste von Variationen, die Benzodiazepin-Tranquilizer mit angst- und spannungslösender Wirkung, nehmen die Angst, im Allgemeinen durch sanft dämpfende Wirkung. Kindern werden sie hauptsächlich bei Schlafproblemen und größerer Ängstlichkeit verordnet, gewöhnlich als Zusatz zu anderen Mitteln. Zu den beliebtesten Beruhigungsmitteln gehört nicht nur Valium, sondern Xanax, Ativan (in D. Tavor, u. a.) und andere.

Wirkung. Es gibt wenig fundierte Untersuchungen über die Wirkungsweise dieser Tabletten bei Kindern. Sie haben sich als ineffektiv bei Phobien und Trennungsängsten bei vorpubertären Kindern gezeigt, weil ihre Wirkung einfach zu dämpfend ist, wenn sie beginnen sollen, die Angstsymptome zu unterdrücken.

Nebenwirkungen. All diese Medikamente wirken sedierend, was bei nächtlichen Schlafstörungen sinnvoll ist, aber offensichtlich ein Hindernis bei der Einnahme tagsüber sein kann. In Kombination mit Alkohol – immer ein potentielles Problem, wenn es um Teenager geht – können diese Tabletten zu Atemstillstand und sogar Tod führen. Mit der Zeit und regelmäßiger Einnahme können sich physische Abhängigkeit und Arzneimitteltoleranz – die

Notwendigkeit, immer höhere Dosen zu nehmen, um dieselbe Wirkung zu erzielen – einstellen. Die Abhängigkeit ist ohne Hospitalisation und die Einnahme anderer Mittel, um das Benzodiazepam zu ersetzen, schwer zu überwinden. Dennoch schlucken viele Menschen diese Tabletten über einen kurzen Zeitraum gegen Angst oder Schlafprobleme, und einige können über Jahre eine stabile Dosis ohne Wirkungsabfall einnehmen. Ich habe noch nie von einem Kind gehört, das nach der Einnahme von angstlösenden Medikamenten größere Entzugserscheinungen hatte, aber Eltern und Ärzte sollten auf der Hut sein, wenn ein Kind, das diese Tabletten seit einiger Zeit genommen hat, eine höhere Dosis braucht, um den gleichen Effekt zu erzielen.

Die Wahl eines Präparats. Diese Tabletten unterscheiden sich in erster Linie dadurch, wie schnell sie wirken und wie lange diese Wirkung anhält. Mittel wie Ambien oder Sonata mit ziemlich schneller und kurzzeitiger Wirkung werden als Schlafmittel benutzt. Klonopin hält viel länger an und kann zweimal täglich gegeben werden für eine Wirkung rund um die Uhr. Xanax und Ativan werden häufig verschrieben wegen ihrer höheren Stärke und mittleren Wirkungsdauer. Pharmafirmen stellen regelmäßig Varianten dieser Medikamente vor und bewerben diese dann intensiv, wobei sie geringe Unterschiede hervorheben oder weniger Nebenwirkungen propagieren. Diese Mittel neigen dazu, der fünf-Jahres-Regel zu folgen; insofern müssen Sie einen klaren Kopf behalten, wenn Sie sich durch die sich ständig ändernden Informationen kämpfen.»Neuartige« Tabletten dieses Typs werden wahrscheinlich bereits auf dem Markt erscheinen, wenn Sie dieses Buch lesen.

Buspar (Buspiron in D. Zyban, u. a.) ist ein weiteres relativ neues Mittel gegen Ängste, das sich von der Valium-Gruppe der Tabletten in Struktur und Wirkungsweise unterscheidet. Es führt nicht zu Arzneimitteltoleranz und Abhängigkeit und hat angeblich weniger Nebenwirkungen. Viele Ärzte fragen sich jedoch, ob Buspar überhaupt irgendwelche Wirkungen hat. Es scheint ein schwächeres Beruhigungsmittel zu sein, kann aber dennoch einen Platz haben bei der Behandlung geringerer Probleme.

Wann sind Beruhigungsmittel sinnvoll? Da bei Kindern bereits bei Dosierungen, bei denen die angstlösende Wirkung beginnt, eine Sedierung einsetzt, verschreibe ich ihnen diese Mittel kaum. Nützlich können sie sein, oftmals in Kombination mit einem SSRI, für gestresste Mütter und Väter, die depressiv und ängstlich geworden sind.

9. Was ist, wenn Ihr Kind keine Tabletten schlucken kann? (Und andere Fragen zum Alltag mit Psychodrogen)

Eltern, die erwagen, psychoaktive Medikamente in den Behandlungsplan ihres Kindes einzubeziehen, machen sich oft Sorgen über bestimmte praktische Fragen – ob das Kind bei der Entscheidung mitbestimmen sollte, was man Tante Jesse über die Tabletten erzählen sollte, und wie man ein Medikamenten-Tagebuch führt. In diesem Kapitel gebe ich Antworten auf die Fragen, die mir Eltern am häufigsten stellen.

Was erzähle ich meinem Kind über die Medikation?

Ich ermutige Eltern, dem Kind die Wahrheit zu sagen, auf eine Art, die seinem Alter und Verständnis angemessen ist. Die guten Absichten hinter ausgemachten Lügen – wie etwa, dem Kind zu erzählen, dass es sich um eine Vitamintablette handele – könnte einen Bumerangeffekt haben, wenn sich Nebenwirkungen einstellen oder wenn das Kind der täglichen Einnahme keine Bedeutung beimisst. In den meisten Fällen ist eine kurze Erklärung am besten: »Diese Tablette wird dir helfen, besser aufpassen zu können/die Hausaufgaben zu machen/länger nachzudenken, bevor du dich schlecht benimmst/Herrn Wüterich zu bekämpfen.«

Kinder müssen auch wissen, dass die Verantwortung für ihr Verhalten immer noch bei ihnen liegt, nicht bei einer Pille. Ein Medikament wird ein »nein« nicht in ein »ja« umwandeln. Ich unterstreiche dies gewöhnlich, indem ich erkläre, dass die Tablette sie nicht zwingt, etwas zu tun, das sie nicht tun wollen oder wunderbarerweise ihre Hand dazu bringt, den Bleistift über eine Seite mit Hausaufgaben zu führen. »Du musst dich immer noch selbst bemühen«, ermahne ich sie. Vermeiden Sie Feststellungen, die dem Kind die Selbstbestimmung nehmen, z. B.: »Diese Tablette macht dich zu einem guten Kind.« (Frustrierte Eltern haben einmal ihrem Siebenjährigen erzählt, dass er in meine Praxis ginge, um »sein Gehirn repariert zu bekommen«. Ich bin nicht sicher, was er erwartete – Neurochirurgie? –, aber er schien unglaublich erleichtert, als er die Tonnen mit den Spielsachen sah.)

Wenn Kinder Angst haben, eine Tablette zu nehmen, frage ich nach näheren Einzelheiten. Kinder unter acht Jahren machen sich am meisten Sorgen über die Größe und den Geschmack der Tablette. Ist sie groß? Ist es schwer, sie zu schlucken?

Ältere Kinder und Jugendliche (und einige von den jüngeren) fragen häufig nach Nebenwirkungen. Selbst wenn sie ihre Besorgnis nicht zum Ausdruck bringen, sollten Ärzte oder Eltern die verbreitetsten und direktesten Probleme erklären, wie Appetitlosigkeit beim Mittagessen, Einschlafstörungen (wenn es sich um ein Stimulans handelt) oder Schläfrigkeit am Tage (bei Tabletten mit sedierender Wirkung).

Was tue ich, wenn mein Kind die Tablette nicht schlucken will?

Die Antwort hängt vom Alter von und der Reife des Kindes ab. Wenn ein Kind unter zwölf Jahren die Tablette nicht nehmen will, fragen Sie: »Wieso nicht?« Die meisten Kinder wollen keine Tabletten nehmen, weil sie es schwierig finden, sie herunterzuschlucken, ohne zu kauen; einige Kinder versuchen, alles zu vermeiden, was eine zusätzliche Verantwortung oder Mühe bedeutet. In diesen Fällen können Eltern mit ihren Kindern üben, das Schlucken leichter zu machen (die nächste Frage geht im Detail darauf ein) und Belohnungen anbieten für das Schlucken der Tabletten. Oder sie können einfach darauf bestehen dass das Kind geimpft werden muss.

Manchmal ist das Verweigern der Tabletten Teil eines größeren Oppositionsmusters (Papa sagt »schwarz«, und das Kind sagt automatisch »weiß«). Eine Tablette zu schlucken ist einfach nur ein weiterer Kampf um Grenzen. In diesen Fällen können Eltern wiederum einfach anordnen: »Du nimmst sie, weil ich es dir sage.«

Kleinere Kinder können sich auch die Ambivalenz ihrer Eltern hinsichtlich der Medikamention aneignen; sie sagen dann vielleicht, dass die Einnahme von Ritalin anders ist als die von Amoxicillin bei einer Ohrentzündung. Eltern sollten ihre Kinder beruhigen, nachdem sie deren Sorgen erkundet und anerkannt haben. Im schlimmsten Fall ist ein Elternteil strikt gegen eine Medikation, doch der andere hat sich durchgesetzt – gewöhnlich durch Willenskraft, manchmal aber auch durch rechtliche Unterstützung. Hier wird die Einnahme des Medikaments zum symbolischen Akt der Illoyalität gegenüber dem widerstrebenden Elternteil, und die Wahrscheinlichkeit, dass das Kind sich nicht nur gegen die Pille stellt, sondern auch über Nebenwirkungen klagt, ist ziemlich groß.

Ich bin absolut dagegen, ein Medikament einzusetzen, wenn ein Elternteil strikt dagegen ist. Jegliche positive Wirkung der Tabletten wird dadurch zunichte gemacht, dass die Handlungen des Kindes zum Dreh- und Angelpunkt der elterlichen Konflikte werden. Stattdessen arbeite ich weiterhin mit den Eltern zusammen in dem Bemühen, eine Art Kompromiss zu finden, z. B. Zustimmung zu einem Medikamentversuch oder einem tablettenfreien Zeitraum von zwei Wochen mit spezifischen Verhalten- und Leistungsparametern.

Ältere Kinder lehnen manchmal Medikamente ab aus Angst vor den Nebenwirkungen. Einige verweigern Medikation auch aus einem Standpunkt ihrer jugendlichen Würde und Unabhängigkeit heraus. Sie sehen die Einnahme einer Tablette als Zeichen ihres Versagens oder ihrer Andersartigkeit. Ein Gespräch wie unter Erwachsenen ist hier vernünftig, in dem die Eltern und das Kind (und vielleicht der Arzt) gemeinsam das Für und Wider durchgehen. Es ist ratsam, Teenagern eine genau definierte, tablettenfreie Probezeit zu gewähren, in der bestimmte Verhaltensmaßstäbe eingehalten werden müssen – z. B. zwei Wochen lang die Hausaufgaben rechtzeitig zu machen und elterliche Regeln befolgen. Jugendliche akzeptieren häufig die Tabletten, wenn die Probezeit nicht zufriedenstellend verlief.

Einige Jugendliche sind jedoch in einem Konflikt mit ihren Eltern gefangen über ihre Freiheiten und das Recht, für sich selbst zu entscheiden – ein Konflikt, der oftmals durch die Demonstration von Verantwortungslosigkeit des Teenagers erhöht wird – und erleben Regeln als Aufruf zur Rebellion. Die Ironie für viele Familien mit rebellierenden Jugendlichen ist, dass das Kind, wenn es bereit ist, das Medikament zu nehmen, dieses nicht mehr braucht, einfach weil es nun angenehmer im Umgang, verantwortungsbewusster oder reifer ist. Eltern tun gut daran zu bedenken, dass einige Untersuchungen, die positive Ergebnisse mit starker Medikation zeigen, mit Jugendlichen durchgeführt wurden, die gegen ihren Willen in psychiatrischen Kliniken waren; Familien stehen in ihrem Zuhause ganz anderen Situationen gegenüber. In den meisten Fällen rate ich davon ab, aufsässigen Jugendlichen eine Tablette zu verordnen – es besteht das Risiko, eine Feindseligkeit zu erzeugen, die stärker ist als die mögliche positive Wirkung des Medikaments. Es gibt jedoch ein paar traurige Situationen, in denen Eltern womöglich auf einer Medikation bestehen müssen, wenn das Kind weiterhin zu Hause leben soll.

Was ist, wenn mein Kind die Tablette nicht schlucken kann?

Von den psychoaktiven Mitteln, die Kindern verabreicht werden, gibt es nur wenige in anderer Form als Tabletten. Vier Serotonin-Wiederaufnahmehemmer sind als flüssiges Präparat und Clonidin als Hautpflaster erhältlich. Die amerikanische Pharmaindustrie, stets wachsam, was die Bedürfnisse der Konsumenten und potentielle Marktlücken betrifft, hat die klinischen Tests an einem Hautpflaster, das über 12 Stunden eine konstante Dosis eines stimulierenden Mittels abgibt, fast abgeschlossen. Doch die meisten Kinder werden Tabletten schlucken müssen.

Obwohl das Schlucken von Tabletten eine nachdrückliche Sorge sowohl für Eltern als auch für Kinder ist, *habe ich noch nie bei einem Kind ein Medikament absetzen müssen, weil es dieses nicht herunterbekommen hat.* Manchmal helfen ein paar Tricks. Die Tablette kann in ein Minimarshmallow gesteckt oder – soweit das Medikament keine Langzeitwirkung hat – in Joghurt oder Apfelmus zerkrümelt werden. (Ein Arzt ist berühmt dafür, dass er Kinder zur Übung essbare Tortendekorationen schlucken lässt!) Eltern können Schluckversuche auch belohnen.

Obwohl Ritalin und viele andere Stimulanzien in Tablettenform verkauft werden, die selbst für Kinder klein aussehen, können die neueren, länger wirkenden Tabletten eine größere Herausforderung darstellen. Sie dürfen nicht zerstoßen werden (das würde die verzögerte Freisetzung des Wirkstoffs verhindern), und sie sind in der Regel größer. Wenn ein Kind nach einiger Zeit diese größeren Tabletten nicht schlucken kann, könnte der Arzt mehrere kleinere verschreiben, die gleichzeitig genommen werden müssen. Doch in diesem Fall muss das Kind gleich zwei- oder dreimal versuchen, eine Tablette hinunterzuschlucken statt nur einmal.

Was teile ich Verwandten, Lehrern und meinen anderen Kindern mit?

Die Tabletten vor den Geschwistern des Kindes geheim zu halten ist nicht nur schwierig, sondern kann ihre Verabreichung zu einer dramatischen, großen Sache aufblasen. Wiederum ist der ehrliche Weg für gewöhnlich der beste: »Johnny nimmt ein Medikament, das ihm helfen soll, aufmerksam zu sein. Dies ist unsere Privatsache, nur unter uns und dem Rest der Familie, aber es ist nichts Schlechtes. Ihr würdet schließlich euren Freunden auch nicht die Farbe von Johnnys Unterwäsche verraten, weil das gemein wäre, oder? Wenn ihr also euren Freunden von Johnnys Tabletten erzählt, kriegt ihr Ärger mit mir.«

Ob man Erwachsene außerhalb der engeren Familie einweiht,

ist eine persönliche Entscheidung, aber die meisten Eltern wollen oder haben das Bedürfnis, mit anderen über die Tabletten zu sprechen. Eine feste, aber nicht defensive Aussage reicht für gewöhnlich: »Wir haben schon eine Reihe von Dingen ausprobiert, und wir untersuchen immer noch unsere Möglichkeiten. Aber wir haben beschlossen, es mit Medikamenten zu probieren, um zu sehen, ob sie helfen.«

Da Schulverhalten und -leistung oftmals die treibende Kraft für die Verschreibung der Medikation sind, ist ein Feedback vom Lehrer während der Probierphase sehr wichtig. Es ist möglich, eine »blinde« Reaktion zu erhalten, indem man eine einfache Bitte stellt: »Bitte achten Sie diese Woche bei meinem Sohn auf die Erledigung der Aufgaben.« Aber letztendlich könnte die Neugierde des Lehrers zu Schlussfolgerungen führen, die übertrieben oder falsch sind; insofern würde ich für eine knappe Version der Wahrheit plädieren. Eltern können die Medikation erwähnen, ohne ins Detail gehen zu müssen.

Wie kann ich die Leistung meines Kindes bei Einnahme eines Medikaments im Auge behalten?

In der Anfangsphase der Verschreibung hat ein Bericht einen unschätzbaren Wert. Er hilft Ihnen und dem Arzt, die Wirkung der Tabletten – erwünschte wie unerwünschte – sowie die optimale Dosierung zu bestimmen. Zunächst sollten Sie tägliche Eintragungen über die Dosierung und Häufigkeit jeder Medikation machen, zusammen mit der Wirkung auf Verhalten und physisches Wohlbefinden. Ich füge immer ein Muster-Medikationstagebuch für Eltern und eines für Lehrer bei. Das Tagebuch des Lehrers ist nützlich, weil es die Beurteilung einer Person wiedergibt, die Ihr Kind in einer wichtigen Umgebung sieht, und weil die Reaktion des Lehrers »blind« ist – er weiß nicht, wie viel Medikamente das Kind erhält und wann die Dosierung geändert wird. Bei Highschool-Kindern ist es allerdings schwieriger, ein Feedback zu bekommen, weil sie normalerweise eine Reihe von Lehrern haben und nicht nur einen einzigen.

Muster-Medikationstagebuch
Für Steven

Beginn/Ende	Medikation	Dosierung	Pos.Wirkung	Neg. Wirkung	Kommentare
9/00-10/00	Ritalin	5-15 mg morgens	↑ Fokussierung ↑ Verhalten	↓ Appetit	Wirkung ließ zu schnell nach
10/00-11/00	Adderall	10-20 mg morgens	↑ Fokussierung ↓ Verhalten	↓ Appetit ↓ Schlaf	Fingernagelkauen, wirkte wie unter Drogen
11/00-2/01	Metadate ER	20 mg morgens	↑ Fokussierung ↑ Verhalten		Gute Wirkung, Hausaufgaben machen noch Probleme
2/01-jetzt			↑ Fokussierung ↑ Verhalten	↓ Appetit	Geringfügige Schlafprobleme

Für Michael

Beginn/Ende	Medikation	Dosierung	Pos.Wirkung	Neg. Wirkung	Kommentare
9/97-10/97	Dexedrin	5 mg, 2xtgl.		Hyperaktives Verhalten	
10/97-10/99	Ritalin	5-7,5 mg 2-3 x tgl.	↑ Verhalten ↓ Impulsivität	↑ Appetit beim Mittagessen	Zwei Jahre erfolgreich
6/99-7/99	Paxil	5-10 mg morgens		↓ ? Schlaf	Keine Wirkung gegen Wutanfälle
7/99-7/99	Prozac	10 mg morgens		↓ Schlaf ↑ reizbar	Keine Wirkung gegen Wutanfälle
8/99-8/99	Imipramin	10-50 mg morgens		↑ leicht schläfrig	Keine Wirkung gegen Wutanfälle
11/99-5/01	Risperdal	0.25-.5 mg 2 x tgl.	↓ Intensität & Häufigkeit von Zorn	↑ leichte Sedierung ↑↑↑ Gewicht	Große Wirkung, nahm aber 10 kg zu
5/01-6/01	Zyprexa	2,5 mg 2 x tgl.		↑ Sedierung	Keine Wirkung gegen Wutanfälle
6/01-jetzt		2 x tgl.	↓ Häufigkeit von Wutanfällen		Wutanfälle verstärkt, Med. nicht so gut wie Risperdal

Abbildung 1 Muster Medikationstagebuch

NAME DES KINDES _____		NAME DES LEHRERS _____		
DATUM/ TAG	DOSIE- RUNG	(FREILASSEN FÜR ELTERN)	Morgens	Abends
			geringste	höchste
_____	_____	IMPULSIVITÄT	0 1 2 3	0 1 2 3
		ABLENKBARKEIT	0 1 2 3	0 1 2 3
		UNERLEDIGTE AUFGABEN	0 1 2 3	0 1 2 3
Kommentare _____				
_____	_____	IMPULSIVITÄT	0 1 2 3	0 1 2 3
		ABLENKBARKEIT	0 1 2 3	0 1 2 3
		UNERLEDIGTE AUFGABEN	0 1 2 3	0 1 2 3
Kommentare _____				
_____	_____	IMPULSIVITÄT	0 1 2 3	0 1 2 3
		ABLENKBARKEIT	0 1 2 3	0 1 2 3
		UNERLEDIGTE AUFGABEN	0 1 2 3	0 1 2 3
Kommentare _____				
_____	_____	IMPULSIVITÄT	0 1 2 3	0 1 2 3
		ABLENKBARKEIT	0 1 2 3	0 1 2 3
		UNERLEDIGTE AUFGABEN	0 1 2 3	0 1 2 3
Kommentare _____				

Abbildung 2 Muster Lehrertagebuch

Beginn/ Ende	Medikation	Dosie-rung	Pos. Wirkung	Neg. Wirkung	Kommentare

Abbildung 3 Blanko-Medikamententagebuch

Wenn Ihr Kind erst einmal ungefähr zwei Wochen lang eine beständige Dosis der Medikamente bekommen hat, sind Notizen für gewöhnlich nicht mehr notwendig. Wenn sich jedoch das Medikament oder die Dosierung ändert oder wenn Sie andauernde Veränderungen im Verhalten Ihres Kindes feststellen, beginnen Sie erneut mit den Aufzeichnungen. Diese Art Protokoll wird für jeden Berater, der mit Ihnen und Ihrem Kind arbeitet, von unschätzbarem Wert sein, besonders wenn Sie während der Behandlung den Arzt wechseln. Frühere medizinische Berichte sind oftmals verstreut oder für den neuen Arzt, der versucht, eine Entscheidung zu treffen, nicht verfügbar.

Wie weiß ich, ob mein Kind das Medikament nicht mehr braucht?

Wenn ein Kind positiv auf ein Medikament reagiert und es keine spezifischen medizinischen Gründe für häufigere Besuche gibt, wäre es gut, wenn Sie und Ihr Arzt alle sechs Monate Bilanz ziehen. Ein Rückblick auf die Veränderungen im Verhalten des Kindes und in seiner Umgebung ist nützlich: Wie verhält sich das Kind in der Schule? Gibt es einen neuen Lehrer? Wie kommen die Eltern zurecht?

Wenn das Verhalten des Kindes zufriedenstellend ist, könnten Sie und der Arzt eine Probezeit ohne Tabletten oder eine geringere Dosierung vereinbaren. Natürlich sollten Sie die Meinung des Kindes über diesen Punkt einbeziehen. Überraschend viele Kinder sind zunächst misstrauisch, wenn sie ohne Tabletten auskommen sollen. Es kann mehrere sechsmonatige Intervalle andauern – mit vielen Rückblicken, die konsequent voller positiver Nachrichten sind –, bevor sie sich sicher genug fühlen ohne die Unterstützung einer Medikation.

Viele Familien, besonders die, deren Kinder Stimulanzien erhalten, vergessen hier und da aus Versehen eine Dosis. Wenn das Kind ausgerechnet dann einen schlechten Tag hat, steht die Familie möglicherweise einer längeren tablettenfreien Zeit zögerlich gegenüber.

Es braucht allerdings mehrere Tage, um zu einer definitiven Einschätzung zu kommen. *Ein* schlechter Tag ohne Medikamente sagt überhaupt nichts aus – es gibt unzählige Gründe, die mit den Tabletten nichts zu tun haben, warum ein Kind Schwierigkeiten haben kann. *Mehrere* schlechte Tage hintereinander überzeugen mich eher, dass die Tabletten weiterhin verabreicht werden sollten. Bei ein paar Medikamenten, besonders solchen wie Prozac, könnte es notwendig sein, einen Monat oder länger zu warten, bis das Mittel vollständig abgebaut ist. Bis dahin können Sie nicht mit Sicherheit sagen, wie das Leben ohne Medikamente tatsächlich ist.

Sind Markennamen den generischen Varianten überlegen?

Die Food and Drug Administration bestätigt, dass die Wirkstoffe eines Generikums denen in Markenpräparaten chemisch gleichwertig sind. Milligramm für Milligramm sollten sie die gleiche Wirkung haben – was auch meiner Erfahrung entspricht. Gerüchte und »Tatsachen« im Internet behaupten, dass bestimmte Handelsnamen eine bessere Wirkung hätten als die generischen Varianten, aber ich habe noch nie einen nennenswerten Unterschied festgestellt. Das ist gut so, denn generische Mittel sind im Allgemeinen wesentlich günstiger als die Markennamen, und viele Versicherungen weigern sich, die Kosten für Markenpräparate zu übernehmen, wenn es generische Mittel als billigere Substitute gibt.

Wie schaffen wir es, daran zu denken, die Dosis zur richtigen Zeit zu geben?

Die richtige Medizin zum richtigen Zeitpunkt einzunehmen ist nicht immer so einfach, wie es sich anhört. Untersuchungen haben gezeigt, dass das Einhalten des Therapieplans erheblich zurückgeht, wenn eine Tablette häufiger als zweimal am Tag oder zwei Tabletten gleichzeitig genommen werden müssen. Diese Untersuchungen wurden mit Erwachsenen durchgeführt. Wenn Kinder ins Spiel kommen, wird alles noch komplizierter, wie alle Eltern bestätigen können, die versucht haben, das abendliche Ritual des Zähneputzens einzuführen.

Am besten ist es, wenn die Tablette in eine bereits bestehende Tagesroutine eingegliedert werden kann. Morgens könnten Sie versuchen, die Tablette zu geben, wenn Ihr Kind aufwacht oder während Sie das Mittagessen in den Rucksack für die Schule packen. Die abendlichen Dosen könnten direkt nachdem Sie den Abfall hinausgebracht haben, gegeben werden. Einer der Faktoren jedoch für die Verhaltensprobleme eines Kindes könnte aber gerade ein genereller Mangel an Familienroutine und Ordnung sein. Wenn das Familienleben besonders unregelmäßig ist, könnte das Kind die Tablette von jemandem aus dem Schulpersonal erhalten, wenn es morgens ankommt. Wenn alle Erwachsenen des Haushalts arbeiten und eine nachmittägliche Dosierung erforderlich ist, sollten Sie Abmachungen treffen mit einer Aufsichtsperson, der Sie vertrauen, oder, wiederum, mit dem Schulpersonal.

Abschließend sei gesagt, dass Teenager, die tagsüber Stimulanzien erhalten, niemals über die Tagesdosis hinaus weitere Tabletten mit zur Schule bekommen sollten. Der Druck selbst auf die gewissenhaftesten Kinder, diese zu verkaufen oder damit zu handeln, ist einfach zu groß. Wenn ein Arzt diese Regel offen erklärt, akzeptiert der Jugendliche dies normalerweise.

Verliert das Medikament seine Wirkung?

Tatsächliche physische Arzneimittelgewöhnung – d. h. es müssen immer höhere Dosen genommen werden, um die gleiche Wirkung zu erreichen – taucht nur bei den Benzodiazepinen wie Valium und Xanax auf. Eine allgemeine Entwicklung ist jedoch, dass ein psychoaktives Präparat über Wochen, Monate oder sogar Jahre »wirkt« – und dass dann das Kind ein erneutes Auftreten der ursprünglichen Probleme erfährt oder eine ganz neue Schwierigkeit auftaucht. In einigen Fällen muss die Dosierung vielleicht erhöht werden, wenn das Kind gewachsen ist oder zugenommen hat. Aber Dosierungen der meisten psychoaktiven Drogen werden nicht durch die Körpermasse bestimmt.

In einer Untersuchung wurden Kinder, deren Diagnose ADHS lautete, gebeten, Schemata mit schnell auftauchenden Buchstaben oder Zahlen auf Muster oder Irrtümer zu prüfen. Nachdem sie Stimulanzien bekommen hatten und gebeten wurden, diesen Test ein zweites Mal durchzuführen, hatten sich sämtliche Leistungen verbessert. Die Kinder wurden über mehrere Jahre begleitet. Einige von ihnen – die meisten nun schon Teenager – bekamen später erneut Probleme. Die gesamte Gruppe musste wieder ins Labor, um die gleiche Art Test noch einmal zu machen. Zur Überraschung der Ärzte zeigten alle Kinder – diejenigen, denen es gut ging, sowie diejenigen, die Probleme hatten – das gleiche Maß an Leistungsverbesserung, sobald sie Stimulanzien bekamen.

Meine eigene Schlussfolgerung ist, dass die Anregungsmittel bei der Problemgruppe nicht aufgehört hatten zu wirken. Außerdem denke ich, dass diese Kinder einfach mehr oder neue Probleme hatten. Sie waren vielleicht anfälliger für größere Schwierigkeiten oder möglicherweise hatte sich ihr Umfeld zum schlechteren verändert. Medikationen können das neurosynaptische Milieu nur bis zu einem gewissen Grad beeinflussen, und chemische Veränderungen, die durch eine schwierige Umgebung verursacht wurden, können jeglichen Nutzen, den ein Medikament bieten kann, zunichte machen.

Wenn ein Kind nach einer erfolgreichen Phase mit einer Tablette neue oder schon bekannte Probleme wieder auftauchen, sollte die Gesamtsituation des Kindes erneut betrachtet werden. Hat es in der Familie seit dem ersten Rezept größere Veränderungen gegeben? Werden die Anforderungen in der Schule härter oder gibt es vollständig neuen sozialen Druck? Wenn Veränderungen im Umfeld nichts bewirken oder nicht möglich sind, kann der Arzt ein anderes Medikament verschreiben oder eine erhöhte Dosis des alten ausprobieren. Eine beliebte Strategie ist, ein neues Mittel dem bestehenden Plan hinzuzufügen. Bei dem erhöhten Risiko der Nebenwirkungen und anderen Komplikationen bei Polypragmasie (dem Einsatz vielfacher Medikamente), widerstrebt es mir jedoch, Medikationen anzuhäufen.

Muss ich die Ernährung meines Kindes verändern?

Die Antwort lautet Nein, es sei denn, Ihr Kind gehört zu den wenigen, die MAO-Hemmer (Monoaminooxidase-Hemmer) nehmen. Diese Medikamente werden bei Kindern so selten verschrieben, dass ich sie in diesem Buch nicht auflliste. Sie erfordern strenge diätetische Einschränkungen und selbst einfache Dinge wie Cheddar-Käse müssen gestrichen werden, damit ernsthafte Komplikationen ausbleiben.

Was ist mit rezeptfreien Mitteln?

Die Sicherheitsstandards der Food and Drug Administration garantieren, dass Medikamente, die ohne Rezept verkauft werden, nicht mit den verschreibungspflichtigen interagieren. Einige Erkältungsmittel enthalten jedoch Antihistamine, die Schläfrigkeit bei Kindern erhöhen können, die bereits sedierende Mittel nehmen. Und einige der neueren saisonalen Antiallergika können mit den SSRIs wechselwirken und so theoretisch ein Risiko für Herzrhythmusstörungen mit ernsten Folgen darstellen. Sie sollten mit Ihrem Arzt über diese beiden möglichen Kombinationen sprechen. Im Allgemeinen sind rezeptfreie Tabletten kein Problem, aber wenn Sie unsicher sind, fragen Sie Ihren Arzt oder einen Apotheker um Rat.

Sollte ich das *Medikamentenverzeichnis* oder das Internet für mehr Informationen über Psychodrogen konsultieren?

Das Medikamentenverzeichnis (in den USA: *Physician's Desk Reference*, PDR), ein Handbuch über rezeptpflichtige Medikamente und ihre Nebenwirkungen, ist im Grunde genommen ein rechtliches Dokument, das in den USA von der FDA gefordert wird. (In Deutschland heißt dieses Verzeichnis »Rote Liste«; sie ist jedoch nicht allgemein zugänglich.) Am anderen Ende des Nachschlagespektrums steht das offene und unkontrollierte Internet. Beide können nützlich sein, doch man sollte ihre speziellen Begrenzungen verstehen.

Das PDR listet jede mögliche Nebenwirkung auf, die ein Mittel haben kann, und lässt dem Leser häufig wenig Perspektive für das tatsächliche Maß an Risiko. Aspirin z. B. wird im PDR in Kombination mit anderen Tabletten aufgeführt; wenn Sie es nachschlagen, lesen Sie, dass es das Risiko eines Schlaganfalles mit sich bringt. Doch dieses Risiko ist so gering, dass Millionen Menschen jeden Tag Aspirin schlucken. Man könnte es niemandem, der das PDR und seine Warnungen liest, verdenken, wenn er sich weigern würde, jemals wieder irgendein Medikament zu nehmen.

Das Internet ist vermutlich der große Demokratisierer bei den Informationen, aber die Online-Welt fährt fort, alte und neue Legenden aufrechtzuerhalten – und das gilt für Medikamente ebenso wie für kriminelle Verschwörungen. Wenn Sie das Internet mögen, fahren Sie unbedingt fort, sich dort umzutun. Sie sollten jedoch die Informationen, die Sie finden, auf Basis der Zuverlässigkeit der Quelle beurteilen, nicht danach, ob sie Sinn zu machen scheinen (irrige Informationen sind häufig unwiderstehlich). Websites, die die amerikanische Regierung unterhält, sind normalerweise glaubwürdig ebenso wie die von geachteten medizinischen Fachorganisationen und Selbsthilfegruppen; nehmen Sie sich aber in Acht vor jenen Tendenzen, die biochemische Persönlichkeitstheorien und Tablettenlösungen über alles andere erheben.

Wenn bei Ihrem Kind ADHS diag nostiziert wurde, könnten Sie

die PBS *Frontline* Website besuchen unter www.pbs.org/wgbh/pages/frontline. Deren Seite »Medicating Kids« bietet ein weites Spektrum verantwortungsvoller Ansichten über ADHS und Medikationen.

Kann ich anstelle eines Medikaments alternative Mittel anwenden?

Die meisten Kräuter, Spezialdiäten und andere Formen der alternativen Medizin sind für meinen Geschmack ganz einfach noch nicht ausreichend hinsichtlich ihrer Wirksamkeit und Sicherheit untersucht worden, um Ihnen mit einem klaren Ja oder Nein antworten zu können.

Einige Eltern fragen nach Zucker und Nahrungszusätzen. Von der Feingold-Diät, die Raffinade, Nahrungszusätze, Farbstoffe und Salizylate (Chemikalien, die Nahrungsmitteln wie Orangen und Tomaten ihre Säure geben) ausschließt, wird behauptet, Hyperaktivität zu vermindern; sie hat eine hingebungsvolle Anhängerschaft.

Sorgfältige Untersuchungen haben jedoch gezeigt, dass weder Feinzucker noch Salizylate Verhaltensprobleme bei Kindern verursachen oder verschlimmern. Es gibt allerdings eine sorgfältig durchgeführte Studie, die nachweist, dass große Mengen von Farbzusätzen, besonders der rote Farbzusatz Nr. 2, die Reizbarkeit bei Kindern erhöht, die fünf Jahre oder jünger sind. Ich denke, es ist vernünftig, konservierte Lebensmittel zu reduzieren – Junkfood und Fertiggerichte – und mehr frische biologische Lebensmittel zu kaufen oder beim Kochen häufiger zu improvisieren. Da es aber nur wenig Beweise gibt für diätetische Maßnahmen, ist es mir doch lieber, dass eine Mutter mit ihrem Sohn in Konflikt gerät, weil er sein Spielzeug wegräumen soll als mit ihm zu streiten, weil er einen Napfkuchen isst.

Biofeedback und Neurofeedback, bei denen man lernt, unfreiwillige physiologische Reaktionen zu kontrollieren, haben sich als nützlich bei Stresskrankheiten von Erwachsenen erwiesen. Oberflächlich betrachtet scheint das bei psychischen Krankheiten, die offensichtlich einige neurophysiologische Elemente haben, wie ADHS oder Angstzustände, sinnvoll zu sein. Doch diese Behandlungen brauchen viel Zeit und sind oft teuer, und bisher gibt es noch keine großangelegten, kontrollierten Untersuchungen, die überzeugend deren Wirksamkeit bei Verhaltensproblemen bei Kindern nachweisen.

Ich wäre misstrauisch bei Kräutern und Zusätzen, die sich ab und zu großer Popularität erfreuen, bis sie wieder aus dem öffentlichen Bewusstsein verschwinden. Da sie von der FDA nicht als Medikamente betrachtet werden, unterliegen sie nicht denselben strengen Standards für Sicherheit und Qualität. Die Hersteller dürfen vage, aber vielversprechende Anspielungen über deren Wirksamkeit abgeben, auch ohne Beweise. Es ist unwahrscheinlich, das es in absehbarer Zeit systematische Untersuchungen geben wird, weil die Hersteller es vorziehen, eine tiefergehende Überprüfung lockerer Behauptungen wie »verbessert Aufmerksamkeit und Fokussierung« zu vermeiden.

Johanniskraut gegen Depressionen, Kava Kava gegen Angst und Baldrian zum Schlafen sind sicher zurzeit alle gutgehende Medikamente, und sie haben einige positive Wirkungen. Doch keines dieser Mittel ist für Kinder geprüft worden. Sie können ebenfalls mit anderen Medikamenten wechselwirken und Nebenwirkungen verursachen. Es ist möglich, dass Melatonin, ein Hormon, das vor einigen Jahren ganz oben in der Gunst der Öffentlichkeit rangierte, Kindern beim Einschlafen helfen kann; anders als die eben erwähnten anderen Produkte, die hier aufgeführt wurden, scheint es ein ziemlich sicheres Mittel zu sein. Sprechen Sie aber immer mit Ihrem Arzt, bevor Sie einem Kind Kräuter oder Zusätze geben.

Ungefähr die Hälfte aller Amerikaner hat alternative Medizin ausprobiert. Ich nehme an, dass die Raten eher höher sind bei Familien, die frustriert sind oder Angst haben vor der Anwendung starker Psychopharmaka als Reaktion auf Verhaltensauffälligkeiten oder emotionale Probleme ihrer Kinder. Mit der Zeit und nach durchgeführten Untersuchungen können sich einige dieser alternativen Behandlungsmethoden als nützlich erweisen. Doch es gibt keine einfachen Antworten auf diese Art von Problemen. Einen ehrlichen und einfühlsamen Fachmann zu finden, der sich Zeit nimmt für Ihre Familie, wird Sie und Ihr Kind wesentlich weiterbringen als unerprobte und unbewiesene Maßnahmen.

Teil 2

Spezifische Hilfe für spezifische Probleme

10. Gefühlsbetont, ablenkbar, energiegeladen, zornig: Kinder, die sich ausagieren

Der neunjährige Stephen verlässt seinen Platz in der Klasse und macht unpassende Bemerkungen. Er spielt mit den Stiften auf seinem Pult, anstatt seine Arbeit zu erledigen. »Er lässt sich durch *Luftmoleküle* ablenken«, erzählt mir sein Vater mit einem Stöhnen. Stephen hört auf seine Lehrerin, wenn sie ihn ermahnt, aber zu Hause ignoriert er seine Eltern oder wütet gegen sie, besonders gegen seine Mutter. Wenn er eine Auszeit bekommt, verwüstet er sein Zimmer und macht in seinem Zorn Spielsachen, die er eigentlich mag, kaputt. Er ärgert ständig seine jüngere Schwester. Kürzlich wurde er erwischt, wie er ein Taschenmesser aus einer Eisenwarenhandlung stahl.

In diesem Buch ist bereits viel gesagt worden über Kinder wie Stephen. Probleme, die seinen ähnlich sind – Schwierigkeiten im Unterricht, Bekämpfen von Grenzen, Schlagen und Beißen, selbst Stehlen –, führen täglich besorgte Eltern in meine Praxis. Der professionelle Standardansatz bei diesen Kindern ist, ihre Probleme im Rahmen zunehmend beliebter Diagnosen anzusiedeln, hauptsächlich ADHS oder ODD, aber auch Verhaltensauffälligkeiten und bipolare Störungen. Lassen Sie uns jede dieser Diagnosen betrachten.

Soll die Diagnose dem Medikament angepasst werden?

Hat Stephen also ADHS oder eine oppositionelle Verhaltensstörung (ODD)? Zeigt er frühe Anzeichen für Verhaltensstörungen oder eine bipolare Störung? Hat er eine Krankheit oder vielleicht zwei oder drei?

Die Diagnose ADHS wird meistens bei Kindern gestellt, die Hyperaktivität, Impulsivität und mangelnde Fokussierung zeigen. Soweit wirkt Stephen unaufmerksam und zeitweise impulsiv. Sonderlich hyperaktiv ist er nicht.

Hat er dann also vielleicht ODD? Dies ist eine etwas andere Kategorie, die auf Kinder angewendet wird, die mit ihren Eltern wegen normaler, alltäglicher Grenzen kämpfen. Ein typisches Kind, das ODD »hat«, rebelliert gegen jeden Befehl oder jede Aktivität, die nicht augenblicklichen Spaß versprechen. Jede Einhaltung von Grenzen wird bei diesen Kindern zum potenziellen Drama. Ein schwierigerer Fall von ODD kann diagnostiziert werden, wenn Eltern jedes Mal, wenn sie eine Grenze festsetzen, kribbelig werden und sich auf einen Wutausbruch gefasst machen. Kinder – besonders ab sieben Jahren –, die gewalttätig und aggressiv sind, wiederholt in Schlägereien auf dem Spielplatz geraten, auf Lehrer losgehen oder im Büro des Direktors die Kontrolle verlieren, können auch die Diagnose »schwere ODD« erhalten (wie auch kleinere Kinder, die Dinge tun wie »versehentlich« ein Spielzeug ins Auge ihrer Schwester zu schleudern). Von dem wenigen, das wir über Stephen wissen, könnte das ODD-Profil auf ihn zutreffen. Allerdings widersetzt er sich nicht regelmäßig Autoritätspersonen, abgesehen von seinen Eltern.

Die Symptome für ADHS oder ODD können sehr ähnlich sein; obwohl das Testverhalten von ODD einen Hang zum Negativeren hat, haben Kinder beider Kategorien Schwierigkeiten, Leistungen zu erbringen, wenn es keine sofortige Belohnung gibt. Einige Fachleute versuchen, zwischen den beiden zu unterscheiden, indem sie behaupten, dass ADHS-Kinder sich nicht steuern können, während die mit ODD es einfach nicht wollen. Doch Versuche, einen deutlichen Unterschied in der Motivation herauszudestillieren, täuschen über die Komplexität des menschlichen Verhaltens hinweg. Eine weitere Methode, wie ein Fachmann versuchen könnte, die verschwommene Natur dieser oder anderer Kategorien zu erklären, ist, bei Stephen eine »Komorbidität« von ADHS und ODD zu diagnostizieren – was heißt, dass er beides hat.

Wenn Stephen als Jugendlicher jemanden verletzt, der ihn bei der Polizei anzeigt, könnte bei ihm eine Verhaltensstörung diagnostiziert werden. Erheblich schwerwiegender als ODD wird eine Verhaltensstörung charakterisiert durch Stehlen, Drogenmissbrauch und andere kriminelle Taten. Warum Zusammenstöße mit dem Gesetz im Wesentlichen zu einer psychischen Krankheit geworden sind, stellt ein philosophisches Rätsel dar. Wenn Verhaltensstörung eine brauchbare Diagnose ist, gibt es jemanden im Gefängnis, der keine hat? (Interessanterweise lässt das Gesetz niemanden frei, einfach weil er eine psychische Störung »hat«. Eine Verteidigung, die mit der Schuldunfähigkeit wegen seelischer Störungen argumentiert, verlangt, dass die Person unfähig ist, das Unrecht der Tat einzusehen und ihren Willen dieser Einsicht gemäß zu lenken. Diese Einschränkung ist nicht automatisch in den Diagnosen ODD, Verhaltensstörung oder gar antisoziale Persönlichkeitsstörung, der extremsten soziopathischen Störung, enthalten. Dennoch, Delinquenten, die sich eine aufwendige Verteidigung leisten können, sind häufig in der Lage, das Diagnosemanual DSM so einzusetzen, dass sie mildernde Umstände bekommen.

Eine bipolare Störung ist der letzte Wagen dieses Diagnosezugs und der umstrittenste. Bis Mitte der 1990er Jahre glaubten die meisten Kinderpsychiater, dass diese Diagnose – die die manische Depression im DSM abgelöst hat – bei Kindern selten ist. Die Symptome umfassten Manie, Euphorie oder Grandiosität, zusammen mit der Unfähigkeit, Phantasie von Realität zu unterscheiden. Typische Perioden extremer Hochs oder Tiefs dauerten Monate oder Wochen. 1996 veröffentlichte jedoch Joseph Biederman, Chef der Harvard Pediatric Psychopharmacology Clinic, eine Arbeit, in der er behauptete, dass 23 Prozent der ADHS-Kinder in der Studie ebenfalls eine bipolare Störung hätten. Die Harvard-Gruppe hatte schon immer höhere Raten von Komorbidität bei ihren ADHS-Patienten festgestellt, und zugegebenermaßen zieht ihre Praxis Kinder mit extremen Problemen an. Doch diese Rate bipolarer Störungen im Kindesalter erstaunte die Welt der Kinderpsychiatrie.

Biedermann behauptete weiterhin, dass diese bipolaren Kinder andere Symptome zeigten, als man sie bei Erwachsenen festgestellt hatte. Wenn sie nicht wütend waren, kannten sie den Unterschied zwischen Phantasie und Realität. Sie »reisten« mehrfach im Laufe eines einzigen Tages durch verschiedene Stimmungen – eine Beobachtung, die die meisten Leute, die mit den Gewohnheiten von Kindern und Jugendlichen vertraut sind, nachdenklich stimmte. Diesen neuen Kriterien ist es teilweise zu verdanken, dass die einstmals harmlose und gebräuchliche Beschreibung eines Kindes oder

Teenagers als »launisch« oder »hat Stimmungsschwankungen«, nun potenziell behaftet ist mit Implikationen eines pathologischen Befundes. Die Kinder in Biedermanns Gruppe mussten die klassischen Anzeichen von Manie (Euphorie, Grandiosität und übertriebene Energie) überhaupt nicht zur Schau stellen. Sie waren vorwiegend zornig und reizbar, unglücklich und schwierig zu beeinflussen.

Biedermann fand, dass Kinder mit der Diagnose »bipolare Störung« durch aggressive Behandlung mit Medikamenten vor einem lebenslangen antisozialen Verhalten und Drogenmissbrauch bewahrt werden könnten. Gemäß der Harvard-Gruppe rechtfertigte die mutmaßlich erbliche und biochemische Natur dieser Störung die Anwendung sehr viel stärkerer Medikamente: Lithium, Depakote, Neurontin – alles Präparate mit weitaus ernsteren Kurz- wie Langzeitnebenwirkungen als Ritalin.

Die Reaktion der anderen Forscher war gemischt. Die Diskussion über Definition und Häufigkeit von bipolaren Störungen im Kindesalter wurde daraufhin in den Fachzeitschriften fortgeführt. Ein Psychiater, der einige meiner eigenen Sorgen wiedergab, kommentierte zynisch: »Ritalin ist für reizbare und auffällige Kinder, während Lithium für *sehr* reizbare und *sehr* auffällige Kinder ist.«

Der praktische Effekt dieser Verlautbarung ist die immer häufigere Verordnung bedenklicher Medikamente für Kinder. Mehrere hunderttausend Kinder nehmen schwere Geschosse, »stimmungsstabilisierender Tabletten«, gegen eine angebliche bipolare Störung, mit dürftigen Belegen selbst für deren Kurzzeitwirkung und Sicherheit. Die meisten davon sind Jugendliche, doch einige Kinder sind gerade erst drei Jahre alt. Die Diagnose »bipolar« impliziert eine ernsthafte Geisteskrankheit, eine lebenslange Störung, die Behandlung erfordert (obwohl ich dies bestreiten würde; ich bin der Meinung, dass dies unkorrekterweise auf älteren Untersuchungen von manisch-depressiven Patienten basiert, deren Diagnose einen restriktiveren Satz an Symptomen erforderte). Kinder und Teenager mit dem Etikett »lebenslange Störung« (was lebenslange pharmazeutische Behandlung beinhaltet) zu versehen, beunruhigt mich zutiefst. Was ist, wenn einige dieser zugegeben unruhigen Kinder sich einfach nur heftig durch eine Phase ihres Lebens strampeln?

In der Psychiatrie, wie auch in der restlichen Medizin, bestimmt die Diagnose angeblich die Behandlung. Wenn es jedoch um Verhaltensprobleme bei Kindern geht, gibt es eine beunruhigende Menge an Überschneidungen innerhalb der Kategorien – ganz ähnlich wie in den alten »unwissenschaftlichen« Tagen der freudianischen Diagnosen.

Bei so vielen verschwommenen Vorstellungen über die Störungen ist die Reaktion auf Medikamente der Faktor, der oft genug die Diagnose bestimmt. Wenn Stephens Zustand sich nicht ausreichend bei Einnahme des einen Medikamentes bessert (sagen wir, Ritalin bei ADHS), könnte eine andere Störung heraufbeschworen werden, um die Hinzunahme einer weiteren Tablette in den Behandlungsplan zu rechtfertigen. Ich habe Kinder kennen gelernt, bei denen drei verschiedene Störungen festgestellt worden waren und die drei oder vier separate Medikamente gleichzeitig einnahmen – eine verzweifelte Ansammlung von Etikettierungen und Tabletten, ausgelöst hauptsächlich durch das Scheitern eines einzelnen Präparats. Diese Taktik wird geringschätzig »Diagnose durch pharmakologische Sektion« genannt. Es ist jedoch die Realität der Kinderpsychiatrie an vorderster Front.

Heftiges Ausagieren: Eine alternative »Diagnose«

Anstatt zu versuchen, Stephens Symptome in verschwommene Kategorien hineinzudeuten, ziehe ich es vor, sie zu der breiten Gruppe von Verhaltensweisen zu zählen, die *heftiges Ausagieren* genannt wird und ein Muster einer Reaktion auf Stress beschreibt. Wenn sich ausagierende Kinder unter Druck gesetzt fühlen, wollen sie Herr der Lage sein oder Schläge austeilen. Zu ihrer Klassifizierung gehört, dass sie oftmals schwierige Veranlagungen haben – beharrlich, impulsiv, heftig und energiegeladen von Geburt an. Auf die Gefahr, grob zu stereotypisieren, neigen Jungen dazu, heftig auszuagieren, während Mädchen sich eher in sich zurückziehen (sie versuchen, zufrieden zu stellen und zu gefallen, wenn sie unter Stress stehen). Es gibt jedoch keine Regel, die besagt, dass nicht auch einmal ein Mädchen ein anderes Kind mit einem Bleistift stechen oder dass ein Junge sich nicht bemühen könnte, lauter Einsen zu kriegen, als Mittel, um zurechtzukommen.

Heftiges Ausagieren ist gewiss eine große Kategorie, aber letztendlich ist es pragmatischer und ehrlicher als vorzugeben, dass es klare Unterschiede gibt zwischen Kindern, die schlagen (und mit schwerem oppositionellen Problemverhalten etikettiert werden) und Kindern, die das Gesetz brechen, indem sie schlagen (und mit Verhaltensstörungen etikettiert werden). Auch habe ich nicht viele Unterschiede gefunden bei den Methoden, die Kindern helfen, die ADHS »haben«, oder denen, die die Kriterien für ein anderes Bündel von Symptomen des Ausagierens erfüllen.

Ist es eine Depression?

Nach allgemein verbreiteter Auffassung ist Depression Wut auf andere nach innen gerichtet. Obwohl viele der Kinder, die ich sehe, sehr unglücklich mit sich selbst und ihrem Leben sind, zögere ich dennoch, sie als »depressiv« einzustufen. Depressionen bei Kindern zeigen sich selten so wie bei Erwachsenen – starker Rückzug, Verlust von Energie, Appetitmangel, Gewichtsverlust, Unfähigkeit, sich zu freuen. Die meisten »depressiven« Kinder, die ich kennen lerne, sind tatsächlich erregt und impulsiv. Sie sind kaum imstande, Belohnungen, auf die sie immer noch großen Wert legen, zu einem späteren Zeitpunkt zu empfangen.

Hört sich eigentlich wie ein sich ausagierendes Kind an, richtig? In manchen Fällen, wenn diese Kinder verstärkt negatives Feedback über sich selbst erfahren, werden sie immer unglücklicher. Wenn man mit ihnen spricht, während sie ruhig sind und sich nicht einer Beurteilung ausgesetzt sehen, erzählen sie einem, wie schlecht sie sich mit sich selbst fühlen – dass sie böse oder dumm sind oder dass ihre Familien besser ohne sie dran wären. Dies würde man jedoch bei ihrem sonstigen Verhalten nie vermuten.

Ich schlage nicht vor, dass wir Depressionen auf die Liste der Etikettierungen setzen sollten, die sich heftig ausagierenden Kindern angeheftet werden. Zu viele Kinder erhalten die Diagnose »depressiv« hauptsächlich, um ein zweites oder drittes Medikament zu rechtfertigen, wenn Stimulanzien allein nicht helfen. In Wirklichkeit bezeugt der traurige Unterton im Verhalten dieser aktiven, manchmal lebhaften Kinder, wie sehr sich die Persönlichkeit gegen starre Kategorien und festgelegte Reaktionen sträubt. Die Probleme dieser Kinder schreien nach Hilfe, doch nicht notwendigerweise mittels Medikamente. Das Verändern des Umfeldes und Verhaltens des Kindes kann häufig zu günstigeren Ergebnissen führen.

Optionen bei Problemen des Ausagierens

Verhaltenstherapeutische Maßnahmen
Ich gebe nicht den Eltern die Schuld für die Probleme ihrer Kinder. Kinder, die nach außen agieren, sind oftmals konstitutionell fordernd und nicht leicht zu erziehen. Sie brauchen ein Maß an Beständigkeit und eine Unmittelbarkeit der Reaktion, die zu gewährleisten nicht gerade eine Kleinigkeit ist – insbesondere in einer Zeit fordernder Terminpläne, langer Fahrtzeiten und mit Schnellkochtöpfen, in der die Eltern weniger Unterstützung erhalten und eher ihre Fähigkeiten, ein Kind zu erziehen, in Frage stellen, als dies in der Vergangenheit der Fall war.

Eltern sind weiterhin beeinträchtigt durch das, was ich politisch korrekte Elternratschläge nenne, verkümmerte Ansichten aus der Freudschen Ära, die durch Benjamin Spock und andere, die in seine Fußstapfen traten, in amerikanische Familien gebracht wurden. Spocks Ratschläge, flexibler zu sein, Argumente zu benutzen und Schuldbewusstsein als wesentliche Methoden zum Erreichen von Disziplin schienen ein notwendiges Korrektiv des amerikanischen Erziehungsstils der ersten Hälfte des 20. Jahrhunderts, das heute auf uns engstirnig und kalt wirkt. Ich rufe nicht dazu auf, zu den schlechten alten Tagen zurückzukehren. Ich *bitte* Eltern darum, Grenzen zu setzen, und zwar mit etwas weniger Schuldgefühlen und Zweifeln, die heute in der amerikanischen Elternkultur überhand zu nehmen scheinen.

Kinder, die sich auffällig verhalten – ob sie nun ADHS, oppositionelles Problemverhalten, eine bipolare Störung oder welche Diagnose auch immer »haben« –, reagieren positiv auf die Strategien, die ich in diesem Buch beschreibe. Um es noch einmal zu wiederholen: Eltern sollten eine liebevolle Umgebung mit Grenzen schaffen, die in einer festen und konsequenten Weise durchgesetzt werden. Da Kinder, die sich ausagieren, gewöhnlich in ihrem impulsiven Verhalten unterbrochen werden, sind gutes Zureden und Androhungen verspäteter Konsequenzen nicht wirksam bei ihnen. Schwarzweiß-Alternativen (»Stephen, hör auf, deine Schwester zu ärgern oder ich schicke dich in eine Auszeit«), gefolgt von schnellem Handeln, funktionieren am besten. Sofortige Belohnungen können eine Motivation sein für gutes Benehmen, das für das heftige, beharrliche und schwierige Kind so mühsam ist. Die Externalisierung des Problems kann es der Familie ermöglichen, Grenzen zu setzen und zu befolgen, ohne Schuldzuweisungen und Selbstbeschuldigungen. Eltern, die zu beschäftigt, ausgebrannt oder durch Ehekonflikte belastet sind, um eine stabile Umgebung für diese Kinder zu schaffen, müssten zunächst ihre eigenen Probleme bewältigen, bevor sie ihren Kindern helfen können.

Da heftiges Ausagieren bei Kindern häufig Hand in Hand mit Lernschwächen geht, sollten sie auch auf Lernbehinderungen getestet werden. Eltern sollten einen gemeinsamen Versuch unternehmen, um eine Schulklasse zu finden, die auf die Lern- und Verhaltensbedürfnisse ihrer Kinder zugeschnitten ist. Ein Lehrer, der auf das Kind mit sofortigem Feedback und einem System aus Belohnungen und Strafen eingeht, kann ein Geschenk des Himmels sein.

Extreme Kinder, extreme Maßnahmen

Einige Kinder haben ein gestörtes Verhalten, das für sie selbst und andere gefährlich ist. Die vierzehnjährige Sarah ist ein Beispiel hierfür. Ihre Eltern ließen sich scheiden, als sie zwei war; bis kurz zuvor hatte sie bei ihrer Mutter, Terry, gelebt. Doch bei Sarahs Gewaltbereitschaft war für Terry Schluss. Es war nicht ungewöhnlich für Sarah, ihre Mutter in ihrem Zorn mit Gegenständen zu bewerfen. Außerdem machte sich Terry Sorgen wegen der Promiskuität ihrer Tochter – sie sah aus wie achtzehn und hatte bereits oralen Sex mit älteren Jungen im Park gehabt. Als Sarah mit einigen älteren Schülern der Highschool bis ein Uhr morgens wegbleiben wollte, stritten Terry und sie so sehr, dass sie ringend auf dem Fußboden landeten, bis Sarahs Bruder sie auseinander brachte. Kurze Zeit darauf griff Sarah ein Mädchen an, das sie eine »liederliche Schlampe« genannt hatte.

In den meisten Fällen hilft eine koordinierte, beständige Methode, Disziplin zu erreichen, wie in Kapitel 4 beschrieben, selbst bei sehr aggressiven Kindern. Bei Kindern, die eine Scheidung erlebt haben oder ein anderes traumatisches Ereignis, können auch Gespräche mit einem verständnisvollen Fachmann hilfreich sein.

Wenn aber konsequente Disziplin nicht hilft oder in der gegenwärtigen Umgebung des Kindes nicht durchgeführt werden kann, müssen Eltern in Erwägung ziehen, diese Umgebung zu ändern. Diese Entscheidungen können schwer fallen, wie z. B. das Kind zu Verwandten zu schicken, in ein spezielles (und wahrscheinlich teures) Internat oder sogar in eine vom Bezirk unterhaltene Wohngemeinschaft, die besser ausgestattet ist, um konsequente Unterstützung zu bieten. Ich habe erlebt, dass Eltern sich entschlossen, ihr straffälliges Kind in ein Jugendgefängnis zu geben, und ich habe ihre Entscheidung unterstützt, wenn auch mit einer gewissen Traurigkeit. Manchmal ist dies der einzige Weg, die Kinder davon abzuhalten, sich selbst oder andere zu verletzen.

Wie sich herausstellte, war keiner der Elternteile in der Lage, Sarah die Art von Beständigkeit zu geben, die sie brauchte (sehr wenige Eltern könnten dies). Nach dem Vorfall in der Schule kam Sarah in ein Programm, in dem sie lernen sollte, mit ihrer Wut umzugehen, und zog zu ihrem Vater Arnold. Doch in diesem Haus gab es buchstäblich keinen Platz für Sarah. Sie schlief einige Wochen lang auf dem Sofa in seinem Wohnzimmer, bevor sie davonlief; ihre Eltern waren außer sich, bis sie drei Tage später zurückkam.

Ich habe Sarah einmal die Woche gesehen, um Unterstützung anzubieten, aber womöglich war sie nicht willens, Hilfe von außerhalb zu akzeptieren, bis sie den Tiefpunkt erreicht haben würde. Ihre Eltern arbeiteten ebenfalls mit mir und versuchten, ihre Regeln und Anforderungen unter einen gemeinsamen Hut zu bringen. Bei ihren Temperamentsunterschieden – Terry ist sensibel und Arnold eher unflexibel – war dies eine Herausforderung.

Sarahs Verhalten war eine Gefahr für sie selbst und andere. Eine Option war, sie zu einer anderen Familie zu geben, vielleicht einem vertrauten Freund oder Verwandten, doch nach dem Fiasko mit dem Davonlaufen wollte niemand Sarah nehmen. Wir sprachen darüber, sie für einige Wochen zu einem Abenteuerkurs zu schicken, doch weder Terry noch Arnold hatten hierfür die Mittel. Bis wir eine kontrolliertere Umgebung für Sarah gefunden haben werden als das Haus ihres Vaters, bin ich dafür, Medikamente auszuprobieren. Auf einer oberflächlichen Ebene ist Sarah bereit, zuzugeben, dass sie einige Probleme hat, und meint, dass sie Medikamente nehmen möchte. Meine Sorge ist jedoch, dass ihre Willenskraft schwindet, wenn sie in Wut gerät. Wird sie die Medikamente tatsächlich auf einer regelmäßigen Basis nehmen?

Sarah hatte, als sie jünger war, zwei verschiedene Stimulanzien bekommen; die Tabletten hatten geholfen, doch ihre Streitereien und Wutanfälle hielten an. Nach ein paar Jahren ohne jegliche rezeptpflichtige Medikamente hatte sie mit Wellbutrin angefangen, das bei Kindern mit einer Kombination aus ausagierendem Verhalten und depressiven Symptomen nützlich sein kann. Es ist auch eine gute Wahl bei Jugendlichen, die versucht sein könnten, Stimulanzien zu missbrauchen (Sarah gehört definitiv zu dieser Kategorie). Es ist zu früh zu sagen, ob die Tabletten eine große Wirkung haben. Natürlich würde ich es bei weitem vorziehen, eine sichere Umgebung für sie zu finden, um dort die Probleme zu lösen.

Ich vermute, dass viele der Kinder, die eine bipolare Diagnose erhalten haben und starke Medikamente bekommen, ähnlich wie Sarah sind, Kinder, die nicht wissen, wohin sie gehen sollen. Wenn im privaten Umfeld keine Lösung für das gewalttätige und gefährliche Verhalten gefunden werden kann, können öffentliche Institutionen – wie das Jugendrechtssystem – eintreten. Ich hoffe, dass Sarah und ihre Familie für ihre dringendsten Probleme eine andere Lösung finden werden, selbst wenn die Tabletten Teil dieser Lösung sind.

Maßnahmen für Kleinkinder

Die kleine Helene war knapp drei Jahre alt, doch sie hatte bereits eine bemerkenswerte Persönlichkeit. Sie hatte zu Hause mehrmals täglich Ausbrüche und war gebeten worden, die Vorschule, die von Eltern geführt wurde, wegen ihrer regelmäßigen Wutanfälle zu verlassen. Helenes Eltern, Carla und Earl, die ihre Tochter nach deren Geburt adoptiert hatten, waren mit ihrem Latein am Ende.

In meiner Praxis spielte Helene zunächst sehr nett mit ihren Eltern und mit den Spielsachen. Als jedoch die Sitzung voranschritt, wurde sie immer ausgelassener in ihrem Spiel. Als ich gerade mit ihren Eltern sprach, sauste plötzlich ein Tinker Toy (Holzstäbe in verschiedenen Längen und Farben) an meinem Ohr vorbei.

»Helene, komm sofort hierher«, befahl Carla. Helene, die sowohl verlegen als auch trotzig guckte, rührte sich nicht. »Ich zähle«, sagte Carla. »Eins... zwei... wenn ich drei sage, bekommst du keine Kekse heute Abend.«

Helene machte einen zögernden Schritt auf ihre Mutter zu. Na also, sagte ich zu mir selbst, Carla macht das gut.

»Warum hast du mit dem Spielzeug nach dem Doktor geworfen?« fragte Carla Helene.

Oje, dachte ich. Ein Minuspunkt für Carla. »Warum«-Fragen helfen nur selten in solchen Situationen. Helene weigerte sich zu antworten, die abendlichen Kekse wurden gestrichen, und dann bekam sie einen Wutanfall in meiner Praxis.

Später sprach ich allein mit ihren Eltern. Helene war kein böses Mädchen; sie war ein heftiges, trotziges und sensibles Kind, das bei ihren Eltern nach Demonstrationen konsequenten Verhaltens suchte. Ich fand, dass die Eltern, insbesondere Carla, bereits eine Menge Geschicklichkeit und Überlegtheit im Umgang mit Helene zeigten. Sie brauchten einfach etwas unterstützende »Feinabstimmung«, um ihre Ambivalenz zu verringern. Wir sprachen über die Methode eins-zwei-drei-Auszeit und die Notwendigkeit von Unmittelbarkeit und Handlung. Ich riet ihnen, Fragen zu unterlassen und keine Entschuldigungen zu erwarten. Das war einfach zu schwer für die kleine Helene, deren Gehirn frühe Anzeichen für eine »Blockade« verriet – jenen verwirrten Zustand, der bei leicht aufbrausenden Kindern zu finden ist. Sowohl Carla als auch Earl fanden meine Vorschläge sinnvoll, und sie versprachen, sie zu Hause auszuprobieren.

Nach etwa zwei Wochen kamen Carla und Earl zurück, mit einem breitem Lächeln vor Stolz und Freude auf den Gesichtern. Sie berichteten, dass Helene, nachdem sie den eins-zwei-drei-Auszeit-Prozess konsequent angewandt hatten (und besonders auch Earl in die Handlung einbezogen worden war), ein »anderer Mensch« sei. Sie hörte auf die Eltern, hatte weniger Ausbrüche und war in der Tat liebevoller als je zuvor. Als ich das nächste Mal die ganze Familie sah, ertappte ich mich dabei zu denken: Es ist, als hätte Helene eine Droge genommen. Sie war sehr viel ruhiger und schien glücklicher, als wir alle vier eine Scharade für Kinder spielten. Als ich ein paar Anzeichen eines Testverhaltens des Kindes uns gegenüber entdeckte, griffen Carla und Earl frühzeitig ein, deuteten an, dass sie Helene in der Praxis in eine Auszeit schicken würde, und erinnerten sie an den Besuch bei McDonald's nach dieser Sitzung, wenn sie ihr Temperament in Schach halten würde.

Diese Art schneller Wandlung bei Kindern, sobald Eltern dem Setzen von Grenzen zustimmen und konsequent handeln, überraschte mich früher. Mit den Jahren habe ich gelernt, dass es nicht ungewöhnlich ist, besonders bei Kleinkindern. Es ist für die Eltern äußerst erschreckend, wenn ein kleines Kind solche Verhaltensprobleme an den Tag legt wie Helene – umso mehr, wenn die Folge der Verweis von einer Vorschule oder einem Kindergarten ist. Kleinkinder reagieren jedoch sehr stark auf Veränderungen im Erziehungsstil, und Umstellungen zu Hause geben ihnen oft die besondere Stabilität, nach der sie sich sehnen.

Pharmazeutische Maßnahmen

Bei der Mehrheit der Familien, die zu mir kommen, besteht die große Wahrscheinlichkeit, den sich ausagierenden Kindern zu Hause und in der Schule ohne die anfängliche Hinzunahme von Medikamenten zu helfen. Doch einige Eltern haben das Gefühl, dass ihre Kinder, was sie auch versuchen, weiter kämpfen. Selbst nach positiven Veränderungen zu Hause können weiterhin Schwierigkeiten in der Schule bestehen. Die Entscheidung für ein Medikament bei einem Kind, das Probleme des Ausagierens hat, ist letztendlich eine persönliche Entscheidung zwischen den Eltern, dem Kind und dem Arzt; häufig sind die entscheidenden Faktoren die fortgesetzten Probleme in der Schule und das Gefühl, dass die Selbstachtung des Kindes sinkt oder in Gefahr ist. Obwohl es unterschiedliche Erfahrungen gibt, ob Kinder, deren Leistungen und Verhalten sich mit Einnahme eines Medikaments verbessern, sich auch wohler mit sich selbst fühlen, sind viele Eltern in dieser Situation bereit, ihre Kinder vom klaren, kurzfristigen Nutzen der Tabletten profitieren zu lassen.

Durch ihre relative Sicherheit und Kurzzeitwirkung, die im

Laufe der letzten sechzig Jahre bewiesen wurden, sind stimulierende Mittel wie Ritalin und Adderall die erste Wahl bei Problemen des Ausagierens. Ich stelle regelmäßig Rezepte für diese Tabletten aus – obwohl ich fest daran glaube und dafür eintrete, dass Eltern und Schule Verhaltens- und Lernmaßnahmen fortsetzen sollten, auch wenn die Medikation zu wirken scheint.

Die große Mehrheit der Kinder – Schätzungen reichen von 60 bis 90 Prozent – mit ADHS-typischen Symptomen erreichen eine Besserung mit nur einem Stimulans. Ein stimulierendes Mittel basiert entweder auf Methylphenidat oder Amphetamin, und wenn bei einem Kind das eine nicht hilft, sollte, bevor man aufgibt, das andere probiert werden. Eltern sollten sicher sein, dass der Arzt methodisch die Dosierung alle drei bis vier Tage erhöht bis zu dem Punkt, wo entweder das Verhalten wesentlich besser geworden ist oder unangenehme Nebenwirkungen andauern. Sehr häufig erzählen mir Eltern, die früher bereits Stimulanzien ausprobiert haben, dass ihr Kind darauf nicht reagiert. Doch dann erfahre ich, dass die Familie aufgrund ihrer Ambivalenz gegenüber den Tabletten oder weil sie keine vernünftigen Informationen von ihrem Arzt erhalten hatte, aufgab, nachdem das Kind lediglich die geringstmögliche Dosis ausprobiert hatte.

Kinder, die einen ernsthaften Versuch mit anregenden Mitteln machen, denen aber dadurch nicht geholfen wird, sind oft sehr zornig, sehr ängstlich oder sehr traurig. Unweigerlich sind ihre Elternhäuser und Schulumgebungen hoch problematisch. Die Entscheidung, von der Gruppe der Stimulanzien zu anderen Medikationen überzugehen (oftmals werden sie zusätzlich zu einem Anregungsmittel verschrieben), ist für Eltern sehr kompliziert und wirft schwierige Fragen hinsichtlich der Wirksamkeit und der Nebenwirkungen auf.

Medikamente der zweiten Wahl bei Symptomen des heftigen Ausagierens sind Clonidin und Tenex, deren sedierende Wirkung sie attraktiv macht bei Symptomen, die später am Tag auftauchen. Trizyklische Antidepressiva können gegeben werden, wenn Depressionen Teil des Problems sind. All diese Medikationen sind umstritten; es gibt eine wachsende Skepsis gegenüber ihrer allgemeinen Wirkung und Besorgnis wegen ihrer Nebenwirkungen, die, in sehr seltenen Fällen, sogar zum Tod führen können. Zwei weitere Medikamente, Wellbutrin und Effexor, werden immer häufiger als Mittel zweiter Wahl verschrieben, besonders bei dem ADHS-Symptom Impulsivität, aber, wie gesagt, es ist wenig bekannt über ihre Wirkungen, gute wie schlechte, bei Kindern.

Möglich und zunehmend häufiger angewandt bei der Behandlung von heftigem Ausagieren ist die zusätzliche Einnahme von Prozac oder eines Medikaments aus der ständig wachsenden Gruppe der SSRIs zu einem stimulierenden Mittel. Sie haben sich bei Kindern mit diesen Problemen als nicht sonderlich nützlich erwiesen, können aber dennoch genommen werden, wenn der Arzt vermutet, dass Depressionen oder übermäßige Sensibilität Elemente der Schwierigkeiten des Kindes sind.

Die nächste Tablettengruppe bei heftig ausagierendem Verhalten sind die Antikonvulsiva, Neuroleptika (neuartig und traditionell) und Lithium – die »schweren Geschütze« wie Depakote oder Risperdal mit den entsprechenden Nebenwirkungen. Ursprünglich sind sie nur bei den schwersten Fällen verabreicht worden, doch ich sehe immer häufiger Kinder, die sie einnehmen als Reaktion auf die zunehmend beliebte, aber verschwommene Diagnose bipolare Störung. Neuroleptika sollten aufgrund ihrer dämpfenden Eigenschaften sowie der Risiken von Gewichtszunahme und einer permanenten, unwillkürlichen Bewegungsstörung, nur als äußerstes Mittel gewählt werden bei der immer riskanter werdenden Aufgabe, zwischen der Reduzierung von Symptomen und Nebenwirkungen abzuwägen. Eltern, die sie in Betracht ziehen, stehen gewöhnlich weiteren harten Fragen gegenüber hinsichtlich der Umgebung des Kindes, einschließlich der Unterbringung in einer Spezialklasse oder in einem Wohnheim. Vielleicht gibt es zu Hause ernsthafte Eheprobleme oder eine Gefährdung der Sicherheit des Kindes. Wenn diese Medikamentengruppe erwogen wird, muten alle Wahlmöglichkeiten deprimierend an. Die Personen, die wichtige Entscheidungen treffen – im Allgemeinen die Eltern und der Arzt –, sollten sich zumindest miteinander abstimmen.

11. Schüchtern, sensibel, ängstlich: Kinder, die sich in sich selbst zurückziehen

Sobald sie in der Öffentlichkeit war, klammerte sich die siebenjährige Samantha an die Beine ihrer Mutter wie eine ängstliche Maus. Im Jahr zuvor, als Samantha in der ersten Klasse war, konnte es bis zu einer halben Stunde dauern, sie von der Mutter loszueisen und in die Klasse zu schieben. Laut ihrer Lehrerin war Sam ruhig, lächelte kaum und hatte Angst, die Hand zu heben, wenn sie die Antwort nicht zu 100 Prozent sicher wusste.

Doch zu Hause beherrschte Samantha die Familie. Ihre Wutanfälle waren berühmt; trotz der Bemühungen ihrer Mutter, sie zu beschwichtigen, konnten sie Stunden andauern. Es wusste auch niemand, was den nächsten Ausbruch bei Samantha auslösen würde. Sie brüllte, wenn ihre Mutter ihr das Haar bürstete. Sie war eine pedantischer Esserin, regte sich auf über Dinge, die andere Kinder nicht einmal bemerken würden – zum Beispiel, dass ihr Mais in der Mikrowelle anstatt auf dem Herd erhitzt worden war. Sie bestand darauf, jeden Tag zur Schule dieselben Hosen zu tragen, was bedeutete, dass ihre Mutter sie jeden Abend waschen und trocknen musste. Sie konnte nach Sonnenaufgang nicht mehr schlafen, weil der Gesang der Vögel sie störte.

»Sam ist unglücklich, und ich weiß nicht mehr, was ich tun soll«, sagte Kathleen, Sams Mutter, die selbst ziemlich unglücklich aussah. Zwei Monate zuvor hatte Sam im Park gespielt, bis sie von einer Biene erschreckt – nicht gestochen – worden war. Seitdem hatte Sam eine wachsende Angst vor allen Insekten entwickelt. Während eines sehr heißen Sommers, als Kathleen einen Besuch in einem Erlebnisbad in der Nähe vorschlug, brüllte und schrie Sam bei der bloßen Andeutung. Arthur, Sams kleiner Bruder, konnte nicht verstehen, warum er um sein Vergnügen gebracht wurde. In letzter Zeit sträubte sich Sam, überhaupt hinauszugehen, selbst an einem schönen Tag.

Auch vor dem Erlebnis mit der Biene hatte Kathleen bereits die Notwendigkeit gesehen, Hilfe von Außenstehenden zu suchen, und Sam zu einem Kinderarzt gebracht. Er fand, dass Sam ängstlich sei, und verschrieb Prozac. Als das nicht half, versuchte er Paxil, ein ähnliches Präparat. Sam nahm dann während der folgenden neun Monate Ritalin, Zoloft, Dexedrin, Clonidin, Klonopin und Imipramin – manchmal einzeln, manchmal in Kombination miteinander.

Während Sam durch diese psychotrope Pillenparade marschierte, wurde Kathleen, eine Sozialarbeiterin, zunehmend skeptisch. Sie hatte das Gefühl, dass die Tabletten, weit entfernt davon zu helfen, sogar zusätzliche Schlaf- und Verhaltensprobleme bei ihrer Tochter auslösten. Als sie zu mir kam, war sie auf der Suche nach einer weiteren ärztlichen Meinung und bereit, nicht-medikamentöse Methoden auszuprobieren, um Sam zu helfen.

Rückzugsprobleme

Ich war ein wenig entsetzt (und, auf eine fassungslose Weise, auch beeindruckt) von der Vielzahl an Tabletten, die dieses kleine Mädchen geschluckt hatte. Ich stellte mir die Diagnosen vor, die der Arzt Sam gestellt haben mochte, um die diversen Tabletten, die er ihr verordnet hatte, zu rechtfertigen: allgemeine Angstpsychose, Schulphobie, Panikanfälle, ADHS, zwanghafte Störungen, Dysthymie (melancholisch/traurig sein), Depression oder, da Sams Eltern sich vor ein paar Jahren hatten scheiden lassen, posttraumatisches Belastungssyndrom.

Aus praktischer Sicht sind diese Diagnosen ungefähr so hilfreich wie die mittelalterliche theologische Debatte darüber, wie viele Engel auf einem Stecknadelkopf tanzen können. Die Vielzahl an Überschneidungen und Vermischungen innerhalb der Kategorien macht sie nahezu nutzlos für das wichtige Ziel einer Diagnose – zu bestimmen, was mit dem Kind los ist, was gegen das Problem getan werden kann und wie es in Zukunft aussehen wird. Anstatt zu versuchen, Trennlinien zwischen den verschwommenen Kategorien zu ziehen und einem Kind zwei, drei oder vier ungenaue Etiketten anzuheften, ist es hilfreicher, die Symptome einer viel breiteren Gruppe zuzuordnen: Internalisierungs- oder Rückzugsprobleme.

Kinder, die sich ziellos ausagieren, reagieren auf Stress, indem sie versuchen, die Situation zu beherrschen oder jemanden zu schlagen – die alte »Kampf-oder-Flucht«-Reaktion, die von Ethnopsychologen des frühen 20. Jahrhunderts beschrieben wurde. Andere Kinder jedoch reagieren auf Stress, indem sie ihre Gefühle nach innen richten; wir nennen das »Rückzug«. Sie ziehen sich in sich zurück; sie analysieren und machen sich Sorgen; sie versuchen zu gefallen; sie fressen ihre Verletzung und ihre Wut in sich hinein.

Obwohl Geschlechtsunterschiede keineswegs allgemein gültig sind, neigen Jungen, die unter Stress stehen, dazu auszuagieren, während Mädchen sich häufig zurückziehen. Diese Tendenzen sind wahrscheinlich sowohl biologisch (angeboren) als auch kulturell festgelegt. Untersuchungen, die auf Video aufgenommen wurden von Eltern im Spiel mit ihren Babys, zeigen, dass sowohl Jungen als auch Mädchen auf den Knien ihrer Eltern reiten. Die Jungen glucksen gewöhnlich vor Freude und Aufregung, was die Eltern ermuntert, die Aktivität zu steigern und zu verlängern. Die Mädchen zeigen gewöhnlich ein bisschen mehr Zögern und Unbehagen – und die Eltern reagieren, indem sie sie mit weniger Schwung und für kürzere Zeit auf und ab hüpfen lassen. Die unterschiedlichen Reaktionen, die männliche und weibliche Babys gegenüber raueren Formen des Spiels zeigen, sind der Beginn eines Feedbackzyklus zwischen Kind und Eltern, der das Muster prägt: mehr Bewegung für Jungen und weniger für Mädchen.

Verschiedene Muster, mit Stress umzugehen – ob ein Kind dazu neigt, nach außen zu agieren oder sich zurückzuziehen –, entwickeln sich bei kleineren Kindern wahrscheinlich in einer ähnlichen Weise. Genetische Forschungen haben Eigenschaften wie Regelmäßigkeit beim Schlafen und Essen, die Fähigkeit, mit Veränderungen umzugehen, und Besänftigung in den ersten Stunden und Tagen des Lebens bei kleinen Kindern dokumentiert. Wissenschaftler wie T. Berry Brazelton und Jerome Kagan haben gezeigt, dass manche Kinder von Geburt an als hoch sensibel bezeichnet werden können. Eine geringe Frustrationstoleranz und eine Tendenz, sich zurückzuziehen und Beistand zu suchen als Reaktion auf Stress, kommen häufig hinzu. Genauso wie Kinder, die ausagieren, sind diese Kinder ebenfalls verletzlicher gegenüber Problemen im späteren Leben und schwieriger zu erziehen. Diese Experten betonen allerdings auch, dass Veranlagung kein Schicksal ist; die Rolle der Eltern in diesem Feedbackzyklus aus Verhalten und Reaktion ist genauso wichtig. Eltern, die ebenfalls sensibel sind und dazu neigen, sich Sorgen zu machen, können unbeabsichtigt das problematische Verhalten der Kinder verstärken; die Wahrscheinlichkeit, ihr sensibles Kind bei dem kleinsten Anzeichen von Kummer in die Arme zu nehmen, ist bei ihnen größer, wodurch sie unbewusst die Unsicherheit des Kindes und seinen Wunsch nach Beistand verstärken. Die einzigartige Persönlichkeit des Kindes anzuerkennen und gleichzeitig freundlich, aber fest darauf zu bestehen, teilzuhaben an dieser Welt, kann dem Kind helfen, zu größerer Belastbarkeit zu finden.

Man könnte meinen, dass sensible Kinder rund um die Uhr scheu sein müssten, aber Sam, die in der Schule still, in ihrer Familie jedoch fordernd war, entspricht einem vertrauten Muster. Von den Kindern, die sich zurückziehen, kann in meiner Praxis nur eine sehr kleine Minderheit durch gehemmtes Verhalten zu Hause charakterisiert werden. Selbst sensible Teenager, die in ihren Zimmern in Ruhe gelassen werden wollen, stellen oft viele Forderungen an ihre Eltern.

Wie ich bereits feststellte, ist es nicht immer einfach, eine klare Linie zu ziehen zwischen Ausagieren und Rückzugsverhalten. Kinder, die erregt und impulsiv sind, können gleichfalls traurig sein. Und Kinder, die sich inkompetent fühlen und sich Sorgen machen, ziehen sich vielleicht in der Öffentlichkeit zurück, während sie zu Hause ihre Familie tyrannisieren. Fast alle sensiblen Kinder sind vertraut mit ihrem Umfeld und fühlen sich wohl genug auf ihrem eigenen Terrain, um in aggressiver Weise die Art von Rettungsverhalten zu fordern, nach dem sie sich sehnen (wie z. B. »Zwing mich ja nicht dazu, dieses neue Spielzeug auszuprobieren«).

Neue Situationen führen gewöhnlich zu den typischen Hemmungen und Ängsten. Mit der Zeit gewöhnen sich Kinder oft an die Schule oder das Camp oder Mamis neuen Freund und werden umgänglicher. Doch wenn die Umgebung unfreundlich oder ohne Mitgefühl ist oder wenn das Verhalten des Kindes einen Teufelskreis in Gang setzt – z. B. wenn ein in sich zurückgezogenes Kind von anderen gehänselt wird, was zu mehr Rückzug und mehr Hänselei führt –, können die Symptome schlimmer werden.

Wenn dieser Zirkel aus Hemmungen, Rückzug, Rettung und Verlust von Kompetenz bis in die Teenagerzeit andauert, wird es für Eltern und Ärzte sehr viel schwieriger, etwas dagegen zu unternehmen. Teenager, die sich in sich zurückziehen, müssen sich ihrem Problem weitgehend selbst stellen und erreichen oftmals einen Tiefpunkt – sie werden depressiv. Dieser Tiefpunkt kann sich durch eine längere Phase der Schulverweigerung oder vollständigen sozialen Rückzug von Freunden und der Außenwelt äußern. Die Jugendlichen sind natürlich mit diesem Zustand sehr unglücklich; sie fühlen sich vielleicht wie gelähmt und unfähig, etwas zu ändern. Und dann gibt es die Gruppe Teenager, die, ganz ähnlich wie viele Erwachsene, mit Traurigkeit und Depressionen auf neue Belastungen reagieren. Der Verlust des Freundes oder der Freundin, Entfremdung und Einsamkeit, Scheidung der Eltern, ständiger Missbrauch zu Hause oder andauerndes Versagen in der Schule können bei einigen Teenagern Anfälle von Depressionen hervorrufen, die sich wie bei Erwachsenen äußern.

Optionen für Kinder, die sich zurückziehen

Verhaltenstherapeutische Maßnahmen

Samanthas Zukunft – nach Kathleens Beschreibung – schien bestenfalls ein zurückgezogenes Leben zu sein. Sie war mit Sicherheit dabei, immer seltsamer zu werden, und die wachsende Einschränkung ihrer täglichen Aktivitäten würden schließlich dazu führen, sich im Vergleich zu anderen Kindern ihres Alters benachteiligt zu fühlen. Sie schien gefangen zu sein in einem Kreis aus Angst, Panik, Wutanfällen und Traurigkeit. Und Kathleen, die Sam von ganzem

Herzen liebte, fühlte sich zu hilflos, um ihrer Tochter zu Hilfe zu kommen.

Als der Zeitpunkt für den Familienbesuch kam, humpelte Kathleen in die Praxis, als sei ihr linkes Bein von einem großen Tumor befallen. Sam rührte sich nicht. Kathleen erzählte mir, dass sie und Kathleens Stiefvater, Mike, das Kind fast ins Auto hineinzerren mussten, um sie zu diesem Termin zu bringen. Insofern erwartete ich nicht viel von dem Gespräch zwischen Sam und mir. Doch ich irrte mich: Sam konnte reden. Sie konnte sich artikulieren, sie sprach direkt über ihre Ängste und erzählte selbst mit dramatischem Genuss die Geschichte von der Biene. Später spielte die Familie zusammen und malte als Gruppe ein Bild. Beide Eltern hatten eine gute Verbindung zu den Kindern, und sie alle genossen offensichtlich die Gesellschaft der anderen.

Gegen Ende des Besuchs fragte ich die einzelnen Familienmitglieder, warum sie glaubten, dass Sam ihr Problem hätte. Alle schwiegen. Kathleen meinte schließlich, dass der vorige Arzt festgestellt hatte, Sam litte an einem chemischen Ungleichgewicht im Gehirn. Arthur, der kleine Bruder, verstand nicht, und so versuchte Kathleens Mutter es ihm zu erklären. Als sie fertig war, rief Arthur aus: »Ach, das wusste ich doch schon. Ihr Gehirn ist kaputt.«

Die Familie war zu der Überzeugung gekommen, dass Sam nichts dafür konnte – wie könnte sie, mit diesem kaputten Gehirn? Kathleen tat ihr ängstliches kleines Mädchen so leid, dass sie aufhörte, Hausregeln durchzusetzen, in dem Gefühl, dass Sam bereits – ohne die zusätzliche Härte elterlicher Grenzen – genug zu leiden hatte. Diese Taktik hatte jedoch nicht geholfen, ebenso wenig wie geduldige Versuche, Sam zu beruhigen und zu besänftigen oder die Bereitschaft, sie ständig ihre Ängste laut werden zu lassen. Mike versuchte es mit Logik, um Sams fixe Idee zu durchbrechen. »Wie groß ist die Chance, tatsächlich gestochen zu werden?« fragte er. »Bist du jemals vorher gestochen worden?« Doch Sam – die sicherlich in der Lage war, seine Fragen intelligent zu beantworten – zuckte mit den Schultern und murmelte: »Ich weiß nicht.« Sie spürte, dass sie zu einem Eingeständnis gedrängt werden sollte, zu dem sie nicht bereit war.

Als ich später mit Kathleen und Mike sprach, stimmten wir überein, dass Argumente und Beruhigungen nicht ankamen. Ich versuchte, dem Mitleid der Eltern und den Bemühungen, ihrem armen, hilflosen Kind zu helfen, eine andere Richtung zu geben: »Sam fühlt sich kontrolliert und herumkommandiert von ihren Gedanken. Sie kann sich nicht selbst davon befreien, also müssen Sie ihr helfen. Argumente ziehen nicht, weil die Ängste nicht das Ergebnis eines rationalen Prozesses sind. Zu versuchen, ihren Problemen mit logischem Denken beizukommen, ist für alle frustrierend. Nein, um Sam zu helfen, müssen zunächst *Sie sich* von der Tyrannei ihrer Ängste befreien. *Sie* müssen sich weigern, sich von ihren Zwangsvorstellungen herumkommandieren zu lassen.«

Mike und Kathleen sollten damit anfangen, Grenzen zu setzen. Wenn ein dreijähriges Kind (oder ein fünfjähriges oder selbst neunjähriges) sich weigert, in meine Praxis zu kommen, oder versucht, unter den Pullover seiner Mutter zu kriechen, könnten die Eltern mit bestimmter, aber freundlicher Stimme sagen: »Du bist alt genug, neben mir zu sitzen, ohne zu versuchen, in meinen Bauch zurückzukriechen. Wenn du hier nicht anständig sitzen kannst, musst du eben allein sitzen.« Wenn ein Teenager, der sich zurückgezogen hat und nicht zur Schule geht, während der Familiensitzung nicht sprechen will, könnten die Eltern mitfühlend sagen: »Ich kann dir nicht helfen, wenn du dich nicht bemühst, hier aktiv teilzunehmen. Wir können auch schweigend dasitzen. Mit der Schule musst du allerdings morgen allein klarkommen, wenn du nicht zum Unterricht erscheinst.« In beiden Fällen ist die Aufforderung deutlich, respektiert aber die Veranlagung des Kindes, ungefähr wie: »Wir wissen, dass es für dich schwerer ist, diese Dinge zu tun, aber wir glauben, dass du sie tun *kannst,* und wir werden darauf bestehen.« Genauso wie bei Kindern, die heftig ausagieren, geben angemessene Grenzen auch schüchternen Kindern ein Gefühl von Sicherheit und Wohlbefinden. Sie durchbrechen ebenfalls den Feedbackzyklus aus Verhalten des Kindes und elterlichen Reaktionen, die dieses Verhalten fordern.

Kathleen und ich arbeiteten anfangs Grenzen für Sam aus; gleichzeitig externalisierten wir ihr Problem, so wie Timmys Eltern es bei ihrem Sohn getan hatten. Bei ihrer Einzelsitzung mit mir beschloss Sam, ihre Ängste (vielleicht nicht übermäßig originell) »Herr Angst« zu nennen. Ich erinnerte sie daran, dass Herr Angst keine wirkliche Person sei, sondern ihre Ängste und Gefühle darstellte, die sie nicht so handeln ließen wie sie es wollte. Wir entwarfen ein Angstthermometer und kamen überein, dass Sam einige ihrer weniger großen Ängste angehen könnte, wie z. B. vom Haus ins Auto zu gehen. (Ihre »heftigste« Angst war, in den Park zu gehen, wo die Biene sie gestreift hatte.) Sie würde Mut brauchen, sich ihrem Feind zu stellen, doch sie würde Hilfe von ihren Eltern, besonders ihrer Mutter, bekommen.

»Deine Mami setzt sich auch gegen Herrn Angst zur Wehr«, erzählte ich Sam. Katherine konnte Sam sagen, dass es zwar in Ordnung sei, sich aufzuregen, dass sie aber, wenn ihr danach sei, in ihrem eigenen Zimmer besser aufgehoben wäre. Katherine könnte dann etwas Reizvolles tun wie z. B. Kochen, was Sam mochte und den Fokus von den Beinen ablenken würde. Traurige, ängstliche Kinder wie Sam profitieren von Gesprächen und Unterstützung, doch dieser Nutzen ist begrenzt. Fortgesetztes Reden ohne eine Änderung im Verhalten führt eher dazu, das Problem zu vergrößern. (Wenn Kinder oder Jugendliche ein akutes oder andauerndes Trauma erlebt haben, ist die Rolle des Arztes oder Therapeuten größer, indem er beispielsweise unterstützende Einzelsitzungen mit dem Kind durchführt. Und selbstverständlich *muss* die Umgebung einbezogen und angesprochen werden, wenn es Eheprobleme oder Unfrieden nach einer Scheidung, Missbrauch, Vernachlässigung oder ernsthaftes Hänseln und Schikanieren gibt).

Belohnungen sind ebenso wie Grenzen nicht an die Behandlung von hyperaktiven, impulsiven Kindern gebunden; sie können auch eine Rolle spielen, um sensible Kinder zu mehr Aktivität und Teilnahme zu ermutigen. Wir arbeiteten einen Plan aus, bei dem Katherine Sam mit einem Vierteldollar belohnen würde, wenn sie einfach nur zum Auto und zurück ginge, ohne Theater zu machen, selbst wenn sie nirgendwohin fahren wollten. Mike würde es ebenso machen. Wenn Sam allerdings nicht kooperierte, wenn die

Familie tatsächlich wegfahren musste, bekäme sie ihren Vierteldollar nicht – *und* sie würde überdies von ihren Eltern ohne weitere Diskussion ins Auto getragen werden. Wir erklärten Sam dies alles. Der Plan gefiel ihr trotz der unangenehmen Konsequenzen, und sie meinte, sie könne es schaffen.

Katherine, Mike und Samantha kamen eine Woche später wieder, stolz darauf, dass Sam drei Dollar in 25-Cent-Münzen verdient hatte. Und noch etwas war passiert. Katherines Stimme klang klarer und stärker als bei den vorigen Sitzungen. Während Samantha sich immer noch vor den Bienen fürchtete, verwendete Katherine sehr viel weniger Zeit darauf, über das Problem an sich zu reden und sich aufzuregen. Sie gewann sogar den Kampf bei der morgendlichen Prozedur des Haarebürstens. »Ich habe ihr gesagt, dass sie, wenn ich ihr die Haare vor der Schule, ohne dass sie sich beklagt, bürsten könne, sie ein wenig fernsehen dürfe, bevor wir losführen. Wenn sie jedoch jammerte, würde ich aufhören zu bürsten und Sam würde zur Schule gehen müssen, ohne dass ihr Haar so aussah, wie sie es leiden mochte. Und es war mir ernst damit. Ich war es einfach leid, Herrn Angst zu schmeicheln.«

Katherine, so schien es, beschloss von sich aus, die Front gegen Herrn Angst zu erweitern und andere Verhaltensweisen, die Samantha das Leben schwer machten, anzugehen – mit Hilfe der Wiedereinführung von Grenzen, Regeln und spezifischen Belohnungen nach ihrer Wahl. Sam sah verlegen, aber auch erfreut aus bei den Ankündigungen ihrer Mutter. (Obwohl es in Sams Fall nicht nötig war, hätte ihre Lehrerin helfen können, Sams Gerede über ihre Ängste zu begrenzen oder ihr lustige Ablenkungen anzubieten. Und wenn Sam eine Lernschwäche gehabt hätte – was sie glücklicherweise nicht hatte –, hätten Umstellungen in der Schule ganz oben auf meiner Prioritätenliste gestanden.)

Im Laufe der nächsten Wochen fuhren die Familienmitglieder systematisch fort, sich von Sams Phobien und Zwängen zu befreien. Es gab gelegentliches Aufflackern, größtenteils Wutanfälle zu Hause, wenn Sam nicht ihren Willen bekam, auf die mit Auszeiten reagiert wurde. Ein größeres Problem tauchte zu dieser Zeit auf, das von Anfang an zu Sams Problemen beigetragen haben mochte: Spannungen zwischen Kathleen und Hank, Sams leiblischem Vater. Hank lebte in der Nähe, doch Sam fühlte sich in der ungewohnten Umgebung seines Zuhauses so unwohl, dass sie verlangte, wieder nach Hause zu gehen. Als Ergebnis sah er Sam seltener als an jedem zweiten Wochenende. In Wirklichkeit traute Kathleen Hank nicht zu, gut auf Sam aufzupassen, und ich glaube, dass dies der Angst zugrunde lag, die Sams scheinbar zufällige Phobien auslöste. Hank seinerseits hatte Angst, Sam Grenzen zu setzen, da er fürchtete, sie würde ihn zurückweisen. Katherine und Hank trafen sich gemeinsam mit mir, und ich ließ Katherine Hank erklären, wer Herrn Angst war. Hanks unterstützende Reaktion erlaubte es Katherine, ihm mehr zu trauen, und sie gab Hank ausdrücklich die Erlaubnis, ihrer Tochter Grenzen zu setzen. Kathleen versprach, dass sie es Sam wissen lassen würde, dass sie hinter Hanks Entscheidungen stand. Mit der Zeit ermutigte Katherine Sam aktiver, mehr Zeit mit ihrem Vater zu verbringen.

Obwohl ich wusste, dass Sams Sensibilität ihr das Leben schwer machte, glaubte ich ernsthaft an ihre Fähigkeiten und auch an die ihrer Mutter. All diese Verbesserungen waren ohne Medikamente erreicht worden. Über einen Zeitraum von drei Monaten und mit dieser neuen Art von Hilfe seitens ihrer Eltern wurde Sam ein normales kleines Mädchen. Als Katherine noch glaubte, dass Sam durch biochemische Prozesse in ihrem Gehirn beeinträchtigt wäre, erwartete sie sehr wenig von ihrer Tochter; Medikation war die einzige Antwort auf dieses »kaputte Gehirn«. Doch wenn Eltern auf mitfühlende Weise Erwartungen an die Kompetenz ihrer Kinder stellen und entsprechend konsequent sind, bessert sich deren Verhalten.

Wenn sich Rückzugsverhalten bis in die Teenagerzeit hineinzieht, mögen Eltern frustriert sein wegen der begrenzten Hilfe, die sie anbieten können. Sie können und sollten ihr Rettungsverhalten reduzieren, aber es liegt an dem einzelnen Jugendlichen, kleine Schritte in Richtung Kompetenz zu machen – Schritte, die Eltern belohnen können. Unter extremen Umständen müssen Eltern vorbereitet sein, dass ihr Kind einen Tiefpunkt erreicht, mit einer Depression, die Medikation oder gar Hospitalisation erfordert, dass Jugendliche nicht mehr weiter können und so verzweifelt sind, um sogar Selbstmordgedanken hegen oder sogar einen Selbstmord versuchen. Individuelle Therapie für Teenager und Eltern kann in dieser schweren Situation Unterstützung bieten.

Medikamentöse Behandlung

Wie schon bei den besprochenen Problemen ist die Entscheidung, bei einem Rückzugsproblem Medikamente einzusetzen, letztendlich eine Entscheidung zwischen Familie und Arzt. Die Gewichtung ist hier allerdings eine andere, weil viel weniger Beweise für die Wirksamkeit und Sicherheit von Medikamenten bei Rückzugsproblemen als bei der Variante des Ausagierens, besonders im Hinblick Stimulanzien, vorliegen. Um den unsicheren Nutzen sowie die bekannten und unbekannten Risiken der Medikation zu rechtfertigen, muss ein Kind gewöhnlich ein hohes Maß an gefährdeter Funktion oder Behinderung zeigen. Außerdem gibt es viele Therapien, z. B. die, die wir bei Sam angewandt haben, die bei Rückzugsproblemen wirksam sind und offensichtlich ausprobiert werden sollten, bevor man sich auf das Risiko Medikament einlässt.

Die Serotonin-Wiederaufnahmehemmer sind sehr beliebt bei der medikamentösen Behandlung von Rückzugssymptomen; bei Einnahmen bis zu einem Jahr haben sich einige von ihnen bei Kindern mit Zwanghaftigkeit als nützlich erwiesen. Ob sie bei anderen Symptomen im Kindesalter hilfreich sind, ist nach wie vor unbekannt. Ich würde sie auch heranziehen bei Teenagern, die tief in ihrem Problemzirkel festzusitzen scheinen oder Kandidaten für Selbstmordversuch oder -handlungen sind. Kleinere Kinder, die sich weigern, das Haus zu verlassen oder zur Schule zu gehen, können ebenfalls Kandidaten sein – aber ich warne Eltern stets, dass es viel weniger Beweise gibt, dass Serotoninwiederaufnahmehemmer bei Kindern und Jugendlichen das gleiche Maß an Belastbarkeit wie bei Erwachsenen erzeugt. Kleinere Kinder, die nach Wochen in einem fokussierten, durch die Eltern unterstützten Verhaltensprogramm keine Besserung zeigen, können ebenfalls Kandidaten für ein SSRI werden – doch ein solches Scheitern ist in meiner Praxis selten. Nahezu alle Kinder, die ich behandele, haben auch ohne Medikation Erfolg.

Wenn ein oder zwei unterschiedliche SSRIs keine ausreichende Wirkung zeigen, wenden die meisten Ärzte Medikationen an, die in erster Linie für Depressionen bei Erwachsenen erforscht worden sind, und bieten möglicherweise ein neueres, »atypisches« (was bedeutet, dass die chemische Zusammensetzung anders ist) Antidepressivum wie Wellbutrin oder Effexor an. Manchmal wird der Arzt auch ein älteres trizyklisches Antidepressivum wie Imipramin (bekannt auch unter dem Handelsnamen Tofranil) oder Nortryptilin (Pamelor) verschreiben. Die trizyklischen Antidepressiva sind sedierend, so dass sie verabreicht werden können, wenn Schlaflosigkeit oder nächtliche Symptome auftreten.

Bei ängstlichen Kindern fügen manche Ärzte ein Beruhigungsmittel hinzu wie Xanax oder Klonopin (vgl. S. 252 ff.), gewöhnlich kombiniert mit einem SSRI oder einem Antidepressivum. Die meisten empfehlen nur eine kurzfristige oder periodische Einnahme dieser Medikamente, da sich sowohl Gewöhnung – der Bedarf an immer höheren Dosen – als auch Abhängigkeit entwickeln können, wenn diese Mittel über Monate oder Wochen ununterbrochen eingenommen werden. Einige wenige Ärzte bevorzugen Buspar, ein Benzodiazepin-freies Beruhigungsmittel, das anscheinend keine Abhängigkeit hervorruft; allerdings haben viele den Eindruck, dass es weder stark noch wirksam ist.

Wenn diese Medikamente bei Rückzugssymptomen nicht helfen, können andere Kategorien von Medikamenten gewählt werden. Eltern müssen jedoch wissen, dass diese ein höheres Risiko für das Kind sowohl auf kurze wie auf lange Sicht darstellen. Sie werden selten allein verschrieben; ein Kind, das diesen Punkt erreicht, nimmt möglicherweise drei oder mehr Tabletten gleichzeitig. Ich stelle den Wert dieser Medikationen ernsthaft in Frage, es sei denn, die Symptome sind lebensbedrohend oder behindern das Kind vollständig. Schwierige Fragen in Bezug auf die Probleme des Kindes begleiten oft die Entscheidung über diese Medikamente. Braucht das Kind eine Förderschule? Sollte es zu Hause wohnen bleiben? Wird das Verhalten des Kindes immer bizarrer –

hat es beispielsweise aufgehört zu baden? Hat das Kind, abgesehen von der unmittelbaren Angst, Sorge oder Depression, Wahnvorstellungen, die psychotisch klingen? Erzählt ihm eine Stimme oder Macht, dass sein Essen vergiftet ist? Gibt es Selbstmorddrohungen, und wenn ja, wie ernst sind diese? Hat es früher bereits Selbstmordversuche gegeben? (Ein früherer Selbstmordversuch ist der wichtigste Risikofaktor für einen weiteren Versuch.)

Lithium und die Gruppe der Antikonvulsiva, einschließlich Depakote und Neurontin (vgl. S. 252 ff.), könnten an diesem Punkt verordnet werden. Einige Ärzte lassen diese Möglichkeiten aus und gehen direkt zu den neuartigen Neuroleptika wie Risperdal und Zyprexa über, insbesondere wenn das Kind Anzeichen einer Psychose zeigt (wie visuelle oder akustische Halluzinationen). Ältere Neuroleptika wie Melleril, Haldol oder Thorazin können ausprobiert werden, wenn diese neuen Mittel die Symptome nicht bekämpfen. Clozapin (Clozaril) ist ein einzigartiges Neuroleptikum, das auf Grund seiner lebensbedrohenden Wirkungen selten bei Kindern angewendet wird. Bei einigen Teenagern kann es neuroleptisches Verhalten unter Kontrolle bringen, wenn andere Mittel versagt haben, aber es ist meistens der letzte Versuch, weil es alle zwei Wochen Blutbildkontrollen verlangt. Stimulanzien und Schilddrüsenhormontabletten werden als Zusatz, als dritte, vierte oder fünfte Medikation erwogen, um apathisches oder depressives Verhalten zu »heben«.

Eine nichtmedikamentöse Behandlungsmethode sollte hier noch erwähnt werden. Einige Ärzte empfehlen vielleicht eine Elektroschocktherapie – durch das Gehirn des Patienten wird Strom geleitet – bei älteren Teenagern, die an anhaltender und therapieresistenter Depression leiden. Obwohl diese Therapie eine ziemlich verbreitete »letzte Zuflucht« der Behandlungsmöglichkeiten von Depressionen bei Erwachsenen und besonders bei älteren Menschen ist, wird sie in den Vereinigten Staaten bei Jugendlichen selten und meines Wissens nie bei vorpubertären Kindern angewandt. Die Elektroschocktherapie ist höchst umstritten, hat aber glühende Befürworter, die ihre Wirksamkeit und angebliche Sicherheit propagieren. Doch das ethische Problem, Kinder zu behandeln, die nicht unbedingt das Recht haben, eine Behandlung abzulehnen, stellt eine entsprechend unüberwindliche Barriere für diese Maßnahme im Kindesalter dar.

12. Kinder mit Kontaktstörungen

Das Herz wurde mir schwer, als ich Drew, ein Kind mit lockigen Haaren und dunklen Schatten unter den kohlschwarzen Augen, das erste Mal sah. Ich hatte seine Eltern, Jennifer und Dan, eine Woche vorher kennen gelernt. Sie waren angenehme, freundliche Leute, die mich wegen der Wutausbrüche ihres neunjährigen Sohnes konsultierten. Er geriet wegen trivialer Dinge in Zorn, manchmal zerbrach er Lieblingsspielsachen. Ihn und seine zwei jüngeren Geschwister morgens fertig zu machen und aus der Tür zu bekommen war für Jennifer eine tägliche Tortur. Drew hatte kürzlich einen halbherzigen Versuch unternommen, davonzulaufen – er war lediglich für eine Stunde verschwunden, doch seine Eltern waren außer sich vor Sorge, bis er zurückkehrte. Tränen stiegen Jennifer in die Augen, als sie erzählte: »Es ist, als wäre es eine Gefängnisstrafe, meine Kinder zu erziehen, eine grausame und ungewöhnliche Strafe.« Dan seinerseits war froh, hatte aber auch Schuldgefühle, weil er jeden Tag zu seiner Arbeit im Silicon Valley entfliehen konnte.

Ich dachte, dass Jennifer und Dan bei ihrer Beschreibung der Kämpfe und Anfälle das Bild eines typischen oppositionellen Neunjährigen entwarfen. Rückblickend hätte ich erkennen sollen, dass mehr dahinter steckte. Jennifer hatte erwähnt, dass Leute außerhalb der Familie die Sprache ihres Kindes nicht verstehen konnten, bevor es sechs Jahre alt geworden war. Selbst jetzt neigte Drew dazu, sich aus dem Gespräch zurückzuziehen, es sei denn, es ging um Pokémon, von dem er laut Jennifer geradezu besessen war. Drew, anders als sein geselliger Bruder Ian, bekam selten Besuch von seinen Freunden, und er wurde ausgeschlossen von Geburtstagspartys und Übernachtungen, die für Kinder seines Alters in ihrer Gemeinschaft typisch waren.

Als Drew zur gemeinsamen Sitzung der Familie in meine Praxis kam, grüßte er mich kaum und vermied es, in meine Richtung zu sehen. Als ich ihn nach seinem Namen und Alter fragte, antwortete er sehr leise und sah mir dabei nicht in die Augen. Selbst seine Sitzhaltung – sein Körper und Gesicht hatte er von mir abgewandt – zeigte sein Unbehagen. Von da an sagte er nicht mehr viel, es sei denn, es ging um Pokémon. Seine Eltern hatten ihm erlaubt, einen Ordner mit Pokémonkarten mitzubringen, und als er einmal begonnen hatte, die Charaktere zu beschreiben, war er nicht zu bremsen. Der Rest der Familie hörte höflich zu, offensichtlich uninteressiert, aber nicht willens, ihn zu unterbrechen.

Haltung, Augenkontakt, abwechselndes Sprechen bei einer Unterhaltung, Kopfnicken, um Aufmerksamkeit zu signalisieren ... all diese Aktivitäten werden in der Fachliteratur *Pragmatismus der Kommunikation* genannt. Für die meisten von uns sind sie selbstverständlich – wir denken gar nicht darüber nach –, aber Drew war sich dieser unausgesprochenen »Regeln« des Miteinanderumgehens offenbar nicht bewusst oder fühlte sich unwohl damit. Jedes Kind, das einen Fremden trifft und verlegen ist, könnte sich teilweise aus diesen Gesetzen des Gesprächs zurückziehen, und es ist immer möglich, dass ein Kind selbst unter den besten Umständen nur langsam warm wird. Doch Drews Unbehagen war bemerkenswert. Später erhielt ich die Bestätigung, wie schwer es für ihn war, Kontakt aufzunehmen.

Im Gegensatz dazu sprach Ian, Drews siebenjähriger Bruder, frei und äußerte seine Wünsche direkt – er wolle mit den Spielsachen spielen. Als seine Eltern ihn ermahnten, mit Jennifer auf dem Sofa zu sitzen, um »mit dem Doktor zu sprechen«, blieb er lange genug sitzen, um seinem Vater Dan zuzuschauen, der eine Szene mit einem Elch vorführte, der nicht auf seine Mutter hören wollte, während er sich am Morgen fertig machte. Alexis, das jüngste Kind, war wiederum ein anderes Extrem. Sie hing an den Rockschößen ihrer Mutter. Sie saß auf Jennifers Schoß und, wenn sie aufgefordert wurde zu sprechen, tat sie dies mit einer Babystimme. Ich wusste, dass sie fünf war, doch ihre Stimme und ihre Handlungen zusammen mit ihrer geringen Größe ließen sie eher wie drei erscheinen. Drew seinerseits störte nicht, und er schien die Geschichte zu verstehen, aber er blickte entschlossen zur Seite, wobei er gelegentlich verstohlene Blicke auf die Vorführung seines Vaters warf.

Nach dem Puppentheater und nachdem wir einige Minuten damit verbracht hatten, mit verschiedenen Spielsachen zu spielen, bekam Drew Interesse an Ians Eisenbahnanlage. Dan sah vom Sofa aus zu, wie die beiden Jungen anfingen, sich zu streiten; Jennifer, die mit Alexis mit Geschirr spielte, sah in Richtung der Jungen, sagte aber nicht viel. Der Streit eskalierte in lautem Schreien, und Ian sah aus, als würde er Drew schlagen.

»Gefällt Ihnen die Art, wie die Jungen spielen?« fragte ich. Als Jennifer den Kopf schüttelte, fragte ich sie, ob sie eingreifen könnte.

»Ian, was ist los?« rief sie hinüber.

»Mama, Drew nimmt dauernd das Tor und spielt damit. Ich habe hier zuerst gespielt und dann ist er rübergekommen und reißt alles an sich!«

»Stimmt das, Drew?« fragte Jennifer.

Ich spürte ein Spannungsgefühl in meiner Brust und merkte, dass ich leise seufzte. Jennifer betrat den Treibsand, herausfinden zu wollen, wer Recht oder Unrecht hat, wenn Geschwister sich streiten. Ich erwartete Scheitern.

»Ian lügt, Mama!« rief Drew mit unerwarteter Heftigkeit. »Tu ich nicht«, entgegnete Ian sofort.

»Hör zu, Ian«, schlug Jennifer vor, als sie hinüberrückte, um die Eisenbahnanlage zu inspizieren. »Es sind zwei Tore da. Kann Drew nicht eins davon haben?«

»Aber Mama, ich brauche beide.« Bevor das Gespräch weiterging, griff Drew hinüber und ergriff eines der Tore. Ian brüllte und schmiss die Schiene, die er hielt, auf Drews Schienen. Dan, der zugesehen, aber ansonsten nicht viel gesagt hatte, mahnte streng und mit erhobenere Stimme: »Ian, das ist nicht akzeptabel.«

»Das ist mir egal. Drew ist ein Blödmann.«

Die Jungen ließen sich angespannt nieder und spielten wieder nebeneinander mit den Schienen. Jennifer zuckte die Schultern, und Dan sah mich mit einem resignierten, fragenden Blick an, der sagte: »Wir haben dies tausend Mal gesehen und wissen nicht mehr, was wir noch tun sollen.«

Ich war gerade Zeuge geworden von Drews forderndem, »an sich reißendem« Verhalten, das seine Eltern zu mir in die Praxis nach Hilfe getrieben hatte. (Ian war auch nicht sonderlich großzügig.) Wie Kinder, die sich ausagieren, testete er seine Eltern und zettelte die Art von Kämpfen an, die auch andere Kinder anfangen, wenn sie sich schlecht oder bedürftig fühlen. Anders aber als diese ausagierenden Kinder fand Drew es schwierig, auf »richtige« Art zu spielen. So wie es ein Problem für ihn war, mit seiner Familie und mir zu kommunizieren, schien es für ihn eine schwierige Aufgabe zu sein, Ian in einer direkten, sozial angemessenen Form um das Tor zu bitten. Drew schien wehrlos; er hätte sich nur auf eine Sache, das Tor, konzentrieren können, um sich sicher und wohl zu fühlen. Er konnte definitiv zornig sein, aber er war nicht gleichgültig, gedankenlos oder böse. Und seine Probleme konnten nicht leicht »repariert« werden.

Nach dem, was ich bisher gesehen hatte, hätte Drew die Kriterien für eine Vielzahl psychischer Störungen erfüllen können. Obwohl ich versucht bin zu sagen, Drew habe DSD (Drew-specific disorder = eine Drew-spezifische Störung), hätten andere Ärzte vielleicht eine oder mehrere der folgenden Krankheiten diagnostiziert: oppositionelles Problemverhalten, genetische Angststörung, Zwangsstörungen, allgemeine Enthüllungsverzögerung oder das Asperger-Syndrom. Die letzten beiden Kategorien sind der Versuch der Psychiatrie, Probleme im Umgang mit anderen Menschen als Störung zu kategorisieren.

Die meisten von uns haben schon einmal von kindlichem Autismus gehört. Vollkommen autistische Kinder stehen am äußeren Ende der Skala, die von Kindern reicht, die Experten sind für menschliche soziale Interaktionen, bis zu denen, die in ihrer jetzigen eigenen Welt leben. Autistische Kinder haben Kontakt- und Kommunikationsstörungen und reagieren nicht auf die meisten sozialen Reize, die wir anderen für selbstverständlich halten. Sie handeln oft seltsam, mit selbststimulierendem Verhalten wie Herumwirbeln oder der Äußerung von brummenden oder schmatzenden Lauten. Hätte nun Drews Beziehungsarmut um das Zehnfache vergrößert, hätten wir das Bild eines autistischen Kindes.

Obwohl Drew nicht autistisch war, fiel es ihm dennoch schwer, die Handlungen der anderen zu deuten und entsprechend darauf zu reagieren. 1980 schufen Psychiater eine Kategorie, die sie pervasive developmental disorder (PDD), tiefgreifende bleibende Entwicklungsstörung, nannten, um nicht nur Autismus, sondern auch den Teil des Beziehungsspektrums zu erklären, der geringere Grade der Beeinträchtigung aufweist. Die PDD-Kategorie erwies sich als zu breit und unspezifisch, und viele Kinder mit weniger schweren Problemen blieben unerkannt. Um diese Lücke zu schließen, fügte das DSM IV (die neueste Version des Handbuches, veröffentlicht 1994) das Asperger-Syndrom hinzu, eine neue diagnostische Kategorie, die nach dem Arzt benannt wurde, der als erster diese leichtere Variante eines dennoch hochproblematischen Verhaltensmusters beschrieb.

Viele Experten würden sagen, dass Drew die Kriterien für dieses Syndrom erfüllte. Mir ist es weniger wichtig, zu sagen, dass Drew das Asperger-Syndrom »hat«, als seinen Eltern beizubringen, dass Drews grundlegendstes und schwierigstes Problem ist und bleiben wird, einfach und zufriedenstellend mit anderen Menschen zu »kommunizieren«. Wenn Sie sich das Gefühl vorstellen, dass Ihnen jemand über einen längeren Zeitraum direkt in die Augen schaut – das Gefühl, dass aus dem Blick ein Anstarren geworden ist und man weglaufen möchte –, haben Sie eine Vorstellung von der Anspannung und dem Druck, den Drew und Kinder, die so sind wie er, fühlen, wenn sie an einfachen menschlichen Interaktionen teilhaben möchten. Die Fähigkeit, Wörter zu lernen und in mündlicher wie schriftlicher Kommunikation anzuwenden, ist oftmals gestört bei Kindern mit Kontaktproblemen. Obwohl Drews Sprache sich langsam entwickelte, hatte er mit neun Jahren im Wesentlichen aufgeholt, ein Vorteil gegenüber schwer autistischen Kindern, die größere Sprachprobleme haben und insgesamt in ihrer Entwicklung zurückgeblieben sein können.

Wie beim Autismus sind Drews sehr seltsame und abstoßende Verhaltensweisen schlicht seine Bemühungen, mit dem Stress und der Schwierigkeit, mit seiner Familie und der Außenwelt zu kommunizieren, fertig zu werden. Das wird ganz deutlich bei seiner Fixierung auf Pokémon. Die Pokémonwelt bedeutete sicheren Boden für Drew, einen, auf dem er ein Experte sein konnte. Natürlich versuchte er, jedes Gespräch auf dieses Thema zu lenken, da andere Themen, insbesondere über Gefühle, zu schwierig oder bedrohlich waren. Sein oppositionelles Problem konnte zum Teil durch sein Widerstreben, Beziehungen zu anderen Menschen zu unterhalten, erklärt werden, und natürlich testete er seine Eltern, genauso, wie es normale Kinder tun. Seine Intoleranz gegenüber trivialen Frustrationen, seine Beharrlichkeit und seine Gefühllosigkeit gegenüber anderen lassen sich alle durch den Stress erklären, den seine angeborenen Schwierigkeiten mit zwischenmenschlichen Beziehungen erzeugen.

Ich hatte während dieses ersten Gesprächs genug gesehen, um zu wissen, dass Drew und seiner Familie eine Menge verschiedener Herausforderungen bevorstanden, einige, die sich auf Drews Kontaktstörung bezogen, aber auch andere, die das ganze Familiensystem erfassten. Gegen Ende unserer Sitzung schnappte ich einige schroffe Worte zwischen den Eltern auf. Jennifer wirkte gleichzeitig angespannt, deprimiert und ausgebrannt. Dan hatte mehr Energie, aber er wartete lange, bevor er einschritt, um seiner Frau zu helfen. Während unseres ersten Treffens hatten beide Eltern berichtet, dass sie sich gut verstanden, und sie schienen recht glücklich miteinander. Jetzt war ich nicht mehr so sicher, und bei dem Ausmaß an Problemen, mit denen diese Familie konfrontiert war, überraschte mich das nicht.

Ein Telefonat mit der Lehrerin bestätigte meine Sorgen hinsichtlich Drews Unfähigkeit, mit anderen umzugehen. Er konnte bis zu einem gewissen Grad Gleichaltrige mit seiner Pokémonsammlung für sich interessieren, aber im Allgemeinen blieb er auf dem Schulhof für sich. Einige Kinder beschwerten sich über seine herrische Art, wenn sie im Unterricht in Gruppen arbeiteten.

Trotz allem gab ich die Hoffnung nicht auf, dass Drew während seines zweiten Besuches besser zurechtkäme – dass er ein wenig auftauen würde, aber das geschah nicht. Während er sich ziemlich leicht von seiner Mutter löste, um mit mir allein zu reden und zu spielen, zeigte er erneut große Schwierigkeiten, mich direkt anzusehen, wenn wir uns unterhielten. Er blickte zur Seite oder nach unten – überall hin, nur nicht mich an. Auf ironische Weise wusste er stets ganz genau, wo ich mich befand; nur so konnte er den Blick genau von mir abwenden. Das Gespräch zwischen uns lief ein bisschen besser, wenn seine Familie dabei war, aber wieder lenkte er die Unterhaltung auf Pokémon. Schließlich gelang es mir, indem ich einfache und handfeste Fragen stellte (»Nenn mir eine Sache, die du in der Schule gern tust, und eine, die du nicht magst, aber trotzdem tun musst«), ihn dazu zu bringen, über andere Themen zu sprechen.

Irgendwann fragte ich Drew, ob es ihm etwas ausmachen würde, mich anzusehen, wenn er sprach. Er sah sofort hoch und zum ersten Mal in meine Augen. Ich fragte ihn, ob es schwer sei, Augenkontakt mit mir zu halten. »Ja«, antwortete er, doch als ich ihn fragte, warum, konnte er keine Erklärung geben. Er wusste, dass er die Leute nicht ansah, und war sich bewusst, dass es den Eindruck erweckte, als ob er kein Interesse an ihnen hätte oder sich nichts aus ihnen machte. Er sagte, dass er nicht wollte, dass die Leute so von ihm dächten. Er willigte ein zu versuchen, mich anzusehen, wenn wir uns unterhielten und sagte, ich dürfe ihn daran erinnern.

Drew war mit Sicherheit überfordert von sozialen Beziehungen, aber er hatte doch einige gewisse Kontrolle über sein Verhalten. Obwohl es nicht leicht war, *konnte* er sich zwingen, mich direkt anzusehen. Einige Kinder wären überhaupt nicht imstande gewesen, mir in die Augen zu blicken. Für Drew sprach, dass er auch über seine Probleme reden konnte. Ein stärker beeinträchtigtes Kind hätte mich einfach ignoriert oder das Thema gewechselt. Andere Kinder mit diesem Problem hätten vielleicht mit einem merkwürdigen Verhalten reagiert, z. B. mit den Händen zu schlagen wie ein Huhn – ein Zeichen für Stress, das Automatismus genannt wird. In diesem Fall wäre der Automatismus eine Art zu sagen: »Stell mir nicht solche Fragen!« Autistische Kinder verlassen sich häufig auf Automatismen, doch Drew griff auf sie selten zurück. Auf gewisse Weise ist diese mildere Art des Problems schwerer für das Kind und die Eltern als ausgeprägter Autismus – so vieles an ihnen ist normal, dass sie weniger Mitleid erwecken und weniger Sonderleistungen erhalten.

Ich bemerkte eine weitere besorgniserregende Eigenschaft an Drew, die mir bei der Familiensitzung entgangen war. Ein paar Mal während unseres zwanzigminütigen Versuchs einer Unterhaltung zuckten Drews Augen sekundenlang. Einmal verzerrte sich sein Mund ohne ersichtlichen Grund. Später, als er sich mit einigen meiner Spielsachen entspannte, hörte ich eine Reihe von grunzenden und keuchenden Geräuschen, die in keiner Beziehung standen zu dem, was er tat. Ich fragte mich, ob Drew zusätzlich zu seinen Kontaktproblemen eine Bewegungsstörung haben könnte, die in ihrer extremsten Form als Tourette-Syndrom bekannt ist. Die meisten Leute haben vom Tourette Syndrom gehört. In den krassesten Fällen schleudern die Betroffenen ihren Körper wild herum und geben aus keinem besonderen Grund Obszönitäten von sich; weit verbreitet sind hingegen sanftere Bewegungen wie Händeringen oder Grimassenschneiden. Noch ein Problem, mit dem der arme Drew und seine Eltern fertig werden mussten, dachte ich traurig. Drew erzählte mir, dass er sich des Zuckens und der Geräusche bewusst war; er meinte jedoch, dass noch niemand es je bemerkt oder sich darüber beklagt hätte. In der Tat hatten sein Eltern dies mir gegenüber noch nicht einmal erwähnt.

Drews intellektuelle Fähigkeiten schienen in der Praxis normal, doch später las ich Testberichte des Schulpsychologen. Er konnte leicht Wörter der vierten Klasse lesen, doch hatte er Schwierigkeiten zu zeigen, dass er verstand, was er gelesen hatte; ein ähnliches Problem hatte er damit, Gesprochenes zu verstehen. Er konnte seine Bemühungen in Routinegesprächen über Pokémon verbergen, aber bei Tests, in denen seine Stärken und Schwächen geprüft werden sollten, konnte Drew die Nuancen eines Gesprächs für einen durchschnittlichen Neunjährigen nicht erklären, sich manchmal nicht einmal daran erinnern. Andererseits lagen Drews mathematische Fähigkeiten weit über dem Durchschnitt, er war meisterhaft im Analysieren und Zusammensetzen von Puzzles. Beide Fertigkeiten könnten sich für Drew in seinem späteren Leben als nützlich erweisen, besonders in der Welt des Ingenieurwesens oder der Mechanik.

Drew zeigte größte Mängel in einer Reihe von Fähigkeiten, die nicht bei den üblichen IQ-Tests, die in der Schule durchgeführt werden, beurteilt werden, Fähigkeiten, die emotionale Intelligenz genannt werden. Emotionale Intelligenz, populär gemacht durch den Psychologen und Journalisten Daniel Goleman in den frühen 1990ern, ist die Fähigkeit, die Gefühle und Sichtweisen anderer wahrzunehmen und entsprechend zu reagieren. Goleman stellt fest, dass emotionale Intelligenz ein besserer Indikator für Lebensglück ist als die Standard-IQ-Punktzahl, die lediglich schulischen Erfolg vorhersagt. Goleman glaubt auch, dass emotionale Intelligenz gelehrt und gelernt werden kann, obwohl die Beweise hierfür beim Training für Erwachsene nicht überzeugen. Zum Glück gibt es mehr Hoffnung für Kinder.

Optionen für Kinder mit Kontaktstörungen

Verhaltenstherapeutische Maßnahmen

In seltenen Fällen besitzt ein autistischer Mensch sowohl Intelligenz als auch das Geschick verbalen Ausdrucks. Temple Grandin, eine autistische Frau mit einem Doktortitel in Veterinärmedizin ist eine davon; sie ist zur eloquentesten Sprecherin des Autismus geworden. Da ihr die angeborene Fähigkeit fehlte, menschliche Beziehungen zu verstehen – die Art, die die meisten Menschen ganz natürlich beherrschen –, lernte sie dieses Verhalten, indem sie studierte, wie Menschen miteinander umgingen. In seinem Essay über Grandin beschreibt der Neurologe und Schriftsteller Oliver Sacks sie als »eine Anthropologin vom Mars«, um einen Eindruck von der Qualität und dem gewaltigen Ausmaß ihrer Aufgabe zu vermitteln. Grandin schreibt diesen Erfolg ihren Eltern und einer früheren Lehrerin zu, weil alle sich geweigert hatten, ihr zu erlauben, sich in ihre eigene selbststimulierende Welt, die sie vorzog, einzukapseln. Aber selbst heute sagt Grandin, dass sie Tiere besser verstünde als Menschen, und sie zieht sich regelmäßig zurück in einen mechanischen Apparat, den sie erfand, der ihren Körper fest umschließt. Es erleichtert, sagt sie, das Gefühl, von den Anforderungen des Umgangs mit Menschen überwältigt zu werden.

Grandins Ansichten werden von anderen Autisten und deren behandelnden Ärzten bestätigt und bestärkt. Das war nicht immer so. Noch vor dreißig Jahren bekamen Eltern, insbesondere Mütter, die Schuld am autistischen Verhalten ihrer Kinder. Da alle Kinder von Natur aus eine Beziehung zu ihrer Mutter hätten, so die Theorie, müssten die Schwierigkeiten dieser Kinder durch »Kühlschrank-Mütter« verursacht worden sein, die ihre Kinder kalt zurückwiesen.

Die wissenschaftliche Begründung des Autismus hat nun eine vollständige Kehrtwendung erlebt. Obwohl ich im Allgemeinen vorsichtig bin, Verhalten nur der einen oder anderen Ursache zuzuschreiben, decken sich meine eigenen Gedanken mit der hauptsächlich vertretenen Ansicht, dass viele Autismus- und Kontaktprobleme angeboren, genetisch und biologisch bedingt sind. Die meisten Eltern autistischer Kinder sind liebevolle Mütter und Väter, aber die Kinder reagieren nicht auf die ernsthaften Interaktionsbemühungen ihrer Eltern. Die Erziehung autistischer Kinder wird als die undankbarste der elterlichen Aufgaben angesehen: Eltern können all ihre Zuwendung und Liebe in ihre Bemühungen legen und dennoch nichts dergleichen von ihren Kindern zurückbekommen.

Wenn man also Drews Verhalten nicht mehr als Schuld der Eltern oder der Umgebung sah, sondern als rein genetisches Problem, was konnte dann dagegen getan werden? Grandins Eindruck – dass ihr dadurch geholfen worden war, dass sie nicht in ihre eigene Welt fliehen durfte – stimmt mit der Richtung der professionellen Maßnahmen in den Neunziger Jahren überein. Sie bieten den ersten neuen Hoffnungsstrahl für autistische Kinder. Mit dem Discrete reinforcement training (einem Verstärkungstraining) oder der Lovass-Methode (nach Ivar Lovass von der University of

California – Los Angeles) durchlaufen Kinder, die früh als autistisch erkannt wurden, ein intensives, umfassendes Verhaltensänderungsprogramm zu Hause und in der Schule.

Das Ziel dabei ist es, sozial angemessenes Verhalten zu stärken und autistisches oder ausweichendes Verhalten zu ignorieren oder zu bestrafen. Professionelle Trainer kommen für bis zu sechs Stunden am Tag ins Haus, arbeiten mit dem Kind und bringen den Eltern die Techniken bei. Das Training ist streng und schwer für Eltern und Kind. Es wird auch als »kiddie boot camp«, ein »Ferienlager für Kinder«, bezeichnet, und das System essbarer Belohnungen erinnert so manchen unangenehm an Hundedressur, aber es funktioniert. Bis zu 90 Prozent der Kinder, die nie auf ein »nein« gehört haben, lernen, auf Grenzen zu reagieren, und ein oder zwei von zehn autistischen Kindern scheinen nach zwei Jahren nicht mehr ganz so intensiver Behandlung normal.

Ein weiterer Ansatz, die so genannte »floor time« (Bodenzeit), wurde von Stanley Greenspan, einem angesehenen Forscher, eingeführt. Bei dieser Methode lassen sich Eltern mit ihrem Kind auf den Fußboden nieder und beteiligen sich an den Aktivitäten des Kindes. Wenn das Kind einfach nur einen Spielzeug-Lastwagen an die Wand hämmert, dann hämmern die Eltern den Lastwagen ebenfalls dorthin. Die Eltern führen dann ein neues Element der Interaktion ein, nehmen dem Kind z. B. den Lastwagen aus der Hand und lassen ihn auf dem Fußboden entlang rollen, wobei sie brummende Geräusche von sich geben. Im Idealfall werden die Interaktionen mit der Zeit komplexer. Eine solche Bodenzeit ist aber eine gute Sache, doch die meisten Kinder entziehen sich der Interaktion ohne die zusätzlichen Belohnungen und Bestrafungen des oben beschriebenen Trainings.

Drew brauchte diese intensive Maßnahme nicht, aber ich fand, dass er von einer ähnlichen profitieren könne, die seinem geringeren Ausmaß an Schwierigkeiten entsprach. Anstelle professioneller Trainer würden seine Eltern Drew daran hindern, sich sozialen Interaktionen zu entziehen: »Drew, wir reden später über Pokémon, aber zunächst möchte ich, das wir über die Geschichte, die wir gelesen haben, sprechen.« Belohnungen können dies unterstützen: »Wenn wir über die Geschichte fünf Minuten reden können, gebe ich dir nach dem Abendessen einen Stern für Süßigkeiten. Und dann können wir über Pokémon reden.«

Medikamentöse Maßnahmen

Die meisten Fachleute sind bereit, eine Medikation für Kinder mit Kontaktstörungen in Betracht zu ziehen, besonders wenn verhaltenstherapeutische Maßnahmen nicht helfen oder nicht angewendet werden können. Doch Eltern, die ihre Hoffnung auf eine pharmazeutische »Heilung« setzen, müssen realistisch sein. Obgleich diverse Psychopharmaka über die Jahre ausprobiert worden sind, greift keines davon tatsächlich das Kernproblem an, das mit Autismus, PDD oder dem Asperger-Syndrom assoziiert wird. Die Medikationen, die Ärzte verschreiben, richten sich gegen die *Komplikationen* der Kontaktstörungen, nicht gegen das Problem selbst. Ein Kind wie Drew, das unter Lernschwächen leidet, könnte vernünftigerweise ein Anregungsmittel erhalten, das ihm hilft, in der Schule bei fordernden oder langweiligen Aufgaben am Ball zu bleiben. Gegen Reizbarkeit, Anfälle oder selbststimulierendes Verhalten – die alle mit Ängstlichkeit in Verbindung gebracht werden – könnte ein Arzt ein Mittel wie Prozac oder Zoloft verschreiben. Es gibt keine Beweise, dass Serotonin-Wiederaufnahmehemmer helfen, aber manchmal ist das Verhalten eines Kindes so besorgniserregend, dass ein Versuch gerechtfertigt scheint.

Wenn diese Medikamente (hoffentlich in Kombination mit verhaltenstherapeutischen Maßnahmen) nicht genügend Hilfe bieten, können Arzt und Familie ein weiteres Medikament probieren. Welches, hängt vom Verhalten des Kindes im schlimmsten Fall ab. Clonidin oder Tenex z. B. könnten zusätzlich zu einem Anregungsmittel gegeben werden, um oppositionelles Problemverhalten zu steuern, besonders in den Abendstunden. Eine solche Entscheidung darf nicht leichtfertig getroffen werden, weil diese Medikamente ernsthafte Nebenwirkungen haben können, insbesondere in Kombination mit anderen.

Bei schweren Fällen von Autismus landen die Kinder häufig bei den härtesten Medikationen. Diese Kinder sind *nicht* diejenigen mit Asperger oder moderateren Kontaktstörungen. Sie sind das äußerste Ende der Skala, oftmals schwer in ihrer Entwicklung behindert, und können ihre Betreuer mit stark aggressivem Verhalten provozieren (schlagen, beißen usw.). Sie kapseln sich ein in selbststimulierende Gewohnheiten oder gehen sogar so weit, sich selbst zu verletzen (ihren Kopf aufschlagen oder ihre eigene Arme und Beine beißen und kauen), als Weg, mit den Anforderungen der Sozialisation umzugehen. Einige dieser Medikamente sind an Kindern mit Autismus getestet worden – die antipsychotischen Mittel sind vermutlich eher geeignet, das bizarre und herausfordernde Verhalten dieser Kinder unter Kontrolle zu bringen. Antikonvulsiva oder Lithium können gleichfalls probiert werden.

All diese Mittel können ernsthafte, regelmäßige Nebenwirkungen verursachen, aber ich gehe davon aus, dass Eltern, die sie ausprobieren, mit ebenso schmerzhaften Alternativen konfrontiert werden, wie der häufigen Unterbringung des Kindes in einer speziellen Schule oder einem Heim. Ich wünschte, es hätten mehr Familien mit autistischen Kindern die Möglichkeit, vollständig an einem individuellen Verstärkungstraining des Verhaltens teilzunehmen. Vielleicht schafft es nur eines von zehn autistischen Kindern mit dieser Methode zur Normalität, aber die neun von zehn Kindern, die lernen, auf ein gesprochenes »Nein« zu reagieren, brauchen sehr wahrscheinlich keine Medikation.

Möglichkeiten der Behandlung bei Tics

Menschen mit physischen oder verbalen Automatismen vergleichen diese mit dem Husten, der manchmal auf eine Infektion der oberen Atemwege folgt: Man fühlt ein Kribbeln im Hals und wie sehr man sich auch bemüht, man kann den Husten nur für eine gewisse Zeit unterdrücken. Wenn man Glück hat, findet man ein abgelegenes Plätzchen, bevor der Husten losbricht. Doch fünf Minuten später spürt man das Kribbeln erneut.

Die Zuckungen und Laute, die mit dem Tourette Syndrom einhergehen, begleiten häufig Verhaltensprobleme (und umgekehrt) und sind als solche nicht gefährlich. Die meisten Bewegungen scheinen zu kommen und zu gehen, je nach der Belastung des Kindes. Oftmals werden sie während der Pubertät stärker, verschwinden aber allmählich ab dem Alter von Zwanzig. Doch Tics wie bei Drew können verletzende Reaktionen durch andere Menschen hervorrufen, die ihn aufziehen oder herausekeln könnten, weil er »merkwürdig« ist. Da Drews Eltern sich nicht an den Tics stießen und offenbar die Schulkameraden keine Kommentare machten, war ich nicht geneigt, sie mit Medikamenten zu behandeln. Hätte er jedoch negative soziale Reaktionen erfahren, wäre ich bereit gewesen, ihm Tabletten zu verschreiben, die in solchen Fällen helfen. Clonidin oder Tenex werden gewöhnlich zuerst probiert; wenn diese keinen Erfolg haben, ist die nächste Wahl im Allgemeinen eine niedrige Dosierung eines Neuroleptikums wie Haldol. Obwohl nichtmedikamentöse Ansätze wie Biofeedback und Meditation, die helfen, mit Stress umzugehen, beim Tourette-Syndrom reizvoll sein mögen, sind darüber bisher keine Studien in größeren Zeitschriften veröffentlicht worden, die ihre Wirksamkeit hierfür beweisen.

»Die reine Hölle«

Kinder wie Drew, deren Probleme nicht so gravierend sind wie die am autistischen Ende der Skala, können durch den Rost fallen. Drew war nicht nur relativ spät zu mir gekommen, sondern seine Familie hatte auch noch so viele andere Probleme – einige als Konsequenz aus Drews Verhalten –, dass die Entscheidung über eine kohärente, wirksame Behandlung für Drew eine große Herausforderung darstellte.

Beinahe sofort nachdem ich Drew und seine Familie kennen gelernt hatte, geriet sie in eine Krise. Sie erschien an einem Montag nach einem Wochenende, das die Eltern als »reine Hölle« beschrieben. Drew war zu der nicht sonderlich gut betreuten Geburtstagsparty eines Klassenkameraden gegangen und hatte am Ende keinen Preis erhalten. Zu Hause hatte er einen größeren Wutanfall. Erst nachdem ihn seine Eltern wiederholt angebrüllt hatten, verflog sein Zorn, woraufhin er stundenlang weinte. Jennifer sah abgespannt aus und wirkte mutlos. Sie sagte, sie sei erschöpft – und gestand, dass sie während der letzten sechs Monate Zoloft genommen hatte. Jennifer sagte, es helfe ihr, einigermaßen zurechtzukommen, und dass sie glaube, Drew bräuchte eine Medikation, irgendetwas, das ihm *jetzt gleich* helfen würde.

Ehrlich gesagt wusste ich nicht, wer von beiden mehr eine Erleichterung brauchte, Mutter oder Sohn. Ich hätte Jennifer vielleicht zuerst Medikamente angeboten, aber da sie bereits Zoloft nahm, wusste ich nicht recht, was tun. Es war klar, dass die Familie verzweifelt war. Mir schwebte die Idee vor, Drew für eine Woche zu Verwandten zu schicken, doch es gab niemanden, der ihn hätte nehmen können.

Diese Familie brauchte viel mehr als ein passendes Medikament für Drew. Das Verhalten der anderen Kinder und die Beziehung zwischen Jennifer und Dan schrien nach einer systemischen Lösung, die eine Therapie, insbesondere für die Eltern, einschloss. Würde ich jedoch nicht irgendeine Form schneller, kurzfristiger Hilfe anbieten, würde ich Gefahr laufen, diese Familie ganz zu verlieren und damit die Möglichkeit, ihr zu helfen.

Wir beschlossen, dass Drew Zoloft ausprobieren sollte, anfangs mit der geringsten Dosierung, und kamen überein, dass seine Eltern, wenn es in etwa einer Woche keine Änderungen in seinem Verhalten oder seiner Stimmung gegeben hätte, die Dosis erhöhen sollten. Jennifer und Dan waren sich bewusst, dass es wenig bis gar keine Erkenntnisse gab, dass Zoloft Drew helfen würde und dass für Drews Altersgruppe keine Langzeitbeweise für die Sicherheit dieser Medikation vorlagen. Wie jedoch so viele Familien in dieser Situation waren die Eltern bereit, das Risiko einzugehen, in der Hoffnung, dass ihnen das Medikament zu sofortiger Erleichterung verhalf. Drew war unglücklich genug – er bedauerte aufrichtig den Kummer, den er seinen Eltern bereitete –, um der Medikation zuzustimmen.

Wir sprachen auch über einige verhaltenstherapeutische Maßnahmen. Wiederum konzentrierte ich mich darauf, die Eltern dazu zu bringen, wirkungsvollere Disziplin einzuhalten. Mit einiger Mühe meinerseits waren Jennifer und Dan – die unterschiedliche Maßstäbe bei ihren Kindern ansetzten – in der Lage, sich auf einige Grundregeln zu einigen, z. B. nicht zu schlagen oder zu spucken. Wer immer diese Regeln verletzte, bekäme augenblicklich eine Auszeit.

Der Familie ging es bei unserem nächsten Treffen eine Woche später besser. Wie gewöhnlich war es schwer, dies auf einen spezifischen Grund zurückzuführen: Vielleicht hatten sich die Kinder gerade beruhigt oder die Eltern waren ein bisschen erfolgreicher oder die Medikation hatte Drews Reizbarkeit gemildert und seine Stimmung verbessert. Er hatte definitiv weniger Wutanfälle als eine Woche zuvor, und die Eltern äußerten den Wunsch, daran zu arbeiten, die Kinder morgens mit weniger Theater für die Schule fertig zu machen. Als sie gingen, schienen sowohl Jennifer als auch Dan begeistert von der Methode, die Kleidung in eine Tüte zu stecken, um den morgendlichen Ablauf besser in den Griff zu kriegen, wie ich es in Kapitel 4 beschrieben habe.

Sie wendeten diese Technik jedoch nie an. Als sie die Woche darauf wiederkamen, schien es Drew etwas besser zu gehen, aber Ian war völlig außer Kontrolle. Jennifer sah unglücklich aus, als Dan verkündete, dass er aufgrund wirtschaftlicher Einsparungsmaßnahmen aus seinem High-Tech-Job entlassen worden war. Ich machte mir Sorgen, weil Dan nicht wahrzunehmen schien, wie deprimiert und zornig seine Frau war. Jennifer lehnte meine Bemühungen ab, auf ihre Situation einzugehen, und wollte statt dessen, dass ich mich auf die Kinder konzentriere. Wir sprachen darüber, dass auch Ian, nicht nur Drew, Grenzen brauchte, und planten einen nächsten Termin nur für die Eltern.

Sie kamen nicht wieder. Ich rief die Familie zweimal an, doch sie reagierten nicht auf meine Nachrichten. Ich sprach mit ihrem Kinderarzt, teilte ihm meine Beobachtungen und Sorgen über die Familie mit und überlegte, ob ich irgendetwas falsch gemacht hatte. Rückblickend betrachtet fanden vielleicht Jennifer und Dan meine Fokussierung auf ihr Unglück zu bedrohlich. Ich denke, Jennifer hatte vielleicht das Gefühl, dass ich ihr die Schuld gab. Oder womöglich hatten die Eltern Angst, dass durch unsere Gespräche ihre Eheprobleme – die immer offensichtlicher wurden – unleugbar zu Tage treten würden. Vielleicht hatte Dans Arbeitslosigkeit sie der Mittel beraubt, die nötig waren, um die Therapie fortzusetzen. Oder vielleicht hatten sie bekommen, was sie wollten: ein Rezept für Drew. Doch die Tatsache, dass sie nicht zurückriefen, deutet darauf hin, dass ich es mir hier mit ihnen verdorben hatte.

Drews Entwicklungs- und Persönlichkeitsprobleme, in Kombination mit der Spannung in der Familie, sind ein verbreitetes doppeltes Problem. Die Entscheidung, worum man sich zuerst kümmern soll, ist manchmal schwierig. Medikation kann für die Eltern wie die Kinder hilfreich sein. In Drews Fall jedoch gibt es auf die Grundprobleme mit seiner Beziehungsarmut und Sprachentwicklungsstörung keine klare medizinische Antwort. Im typischen Fall bleibt den Ärzten nichts weiter, als zu versuchen, die assoziierten Symptome, die sich bei dieser Art von Kernproblemen entwickeln, zu verbessern.

Drew hätte von einer kohärenten und organisierten Verhaltenstherapie profitiert, als er jünger war. Aber immer noch könnte er Nutzen für den Umgang mit anderen Menschen daraus ziehen, wenn er richtig gestärkt würde. Ian, ohne soziale Schwierigkeiten, könnte ebenfalls von einer größeren Beständigkeit der Disziplin und Belohnungen für gutes Verhalten profitieren, und Alexis könne ermutigt werden, sich ihrem Alter gemäß zu verhalten (»Wir antworten nicht auf Babysprache«, könnten ihr ihre Eltern in freundlichem Ton sagen). Ob Jennifer und Dan in ihrem eigenen gefährdeten Zustand das Maß an konsequenter, vertrauensvoller Erziehung, das von ihren schwierigen Kindern verlangt wurde, bieten könnten, ist fraglich. Es ist schwer zu sagen, wohin Drew steuert, aber seine angeborenen Probleme in Verbindung mit den Kämpfen in der Familie machen ihn zu einem wahrscheinlichen Kandidaten für weitere Psychopharmaka in seinem künftigen Leben.

Teil 3

**Jenseits von Diagnosen
und Medikamenten**

13. Plädoyer für einen ethischen Umgang mit kindlichen Verhaltensproblemen

Pippi Langstrumpf hat meine Praxis gerade mit Ritalin verlassen. Das ist natürlich nicht ihr richtiger Name. Sie könnte Kayley, Anna, Natalie heißen oder wie ein halbes Dutzend anderer Mädchen, die diese Woche bei mir waren.

Laut ihrer Lehrerin erbrachte die elfjährige »Pippi« auf ihrer Privatschule nicht die ihrem Potential entsprechenden Leistungen. Sie hing während des Unterrichts Tagträumen nach und war oftmals nicht darauf vorbereitet zu antworten, wenn sie aufgerufen wurde. Sie machte Unsinn in der Klasse. In meiner Praxis jedoch zeigte dieses Mädchen intellektuelle Fähigkeiten, die zwei Stufen über dem Durchschnitt lagen. Sie sprach mit mir überzeugend und wohlüberlegt über ihr Leben. Sie träumte davon, auf einer Ranch mit vielen Tieren zu leben. Als sie mit ihren Eltern und ihrem ernsteren, jüngeren Bruder zusammen war, benahm sie sich ein bisschen nervös und kicherte viel. Doch sie schien mir kein ernsthafter Fall von Hyperaktivität oder Unaufmerksamkeit zu sein, und das sagte ich auch ihren Eltern. Ich schlug vor, daran zu arbeiten, Konsequenzen für Pippi zu Hause und in der Schule unmittelbarer erfolgen zu lassen; wenn sich ihr Verhalten nicht in ein paar Monaten gebessert haben sollte, könnten wir es vielleicht mit Ritalin versuchen.

Pippis Mutter fragte mich, ob es wirklich etwas Schlimmes sei, Ritalin zu nehmen. Wenn nicht, warum könnte ich es dann nicht jetzt verschreiben, so dass Pippi sofort besser in der Schule mitarbeiten könnte? Ich erklärte, dass die meisten Kinder und Erwachsenen wenig Probleme damit hätten, Ritalin zu nehmen und dass es wahrscheinlich sicher sei. Pippis Vater, der sich nicht wohl fühlte bei dem Gedanken, ein Medikament mit Suchtpotenzial zu geben, entschied, dass sie warten sollten.

Die Familie kam eine Woche später zurück. Der Vater hatte seine Meinung geändert. Ein anderer Arzt fand, dass Pippi eine leichte Form von ADHS habe, und gab ihnen ein Rezept – allerdings ohne jegliche Anweisungen, außer dass sie sich an die Informationen halten sollten, die auf der Packung standen. Pippi hatte offenbar keine Schwierigkeiten mit dem Medikament. Obwohl ich deutlich gemacht hatte, dass ich nicht der Meinung war, sie bräuchte zu diesem Zeitpunkt Medikamente, fragte mich die Familie, ob ich ihr mehr über die Anwendung der Tabletten erzählen würde. Ich zeigte ihnen, wie man die optimale Dosierung und Häufigkeit einstellt, und gab ihnen ein Feedbackformular, das sie der Lehrerin geben sollten. Sie verließen glücklich meine Praxis. Ich fühlte mich merkwürdig.

Ich stelle fest, dass ich gegenwärtig immer mehr Pippis und Tom Sawyers in Hinblick auf eine Medikation zu beurteilen habe. Diese anscheinend normalen Kinder sind oftmals unaufmerksam oder uninteressiert in der Schule und ein bisschen langsam darin, zu Hause ihre Aufgaben zu erledigen. Besorgte und liebevolle Eltern bringen sie zu mir, weil die Kinder »nicht die ihrem Potential entsprechenden Leistungen bringen« oder im Unterricht stören. Die Debatte über die Verabreichung von Medikamenten an diese Kinder geht hitzig weiter, vor allem in Geschichten, die in den nationalen und lokalen Medien veröffentlicht werden.

Ein Artikel, der in der Februarausgabe 2000 des *Journal of the American Medical Association* erschien, berichtet von einem Anstieg um 500 Prozent – zwischen 1990 und 1995 – bei der Anwendung von Stimulanzien bei Kindern im Alter zwischen drei und fünf Jahren. Die Statistik machte Schlagzeilen auf Titelseiten und versetzte das Land dermaßen in Aufregung, dass zwei nationale wissenschaftliche Konferenzen organisiert wurden, um das Problem Kleinkinder und Ritalin anzugehen. Selbst die damalige First Lady, Hillary Clinton, erhob ihre Stimme in vorsichtiger Beunruhigung. Die Nachrichten ließen die Leute fragen: Was genau versteht man unter anomalem Verhalten bei dieser normalerweise wilden Altersgruppe? Wie können Medikationen gerechtfertigt sein, wenn es praktisch keine Forschung über die Wirksamkeit und Sicherheit psychoaktiver Drogen bei kleinen Kinder gibt? Beides sind ausgezeichnete Fragen, die auf viele Kinder, die Psychopharmaka erhalten, zutreffen, ob bei ihnen nun ADHS oder ein anderes Problem diagnostiziert wurde. Später im Jahr 2000 berichtete eine weitere Titel-Geschichte vom Elend zweier Familien im Bereich Albany, New York. Sie waren vors Familiengericht gebracht worden, angeklagt wegen Kindesvernachlässigung, da sie beschlossen hatten, ihren Kindern keine Psychopharmaka mehr zu geben. In beiden Fällen erzählten die Schulen der Kinder dem örtlichen Kinderschutzbund, dass das Verhalten der Kinder – nach Meinung des Schulpersonals – eine Medikation erforderte (Stimulanzien in beiden Fällen; ein Kind nahm auch Prozac ein). Beide Familien hatten das Gefühl, dass die Medikamente nicht halfen oder inakzeptable Nebenwirkungen verursachten. Die Richter des Familiengerichts lehnten es ab, den Eltern die Kinder wegzunehmen, und es wurden alternative Lösungen gefunden.

Trotz dieses offenbar glücklichen Endes machen diese Fälle deutlich, wie weit unsere Kultur gekommen ist, wenn wir glauben, dass die Verhaltensprobleme eines Kindes medizinische Störungen seien, die medizinische Maßnahmen erfordern. Sie zeigen auch, wie weit ein Schulsystem gehen kann, um Druck auf die Eltern ausüben zu können, ihrem Kind Medikamente zu verabreichen. Dieser Druck wird als so tiefgreifend und allgegenwärtig empfunden, dass er zu Investigationen des Kongresses führte (bei einer habe ich eine Zeugenaussage gemacht). Ein paar Bundesstaaten haben Gesetze verabschiedet, die die Lehrer ermahnen, zunächst alle erzieherischen und disziplinarischen Maßnahmen zu versuchen, bevor sie eine medizinische Beurteilung eines Schulproblems vorschlagen. Viele weitere Staaten erwägen ähnliche Aktionen. Einige Leute haben diese Bemühungen als ungeschickte, keulen-ähnliche »Witz«-Gesetze betrachtet, doch ich sehe darin eher eine erschrockene Reaktion der Elemente der Gesellschaft, die sich unwohl fühlen, wenn Sozialbehörden eine Medikationslösung diktieren.

Was ist überhaupt Krankheit? Was ist normal für ein Kind – und was ist über- oder unterdurchschnittlich? Solche umfassenden Fragen scheinen relevant, nicht nur für die Rolle des Arztes im Allgemeinen, sondern auch für meine Situation als Arzt, der im Amerika des neuen Jahrtausends kindliche Verhaltens- und Leistungsprobleme behandelt. Mir ist klar, dass es keine eindeutigen Antworten oder Maßstäbe gibt. 1996 nahm ich an einer Konferenz für Ethiker, Theologen, Richter, Ärzte und Psychologen teil – eine angeblich ideale Umgebung für unser Ziel, unter anderem, uns der Grenze zwischen Behandlung (der Kranken) und Stärkung (der Gesunden oder Normalen) zu widmen. Es gab jedoch keine Einigung, wo genau oder auch wie diese Grenze gezogen werden sollte. Einige Dinge sind mir jedoch klar. Wenn es eine solche Grenze gibt, dann ist sie nicht festgelegt. Sie ist verschwommen durch die ständige Bewegung, und sie wird nahezu immer kulturell oder auch sozial festgelegt.

Ich könnte versuchen, die Frage aus einem anderen Blickwinkel zu stellen: Welche Kraft ist es, die Krankheit und Gesundheit, Funktion oder Funktionsstörung verursacht – Vererbung oder Umwelt? Doch diese Frage schafft eine falsche Dichotomie; sie ignoriert die fortwährende Interaktion zwischen Vererbung und Umwelt beim heranwachsenden Kind. Es ist oft unklar, wo der eine Einfluss beginnt und der andere darauf reagiert. Beeinflussen Umweltfaktoren Sperma und Eizellen? Radioaktive Strahlung tut es mit Sicherheit. Kann die intrauterine Umgebung den Fötus beeinflussen? Auf jeden Fall. Doch das neugeborene Kind besitzt auch Gene, eine Schablone mit Talenten und Veranlagungen. Diese Merkmale sind von Anfang an da und steuern das Verhalten des Säuglings – was dann wiederum das Verhalten der Eltern tiefgehend beeinflussen kann. Die Eltern, Schule und die Gesellschaft ihrerseits beeinflussen das Kind. Theoretische Versuche zu beweisen, dass entweder Erbanlagen oder Umwelt vorherrschend ist, scheinen eher den gegenwärtigen Bedürfnissen und Privilegien von Kultur und Gesellschaft zu entsprechen als denen der betroffenen »Wissenschaft«. Doch die beiden Fälle aus Albany dokumentieren den Reiz und die Macht des Glaubens, dass Verhalten allein durch Biochemie bestimmt wird.

Ich versuche, dieses philosophische Möbius'sche Band im Kopf zu behalten, wenn ich über die Rolle der Ärzte und Psychiater bei der Hilfe für gestörte Kinder nachdenke. In kultureller Hinsicht ist es meine Aufgabe als verhaltensorientierter Kinderarzt und Familientherapeut, Leiden zu lindern. Manch einer würde sagen, dass dieses Ziel erreicht wird, indem man Menschen hilft, »sich anzupassen«, einige der Ecken und Kanten individueller Mitmenschen und der Gemeinschaften, in der sie leben, zu glätten. Doch der Psychiater Thomas Szasz hat diesen Ansatz von Medizin und Psychiatrie nachhaltig in Frage gestellt, indem er darauf hinwies, dass die »geisteskranke« oder »funktionsgestörte« Person vielleicht in Wirklichkeit auf eine vernünftige und zweckmäßige Art und Weise auf eine Umgebung reagiert, die selbst repressiv oder gar verrückt ist. Was als »normal« gilt, kann manchmal für ein Individuum repressiv oder für eine Kultur destruktiv sein. Ärzte und Psychiater müssen einen umfassenden Ansatz wählen, um Leiden zu lindern, einen, der ihre Aufgabe nicht auf die flotte Behandlung der Symptome und darauf, Menschen an den Arbeitsplatz zurückzubringen, reduziert.

Szasz' Bedenken bleiben relevant, wann immer Medikamente verschrieben werden. Wird jemand, der eine verständliche Reaktion auf eine schwierige Situation zeigt, einfach ruhig gestellt und angepasst? Wenn wir »Störungen« behandeln, die Gruppen mit wenig sozialer Macht betreffen – wie Kinder – erhalten diese Fragen eine besondere Relevanz. Robert Coles, der Kinderpsychiater und Moralist meint dazu besorgt:

»Heutzutage halten Psychiater ihre Patienten immer mehr für auf die eine oder andere Weise neurochemisch gestört und daher für eine Herausforderung zur allmählichen Einführung von Medikamenten und Titrierung. Eine wachsende Zahl Patienten verbringt nur wenig Zeit oder gar keine damit, mit ihrem Arzt über die alltäglichen Schwierigkeiten, mit dem Leben zurechtzukommen, zu reden; vielmehr erhofft sie sich, dass sie eine Art Ruhe überkommt, dank einer Pille, die ihre Aufgabe erfüllt und sie verzaubert kraft der Wirkung auf die Windungen ihres Gehirns.«

Eine Gegenstimme kommt in dieser Debatte von Gerald L. Klerman, der den Gedanken des »pharmakologischen Kalvinismus« äußerte. Während er in den 1970ern als Forscher und Psychiater an der Columbia Universität arbeitete, stellte er die Vorstellung in Frage, dass eine positive Veränderung durch Nutzung der eigenen Ressourcen oder durch Psychotherapie auf irgendeine Art und Weise einer Verbesserung, die durch die Einnahme einer Pille erreicht wird, moralisch überlegen sein sollte. Er fragte sich, ob Zeit und Geld, die für eine Therapie aufgebracht werden müssten, gerechtfertigt wären, wenn ein Medikament das gleiche Ergebnis schneller und preisgünstiger erreichen könnte. Klermans Standpunkt umgeht nicht nur die Punkte, die Szasz und Coles hervorhoben, sondern wird noch problematischer, wenn es um die Behandlung von Kindern geht. Wir müssen bereit sein, die ethische Latte bei der Behandlung von Kindern höher zu hängen als bei Erwachsenen. Kinder treffen sehr selten die Entscheidung, Behandlung für sich selbst zu suchen oder zu bekommen. Außer in seltenen Situationen haben Kinder kein legales Mitspracherecht bei ihrer Behandlung. Es gibt schließlich die ärztliche Maxime *primum non nocere* – In erster Linie nicht schaden. Natürlich kann der Verzicht auf medikamentöse Behandlung seine eigenen Risiken mit sich bringen. Doch wir wissen nicht mit Sicherheit, ob irgendwelche dieser Medikamente auf lange Sicht viel ausrichten (und bei den meisten dieser Medikamente ist selbst der Kurzzeitnutzen bei Kindern unbekannt). Selbst wenn ein Medikament »funktioniert« und das Verhalten des Kindes oder seine Leistung sich bessert, ist es dennoch nicht das moralische Äquivalent dazu, Eltern zu zeigen, wie sie bessere Eltern werden können und Lehrer bei ihrer Aufgabe zu unterstützen.

Deshalb glaube ich, dass die Beurteilung und Behandlung von Kindern weder vollständig noch ethisch ist, wenn nicht hinter die Symptome geblickt und versucht wird, Gehirn und Verhalten des Kindes im Kontext seiner Welt bestmöglich zu verstehen. Meiner Überzeugung nach erfordert das viele Sitzungen, die die ganze Familie berücksichtigen, und ich betone, dass es notwendig ist, die Väter ebenso wie die Mütter von Anfang an einzubeziehen. Ich bin der Ansicht, dass Ärzte direkt mit der Schule kommunizieren sollten, einmal um eine andere Perspektive für das Verhalten des Kindes zu bekommen, und zum anderen, um sich für alle Veränderungen im Klassenzimmer einzusetzen, die sie für nützlich halten. Ich ermutige Eltern, von der Meinung, dass ihr Kind »gestört« ist, abzurücken. Ich fordere sie auf, Beispiele für die Kompetenzen ihres Kindes zu suchen und vernünftige Maßstäbe anzulegen. Ich bitte sie, ein sicheres, stabiles Heim zu schaffen, in dem Regeln und Grenzen mit liebevoller Strenge eingehalten werden. Und ich versuche, für Eltern und Kinder dazusein, die vielleicht einen Anker brauchen, während sie den manchmal stürmischen Prozess des Erwachsenwerdens durchleben.

Es kann jedoch schwierig sein, einen Arzt zu finden, der diese besonnene und wohlüberlegte Methode anwendet. Obwohl einige schlicht nicht damit einverstanden sind, aufgrund ihrer Ideologie oder Ausbildung, sind die Hauptgründe, weshalb Fachleute eine vollständige, nach ethischen Gesichtspunkten vertretbare Behandlung ablehnen, Dollars und Cents. Unglücklicherweise bedeutet die Fürsorge für Kinder keinen Gewinn, sondern eine finanzielle Last im Budget einer Familie, einer medizinischen Praxis oder selbst von unseren Institutionen und Behörden. Eine kurze Einschätzung, die auf dem Addieren von Symptomen basiert, und das Austeilen von Tabletten geht viel schneller und ist billiger – wenigstens auf kurze Sicht. Zumindest ein prominenter Arzt, Joseph Biederman an der Harvard-Universität, teilt Klermans Haltung, was ADHS betrifft. Als Nation, behauptet er, können wir uns die Kosten psychosozialer Behandlungen, die bei Kindern helfen, die diese Störung »haben«, einfach nicht leisten.

Als Antwort biete ich frei nach Swifts Pamphlet »A modest Proposal« einen »gemäßigten Vorschlag« an. Auf Basis der Zahlen des Jahres 2000 gibt es in Amerika ungefähr 4 Millionen Kinder, die Stimulanzien nehmen, bei einer Klassengröße von durchschnittlich neunundzwanzig Kindern. Um Geld zu sparen, schlage ich vor, dass wir die Zahl der Kinder, die Stimulanzien nehmen, auf 7 Millionen erhöhen. Warum nicht? Wir könnten wahrscheinlich die Klassengröße auf fünfundvierzig Kinder erhöhen und so die Lasten der Steuerzahler reduzieren und das Leben für Kinder, Erzieher, Eltern und die Öffentlichkeit leichter machen.

Die Herausforderung für Amerika im 21. Jahrhundert ist, zu entscheiden, wie weit wir uns durch die Leistungsfähigkeit und Amoralität des Marktes bei den Entscheidungen über unsere Kinder lenken lassen wollen. Wollen wir Kindererziehung rationalisieren, wie wir Unternehmen rationalisiert haben, und uns Tabletten zu nutze machen, um die Aufgabe einfacher und weniger zeitraubend zu gestalten? Zeichen einer zivilisierten Gesellschaft ist, wie sie mit ihren Machtlosen und Schwachen umgeht. Wenn wir Medikamente einsetzen, um zu versuchen, unsere Probleme zu lösen, dann sollten wir dies auf eigene Gefahr tun.

Obwohl Politik, Gesellschaft und Geld auf beinahe jeden Aspekt der Beurteilung und der Behandlung Einfluss nehmen, kontrollieren sie dennoch normalerweise nicht direkt Eltern und Ärzte, die für ein individuelles Kind Hilfe suchen. Doch ich denke, dass jeder, der in den Prozess einbezogen ist, eine offene Berücksichtigung der sozialen Faktoren begrüßt. Eltern und Lehrer schätzen die Gelegenheit, über ihre Arbeitspläne zu sprechen, über lange Fahrtzeiten, die Überbewertung materieller Errungenschaften, die neuen und erhöhten Anforderungen an Kinder, früher und schneller zu lernen und den finanziellen Druck auf Schulen und Verwaltungen. Ich weiß, dass es *mir* so geht. Solch eine Diskussion erinnert uns daran, dass unsere Bemühungen in einem größeren Rahmen stattfinden. Ich spreche gern mit Eltern darüber, wie viel mehr wir heute von unseren Kindern erwarten. Unsere Gesellschaft könnte von einem tiefen gemeinsamen Seufzer profitieren – während wir gleichzeitig erkennen, dass die größten Probleme, denen Amerikas Kinder gegenüberstehen, weiterhin Armut, Gewalt und Rassismus sind.

Kinder mit Medikamenten zu behandeln ist keine Entweder-oder-Entscheidung für eine Kultur. Auf einer pragmatischen Ebene hätte eine kleine Anzahl Kinder Schwierigkeiten, mit ihrer Umwelt im Einklang zu sein, unabhängig von Familie, Schule oder Gesellschaft. Eine mögliche Methode, die Umgebung zu verändern – das Kind in einem Heim unterzubringen –, zieht ihre eigenen Grenzen und ernste Probleme mit sich. Medikation, die es den Kindern ermöglicht, sich ein wenig besser »anzupassen«, könnte einen moralischen Sinn ergeben. Doch die große Mehrheit der Kinder, die in diesem Land Psychopharmaka einnehmen, ist weit entfernt davon, dermaßen schwer betroffen zu sein. Häufig sind sie eher wie das Mädchen, das ich zu Beginn dieses Kapitels beschrieben habe. Gegenwärtig zeigt unser Land eine Intoleranz gegenüber veranlagungsbedingter Vielfalt bei unseren Kindern. Ich mache mir Sorgen um ein Amerika, in dem es ohne Medikamente keinen Platz gibt für eine Pippi Langstrumpf oder einen Tom Sawyer.

Da ich Kindern mitunter auch Medikamente verschreibe, fühle ich mich auch verpflichtet, über den heutigen verstärkten sozialen und ökonomischen Druck zu sprechen. Kinder, Eltern und Lehrer befinden sich in einem Schraubstock, man verlangt von ihnen, effektiver zu sein in puncto Verhalten und Leistung; gleichzeitig erhalten sie immer weniger Unterstützung. Pillen zu verschreiben ohne gleichzeitig zu versuchen, Veränderungen im weiteren Umfeld vorzunehmen, würde bedeuten, mich mitschuldig zu machen an den Werten und Einflüssen, die ich schädlich für Kinder finde – also werde ich weiterhin deutlich meine Meinung vertreten, auch dann, wenn ich Medikamente verordne.

Die amerikanische Gesellschaft wird weiterhin mit der Frage konfrontiert werden, wie es die Probleme der Kinder anpacken möchte. Zurzeit sieht es so aus, als hätten wir uns entschlossen, eher die Gehirne der Kinder »in Ordnung zu bringen« als ihre Umgebung zu untersuchen und zu verändern. Wir müssen diese Entscheidung in Frage stellen und anfechten, bis sich in unserer Gesellschaft ein grundsätzlicher Wandel unserer Werte und unseres Glaubens vollzieht – ein Wandel, der die Akzeptanz menschlicher Vielfalt und die Bedeutung von Erziehung und Fürsorge beim Aufziehen unserer Kinder wiederherstellt.

Kurzes Verzeichnis der Psychopharmaka, die Kindern am häufigsten verschrieben werden

Dieses Verzeichnis gibt Auskunft über die Medikamente, die Kindern bei Verhaltensauffälligkeiten und emotionale Störungen am häufigsten verschrieben werden. Es soll eine Antwort sein auf den Elternwunsch nach einem leicht zu benutzenden Nachschlagewerk, das die überwältigende, manchmal lähmende Vielzahl an Informationen filtert, die es in Fachhandbüchern wie dem erwähnten Medikamentenverzeichnis gibt.

Die Medikamente sind nach Anwendungs- bzw. Wirkstoffgruppen geordnet, angefangen bei den bekanntesten und beliebtesten, bis zu den weniger oft verordneten. Eingegangen wird auch auf die Probleme, bei denen die jeweilige Wirkstoffgruppe zur Anwendung kommt, die häufigsten und wichtigsten Nebenwirkungen sowie Informationen zur Dosierung, teilweise mit Kommentaren zu unterschiedlichen Bewertungen oder anderen Details, von denen Eltern Kenntnis haben sollten. Darauf folgt eine Liste mit den Handelsmarken der Medikamente innerhalb jeder Gruppe – wiederum beginne ich mit den bekanntesten oder beliebtesten Medikamenten –, so dass Sie nähere Einzelheiten zu bestimmten Medikationen nachschlagen können, z. B. zu Nebenwirkungen und Erwägungen zur Dosierung der Präparate.

Um die Wünsche der Eltern zu berücksichtigen, ist diese Liste zwar vollständig, sollte einen aber nicht erschlagen. Ich lasse z. B. Medikamente aus, die sehr selten verordnet werden, und gebe nur die wichtigsten Informationen zu den Stichwörtern. Wenn Sie mehr darüber wissen möchten, finden Sie in Kapitel 8 eine ausführliche Diskussion über psychoaktive Medikamente. Die beste Referenz ist letztendlich natürlich ein vertrauenswürdiger und erfahrener Arzt.

TM = Trademark: Handelsname in den USA
INN = Internationaler Freiname (Generischer Name)
WZ = Warenzeichen: Handelsname in Deutschland

Adderall	TM	Amphetamin	INN	**In Deutschland nicht**	
Adderall XR	TM	Amphetamin	INN	**zugelassen**	
Alprazolam	INN	Xanax	TM	Xanax, Esparon, Generika u. a.	WZ
Ambien	TM	Zolpidem	INN	Bikalm, Stilnox	WZ
Amitriptylin	INN	Elavil	TM	Amineurin, Laroxyl, Novoprotect, Saroten u. a.	WZ
Amphetamin	INN	Aderall	TM		
Anafranil	TM	Clomipramin	INN	Anafranil, Hydiphen	WZ
Ativan	TM	Lorazepam	INN	Tavor, Tolid, Durazolam, Lorazepamratiopharm u. a.	WZ
Bupropion	INN	Wellbutrin	TM	Zyban, Bupropion	WZ
Buspar	TM	Buspiron	INN	Bespar, Busp	WZ
Buspirone	INN	Buspar	TM	Bespar, Busp	WZ
Carbamazepin	INN	Tegretol	TM	Tegretal, Timonil, Generika u. a.	WZ
Catapres	TM	Clonidin	INN	Catapresan	WZ
Celexa	TM	Citaprolam	INN	Cipramil, Sepram	WZ
Chlorpromazin	INN	Thorazin	TM	Propaphenin	WZ
Citalopram	INN	Celexa	TM	Cipramil, Sepram	WZ
Clomipramin	INN	Anafranil	TM	Anafranil, Hydiphen	WZ
Clonazepam	INN	Klonopin	TM	Antelepsin, Rivotril	WZ
Clonidin	INN	Catapres	TM	Catapresan	WZ
Clozaril	TM	Clozapin	INN	Clozapin-neuraxapharm, Elcrit, Leponex	WZ
Concerta	TM	Methyphenidat	INN	Ritalin	WZ
Cylert	TM	Pemolin	INN	Tradon	WZ
Dekapene					
Depakote	TM	Valproinsäure	INN	Convulex, Convulsofen, Ergenyl, Orfiril	WZ
Desipramin	TM	Norpramin	INN	Pertofran, Petylyl	WZ

Desyrel	TM	Trazadon	INN	Thombran	WZ
Dexedrin	TM	Dextroamphetamin	INN		
Dexedrin Spansule	TM	Dextroamphetamin	INN	**In Deutschland nicht zugelassen**	
Dextroamphetamin	INN	Dexedrin	TM		
Dextrostat	TM	Dextroamphetamin	INN		
Diazepam	INN	Valium	TM	Valium; Generika	WZ
Effexor	TM	Venlafaxin	INN	Trevilor	WZ
Elavil	TM	Amitriptylin	INN	Amineurin, Laroxyl, Novoprotect, Saroten u. a.	WZ
Eskalith	TM	Lithium Karbonat	INN	Hypnorex retard, Leukominerase, Quilonum retard u. a.	WZ
Eskalith ER	TM	Lithium Karbonat	INN	Quilonum	
Fluoxetin	INN	Fluctin	TM	Fluctin	WZ
Fluctin	TM	Fluoxetin	INN	Fluctin	WZ
Fluvoxamin	INN	Luvox	TM	Fevarin	WZ
Focalin	TM	d-Methylphenidat	INN	Ritalin	
Gabapentin	INN	Neurontin	TT	Neurontin	WZ
Geodon	TM	Ziprasidon	INN	Zeldox	WZ
Guanfacin	INN	Tenex	TM	Estulic-Wander	WZ
Halcion	TM	Triazolam	TM	Halcion	WZ
Haldol	TM	Haloperidol	INN	Haldol-Janssen, Haloneural, Generika u. a.	WZ
Haloperidol	INN	Haldol	TM	Haldol-Janssen, Haloneural, Generika u. a.	WZ
Imipramin	TM	Tofranil	INN	Tofranil, Pryleugan, Imipramin-neuraxapharm	WZ
Klonopin	TM	Clonazepam	INN	Antelepsin, Rivotril	WZ
Lamictal	TM	Lamotrigin	INN	Lamictal	WZ
Lamotrigin	INN	Lamictal	TM	Lamictal	WZ
Lithium Karbonat	INN	Lithobid, Eskalith	TM	Hypnorex retard, Leukominerase, Quilonum retard u. a	WZ

Lithobid	TM	Lithium Karbonat	INN	Hypnorex retard, Leukominerase, Quilonum retard u. a.	WZ
Lorazepam	INN	Ativan	TM	Tavor, Tolid, Durazolam, Lorazepamratiopharm u. a.	WZ
Luvox	TM	Fluvoxamin	INN	Fevarin	WZ
Melleril	TM	Thioridazin	INN	Melleretten, Melleril, Thioridazin-neuraxapharm	WZ
Metadate CD	TM	Methylphenidat	INN	Ritalin	WZ
Metadate ER	TM	Methylphenidat	INN	Ritalin	WZ
Methyllin ER	TM	Methylphenidat	INN	Ritalin	WZ
Methylphenidat	INN	Ritalin, Concerta	TM	Ritalin	WZ
Mirtazapin	INN	Remeron	TM	Remergil	WZ
Nefazodon	INN	Serzone	TM	Nefadar	WZ
Neurontin	TM	Gabapentin	INN	Neurontin	WZ
Norpramin	INN	Desipramin	TM	Pertofran, Petylyl	WZ
Nortriptylin	INN	Pamelor	TM	Nortrilen	WZ
Olanzapin	INN	Zyprexa	TM	Zyprexa	WZ
Pamelor	TM	Nortriptylin	INN	Nortrilen	WZ
Paroxetin	INN	Paxil	TM	Seroxat, Tagonis	WZ
Paxil	TM	Paroxetin	INN	Seroxat, Tagonis	WZ
Pemolin	INN	Cylert	TM	Tradon	WZ
Prozac	TM	Fluoxetin	INN	Fluctin	WZ
Quetiapin	INN	Seroquel	TM	Seroquel	WZ
Remeron	TM	Mirtazapin	INN	Remergil	WZ
Risperdal	TM	Risperidon	INN	Risperdal	WZ
Risperidon	INN	Risperdal	TM	Risperdal	WZ
Ritalin	TM	Methylphenidat	INN	Ritalin	WZ
Ritalin LA	TM	Methylphenidat	INN	Ritalin	WZ
Ritalin SR	TM	Methylphenidat	INN	Ritalin	WZ
Seroquel	TM	Quetiapin	INN	Seroquel	WZ
Sertralin	INN	Zoloft	TM	Zoloft, Gladem	WZ
Serzone	TM	Nefazodon	INN	Nefadar	WZ
Sonata	TM	Zaleplon	INN	Sonata	WZ
Tegretol	TM	Carbamazepin	INN	Tegretal, Timonil, Generika u. a.	WZ
Tenex	TM	Guanfacin	INN	Estulic-Wander	WZ
Thioridazin	INN	Melleril	TM	Melleretten, Melleril, Thioridazin-neuraxapharm	WZ

Thorazin	TM	Chlor promazin	INN	Propaphenin	WZ
Tofranil	TM	Imipramin	INN	Tofranil, Pryleugan, Imipramin- neuraxapharm	WZ
Topiramat	INN	Topomax	TM	Topamax	WZ
Topomax	TM	Topiramat	INN	Topamax	WZ
Trazadon	TM	Desyrel	INN	Thombran	WZ
Triazolam	INN	Halcion	TM	Halcion	WZ
Valium	TM	Diazepam	INN	Valium; Generika	WZ
Valproinsäure oder Valproat	INN	Depakote, Dekapene	TM		WZ
Venlafaxin	INN	Effexor	TM	Trevilor	WZ
Vivactyl	TM	Nortriptylin	INN	Nortrilen	WZ
Wellbutrin	TM	Bupropion	INN	Zyban, Bupropion	WZ
Xanax	TM	Alprazolam	INN	Xanax, Esparon, Generika u. a.	WZ
Zaleplon	INN	Sonata	TM	Sonata	WZ
Ziprasidon	INN	Geodon	TM	Zeldox	WZ
Zoloft	TM	Sertralin	INN	Zoloft, Gladem	WZ
Zolpidem	INN	Ambien	TM	Bikalm, Stilnox	WZ
Zyprexa	TM	Olanzapin	INN	Zyprexa	WZ

Wichtiger Hinweis: Die folgenden Angaben (Darreichungsform, Dosierung etc.) beziehen sich auf amerikanische Verhältnisse und können von denen in Deutschland abweichen.

Stimulanzien
Anwendungsgebiete: Ausagierendes Verhalten; Impulsivität; Unaufmerksamkeit; Hyperaktivität (ADHS); aber auch bei oppositionellem und Problemverhalten (ODD). **Nebenwirkungen**: Appetitmangel; Einschlafstörungen; Muskelzuckungen (umstritten); Wachstumsverzögerung (umstritten). **Dosierungshinweise**: Zu Beginn die niedrigste Dosis, die erhältlich ist; Dosis alle drei bis vier Tage um eine Tablette erhöhen, je nach Rückmeldung von Kind/Eltern/Lehrer, bis Verhalten und Leistung ein Optimum erreicht haben und/oder bedeutende Nebenwirkungen auftauchen. Da die Wirkungsdauer einer Tablette häufig der entscheidende Faktor ist, für welches Mittel man sich entscheidet, werden Präparate-Variationen innerhalb von Handelsmarken (z. B. Ritalin, Ritalin SR und Ritalin LA) im folgenden separat betrachtet. **Bemerkungen**: Wirkungen sind unspezifisch (niedrig dosierte Stimulanzien verbessern fast bei jedem Menschen die Konzentration bei Aufgaben, die entweder langweilig oder schwierig sind); Einsetzen der Wirkung nach 20 bis 30 Minuten; die Gefahr des Drogenmissbrauchs besteht potenziell bei Teenagern und Erwachsenen.

Präparate

Ritalin (Methylphenidat; dt. Ritalin)
Darreichungsform: 5, 10, 20 mg Tabletten. **Dosierungshinweise:** Die Wirkungsdauer beträgt 3-4 Stunden. **Bemerkungen:** Das bekannteste Stimulans; ein Generikum ist ebenso gut wie ein Markenpräparat.

Ritalin SR (Methylphenidat; dt. Ritalin)
Darreichungsform: 20 mg Tabletten.
Dosierungshinweise: Die Wirkungsdauer beträgt 6-8 Stunden.
Bemerkungen: Die vom Hersteller angegebene Wirkungsdauer ist bei vielen Ärzten umstritten.

Focalin (isoliertes Einzel-Isomer von d-Methylphenidat)
Darreichungsform: 2.5, 5, 10 mg Tabletten.
Dosierungshinweise: Wirkt 3-4 Stunden.
Bemerkungen: Gerade erst auf den Markt gekommen; die vom Hersteller empfohlene Dosierung ist halb so hoch wie beim regulären Ritalin (Methylphenidat), doch die Vorteile dieses Präparats sind keineswegs klar.

Cylert (Pemolin; dt. Tradon).
Darreichungsform: 18.75, 37.5, 75 mg gerillten Tabletten. 37.5 mg Kautabletten.
Dosierungshinweise: 1× täglich.
Bemerkungen: Andere Struktur und Wirkung als die der anderen Stimulanzien; Berichte über Tod durch Leberversagen hatten zur Folge, dass es selten verschrieben wird.

Selektive Serotonin-Wiederaufnahmehemmer (SSRIs)
Anwendungsgebiete: Zur Erhöhung der Widerstandskraft und Stimmungsaufhellung; SSRIs mildern spezifisch Ängste, Sorgen, Zwangsvorstellungen und zwanghaftes Handeln; können Depressionen und Erregungszustände bei Kindern mildern (nicht so wirksam und beständig wie bei Erwachsenen).
Nebenwirkungen: Können anfangs Schlaflosigkeit verursachen; es wird aber auch über Müdigkeit am Tage berichtet; Berichte über hohe Rate an sexuellen Nebenwirkungen (Ejakulationsstörungen, Orgasmusprobleme, verminderte Libido) bei Erwachsenen, Auswirkungen bei Kindern oder Jugendlichen sind unklar; selten Erregungszustände und/oder bizarre Verhaltensreaktionen.
Dosierungshinweise: Bei vorpubertären Kindern wird am Anfang die Hälfte der geringsten Dosis, die erhältlich ist, gegeben; Jugendliche können mit einer ganzen Tablette beginnen. Die Dosierung wird alle 2 bis 4 Wochen um eine halbe oder eine ganze Tablette erhöht, je nach Reaktion und/oder Auftreten von Nebenwirkungen; höhere Dosierung soll im Allgemeinen das Doppelte der gewöhnlichen Anfangsdosis bei Erwachsenen nicht überschreiten (z. B. bei Prozac nicht mehr als 40 mg); viele SSRIs sind jetzt in flüssiger Form erhältlich, was die Anwendung bei kleinen Kindern vereinfacht.

Bemerkungen: Trotz weit verbreiteter Anwendung im Kindesalter sind diese Medikamente für Kinder noch nicht richtig erforscht; es gibt keine Langzeitdaten über Sicherheit oder Wirksamkeit. Unterschiede bei den Mitteln dieser Gruppe sind gering, abgesehen von der Wirkungsdauer; insbesondere die Wirkung von Prozac (Fluoxetin) dauert noch mehrere Wochen nach Absetzung des Medikamentes an. Es gibt einige Unterschiede hinsichtlich der stimulierenden bzw. sedierenden Wirkung innerhalb der SSRIs; Prozac ist das stimulierendste, Paxil das sedierendste. Bei allen SSRIs soll die Wirkung nach 2-4 Wochen einsetzen, aber es wird häufig berichtet, dass diese bereits innerhalb von 2-3 Tagen eintrat.

Präparate
Prozac (Fluoxetin; dt. Fluctin)
Darreichungsform: 10, 20, 40 mg Kapseln; 10 mg Tabletten mit Bruchkerbe (können geteilt werden); 20 mg/Teelöffel Suspension mit Pfefferminzgeschmack.
Bemerkungen: Das bekannteste der SSRIs, unterscheidet sich aber nicht wesentlich von den anderen, abgesehen von der Wirkungsdauer; wird bevorzugt, wenn »Vergessen« der Medikamenteneinnahme ein Problem ist (am nächsten Tag können zwei genommen werden, wenn man eine ausgelassen hat); zu vermeiden bei größeren Bedenken wegen der Nebenwirkungen, da sie wochenlang anhalten können, selbst nach Absetzen des Medikamentes. Prozac ist der einzige SSRI, der gegenwärtig in einer preiswerteren Generikum-Version erhältlich ist.

Zoloft (Sertralin; dt. Zoloft, Gladem)
Darreichungsform: 25, 50, 100 mg Tabletten mit Bruchkerbe.
Dosierungshinweise: Kann 2 × täglich verabreicht werden, um Nebenwirkungen zu minimieren.
Bemerkungen: Untersuchungen bestätigen die Wirksamkeit bei Kindern mit Symptomen einer zwanghaften Störung (OCD = obsessive-compulsive disorder) über die Dauer eines Jahres; kann geringfügig weniger stimulierend sein als Prozac.

Paxil (Paroxetin; dt. Seroxat, Tagonis)
Darreichungsform: 10, 20 mg Tabletten; 30, 40 mg Tabletten mit Bruchkerbe; 10 mg/Teelöffel Suspension mit Orangengeschmack.
Bemerkungen: Einnahme einmal täglich, gewöhnlich morgens.

Luvox (Fluvoxamin; dt. Fevarin)
Darreichungsform: 25 mg Tabletten; 50, 100 mg Tabletten mit Bruchkerbe.
Bemerkungen: Untersuchungen unterstützen die Anwendung bei zwanghaften Störungen im Kindesalter; Luvox ist das sedierendste der SSRIs; nützlich für die Nacht bei Schlafproblemen.

Celexa (Citalopram; dt. Cipramil, Sepram)
Darreichungsform: 20, 40 mg Tabletten mit Bruchkerbe; 10 mg/Teelöffel Lösung mit Pfefferminzgeschmack.

Bemerkungen: Muss täglich morgens genommen werden; Celexa ist ein neuerer SSRI, der oftmals als zweite Wahl verschrieben wird, wenn ein anderer SSRI nicht geholfen hat.

Neuroleptika
Anwendungsgebiete: Meistens als äußerstes Mittel bei oppositionellem, aggressivem, heftigem und außer Kontrolle geratenem Verhalten; ebenso zur Linderung bei Halluzinationen und Denkstörungen; in geringer Dosierung angewendet zur Behandlung extremer Angstzustände und des Tourette-Syndroms.
Nebenwirkungen: Variieren, abhängig davon, welches Mittel genommen wird; Müdigkeit (weniger verbreitet bei den neueren »atypischen« Neuroleptika); Gewichtszunahme (sehr verbreitet); Mundtrockenheit; verschwommener Blick; Verstopfung; erhöhte Herzfrequenz; Muskelverhärtung und Krämpfe bei Langzeiteinnahme; Unruhegefühl (Akathisie) und ein Parkinson-ähnlicher Zustand mit zitternden Händen; allgemeine Langsamkeit und Mimikarmut; neuroleptisches malignes Syndrom, charakterisiert durch Muskelkrämpfe, Verwirrung und hohes Fieber (sehr selten, aber lebensbedrohend); bei Langzeiteinnahme Entwicklung einer permanenten Muskelbewegungsstörung (Spätdyskinesie).
Dosierungshinweise: Abhängig vom jeweiligen Medikament (Einzelheiten im Folgenden); im Allgemeinen wird die geringste Dosis, die erhältlich ist, verabreicht; sie kann aber schnell erhöht werden (täglich), um die Symptome unter Kontrolle zu bekommen.
Bemerkungen: Benadryl (Diphenhydramin) oder Cogentin (Amantadin) können zusammen mit einigen der Neuroleptika verschrieben werden, um einigen der Nebenwirkungen vorzubeugen oder sie zu mildern. Einige neuroleptische Präparate gelten als »atypisch« oder »neuartig«, da sie eine andere chemische Struktur besitzen als die vorige Medikamentengeneration.

Präparate
Risperdal (Risperidon; dt. Risperdal)
Darreichungsform: 0.25, 0.5, 1, 2, 3, 4 mg Tabletten; 1 mg/1 cc orale Lösung mit dispensierender, geeichter (kalibrierter) Pipette.
Nebenwirkungen: Risperdal ist das am meisten eingenommene der neueren Generation der »atypischen« oder »neuartigen« Neuroleptika, beliebt wegen angeblich geringerer sedierender Wirkung und geringerem Risiko einer Spätdyskinesie bei Langzeiteinnahme. Neuere Ergebnisse deuten an, dass das Risiko einer Spätdyskinesie für diejenigen, die zum ersten Mal ein Neuroleptikum einnehmen, gleich sein könnte; erhebliche Gewichtszunahme (Pickwick-Syndrom) kann bei fortgesetzter Einnahme auftreten.

Zyprexa (Olanzapin; dt. Zyprexa)
Darreichungsform: 2.5, 5, 7.5, 10 mg Tabletten; 5, 10 mg Tabletten, die sich schon im Mund auflösen.
Dosierungshinweise: Normalerweise 1× täglich.

Nebenwirkungen: Angeblich weniger Gewichtszunahme als bei Risperdal; hierfür gibt es aber keine Beweise; wie bei anderen »atypischen« Neuroleptika wird behauptet, es verursache weniger Sedierung und Spätdyskinesie.

Seroquel (Quetiapin; dt. Seroquel)
Darreichungsform: 25, 100, 200 mg Tabletten.
Dosierungshinweise: Wird für gewöhnlich 1-2 × täglich verabreicht.
Bemerkungen: Eines der neueren so genannten »atypischen« Neuroleptika; wahrscheinlich ein Mittel der dritten oder vierten Wahl; weniger Gewichtszunahme, aber zu neu, um Sicherheit zu haben.

Geodon (Ziprasidon; dt. Zeldox)
Darreichungsform: 20, 40, 60, 80 mg Kapseln.
Dosierungshinweise: Das neueste der »atypischen« Neuroleptika. Die geringste Dosis, die erhältlich ist, ist für Kinder bereits hoch, kann sedierend wirken.

Clozaril (Clozapin: dt. Clozapin neuraxapharm, Elcrit, Leponex)
Darreichungsform: 25, 100 Tabletten mit Bruchkerbe.
Anwendungsgebiet: Gewöhnlich das äußerste Mittel bei tablettenresistenter Schizophrenie.
Nebenwirkungen: Relativ hohes Risiko einer Agranulozytose, einer potentiell tödlichen Blutbildveränderung.
Dosierungshinweise: Der Hersteller schreibt eine Blutbildbestimmung alle zwei Wochen vor, um das Auftauchen von Blutbildveränderungen zu kontrollieren.
Bemerkungen: Im Allgemeinen nicht bei Kindern und Jugendlichen angewendet wegen der Notwendigkeit der häufigen Blutbildüberwachung und des relativ hohen Risikos gefährlicher Nebenwirkungen.

Haldol (Haloperidol; dt. Haldol-Janssen, Haloneural)
Darreichungsform: 0.5, 1, 2, 5, 10, 20 mg Tabletten mit Bruchkerbe; 2 mg/ml geschmacksneutrale Suspension.
Nebenwirkungen: Verhältnismäßig mehr Nebenwirkungen als bei »atypischen« Neuroleptika wie Risperdal.
Dosierungshinweise: Gewöhnlich 2 × täglich, manchmal 3 ×.
Bemerkungen: Haldol ist seit vielen Jahren eine Säule der neuroleptischen Behandlung; in geringen Dosen zur wirksamen Behandlung von Tics beim Tourette-Syndrom (Anwendung bei dieser Indikation kein Auftreten von Spätdyskinesie); weitaus preisgünstiger als die »atypischen« Neuroleptika.

Melleril (Thioridazin; dt. Melleretten, Melleril)
Darreichungsform: 10, 15, 25, 50, 100, 200 mg Tabletten; 5, 6, 20 mg/Teelöffel Suspension.
Nebenwirkungen: Siehe Haldol.
Dosierungshinweise: 2 oder 3 × täglich.
Bemerkungen: Eine weitere langjährige Säule bei der Behandlung sehr

schwierigen kindlichen Verhaltens; ebenfalls günstiger als die so genannten »atypischen« Neuroleptika.

Thorazin (Clorpromazin; dt. Propaphenin)
Darreichungsform: 10, 25, 50, 100, 200 mg Tabletten und Kapseln; 10 mg/ Teelöffel Sirup; 25, 100 mg Zäpfchen.
Nebenwirkungen: Siehe Haldol.
Dosierungshinweise: 2 oder 3 × täglich.
Bemerkungen: »Der Urahn« der neuroleptischen Medikamente; unbeabsichtigte Entdeckung von Thorazins neuroleptischen Eigenschaften in den 1950ern leitete die »biologische« Revolution in der Psychiatrie ein.

Antikonvulsiva

Anwendungsgebiete: »Stimmungsstörungen«, insbesondere bei bipolarer Störung, aber auch breite nichtspezifische Anwendung bei der Behandlung extremer Reizbarkeit, Aggressivität und Wut.
Nebenwirkungen: Die verbreitetste einschränkende Nebenwirkung all dieser Mittel ist die sedierende Wirkung; andere Nebenwirkungen, einige davon schwerwiegend, variieren bei den einzelnen Medikamenten, wie nachstehend beschrieben.
Bemerkungen: Antikonvulsiva – Medikamente, die bei der Behandlung von Epilepsie verschrieben werden – werden seit langem gelegentlich bei psychischen Erkrankungen eingesetzt. Mit der wachsenden Bereitschaft, Kindern Psychopharmaka zu verschreiben und dem allgemeinen Anstieg der bipolaren Diagnose werden einige dieser Mittel oftmals Kindern mit Verhaltens- und Gefühlsproblemen verabreicht. Wenn man das Fehlen unterstützender Daten über deren Wirksamkeit und Sicherheit hinsichtlich der Behandlung psychischer Probleme im Kindesalter bedenkt, ist die weit verbreitete Anwendung von Antikonvulsiva erstaunlich und besorgniserregend. In letzter Zeit haben viele Ärzte diese Medikamentengruppe vollständig aufgegeben und verschreiben statt dessen die neueren neuroleptischen Medikamente zur Behandlung extrem hyperaktiven Verhaltens.
Präparate
Depakote (Valproinsäure; Valproat/Depakene; dt. Convulex, Convulsofen)
Darreichungsform: 125, 250, 500 mg Tabletten oder Kapseln; 500 mg Depot-Tabletten (verlängerte Freisetzung); 250 mg/Teelöffel Suspension.
Nebenwirkungen: Sedierung (verbreitet); Schwindel; Übelkeit; Gewichtsverlust oder -zunahme; beobachtet wurde Entwicklung von Ovarialzysten und polyzystischem Ovarium bei jungen Mädchen; selten reversible Entzündung der Leber (chemische Hepatitis); selten, aber potentiell tödlich verlaufende, akute hämorrhagische Pankreatitis; Reduzierung der weißen Blutkörperchen mit seltener, aber potentiell tödlich verlaufender Leukämie.
Dosierungshinweise: Die niedrigste Dosis wird 2 × täglich verabreicht und alle zwei Wochen erhöht, bis eine Besserung eintritt oder Nebenwirkungen auftreten; es gibt akzeptierte Blutspiegel für die Behandlung von Anfällen, aber entscheidend für die Dosierung bei psychischen Problemen ist die klinische Reaktion.

Bemerkungen: Präparat mit Depotwirkung erlaubt eine einmalige Dosierung am Tag.

Neurontin (Gabapentin; dt. Neurontin)
Darreichungsform: 100, 300, 400, 600, 800 mg Kapseln oder Tabletten.
Nebenwirkungen: Möglicherweise weniger Sedierung als bei Depakote; Schwindel.
Dosierungshinweise: Kein anerkannter Dosierungsplan für Kinder; ratsam für den Arzt, mit 100 mg dreimal täglich zu beginnen, Dosierung alle paar Wochen erhöhen, bis sich das Verhalten bessert oder Nebenwirkungen (gewöhnlich Sedierung) auftreten.
Bemerkungen: Zunehmend verschrieben bei übermäßiger Ängstlichkeit; Neurontin ist neuer als Depakote mit angeblich weniger Nebenwirkungen; seine Vorteile sind nicht bewiesen; die Zeit wird es zeigen.

Tegretol (Carbamazepin; dt. Tegretal, Timoril)
Darreichungsform: 100 mg Kautabletten; 200 mg Tabletten mit Bruchkerbe; 100, 200, 400 Depot-Tabletten; 100 mg/Teelöffel Suspension mit Vanille-Orange-Geschmack.
Nebenwirkungen: Magenverstimmungen (es wird empfohlen, Tegretol zusammen mit Nahrung einzunehmen); Sedierung; Übelkeit; Erbrechen; verschwommener Blick; selten chemische Hepatitis oder tödlich verlaufende Anämie (Überprüfung der Prämedikation und regelmäßige Laborblutuntersuchungen werden empfohlen, um die Leberfunktionen und das Blutbild zu beobachten).
Dosierungshinweise: Im Allgemeinen sind 200 mg die tägliche Anfangsdosierung, entweder unterteilt in 2 × täglich oder 1 × als Depot-Tablette; Blutspiegel, Konzentration eines Stoffes im Blut, sollten gemessen werden, um die Dosierung festzusetzen, aber entscheidender sind die klinische Reaktion oder das Auftreten von Nebenwirkungen.
Bemerkungen: Tegretol ist eine Stütze der Medikation bei der Behandlung von Anfällen bei Kindern; es wird bei psychischen Problemen im Kindesalter seltener verschrieben als Depakote wegen der Nebenwirkungen und möglicherweise geringerer Wirksamkeit.

Lamictal (Lamotrigin; dt. Lamictal)
Darreichungsform: 25, 50, 150, 200 mg Tabletten mit Bruchkerbe; 5, 25 mg Kautabletten.
Nebenwirkungen: Verbreitet Hautausschläge, einschließlich seltener, aber potentiell tödlicher Komplikation des Stevens-Johnson-Syndroms, das sich wie schwere Brandverletzungen darstellt.
Bemerkungen: Neueres Antikonvulsivum, wird gegenwärtig bei psychischen Problemen im Kindesalter angewandt; wahrscheinlich eine Medikation der dritten oder vierten Wahl.

Topomax (Topiramat; dt. Topamax)
Darreichungsform: 25, 100, 200 mg Tabletten; 15, 25 mg Kapseln.

Bemerkungen: Ein weiteres neueres Antikonvulsivum, das bei psychischen Problemen im Kindesalter zur Anwendung kommt; wahrscheinlich eine Medikation dritter oder vierter Wahl.

Lithium Karbonat
Obwohl es diverse Handelsmarken von Lithium gibt, sind die Präparate ähnlich, mit den gleichen Darreichungsformen, Nebenwirkungen und Gesichtspunkten. Diese Marken werden hier als »Lithium-Karbonate« zusammengefasst.

Präparate
Lithium-Karbonat (Lithobid Depot-Kapseln mit verlängerter Freisetzung, Eskalith Kapseln und Eskalith ER Tabletten; dt. Hyphorex retard, Leukominerase)
Darreichungsform: 150, 300, 450 mg Tabletten oder Kapseln; 1 Teelöffel Suspension (entspricht einer 300 mg-Tablette).
Anwendungsgebiete: Das bekannteste Mittel bei sehr reizbarem, wütendem und aggressivem Verhalten bei Kindern mit der Diagnose bipolare Störung.
Dosierungshinweise: Die kleinste Darreichungsgröße (150 mg) wird 2 × täglich verabreicht und wöchentlich erhöht, bis die Verhaltenssymptome sich gebessert haben oder Nebenwirkungen auftreten; die endgültige Dosierung kann bis zu 1800 mg täglich ansteigen. Es kann hilfreich sein, die Konzentration von Lithium im Blut 5 Tage nach Beginn der Einnahme bei der verschriebenen Dosierung zu prüfen, hauptsächlich, um die Einhaltung der Dosierung und/oder Risiken von Nebenwirkungen zu prüfen.
Nebenwirkungen: Übelkeit, Erbrechen; Magenschmerzen; Tremor (zitternde Hände); Sedierung; erhöhtes Urinieren und Flüssigkeitsaufnahme; höheres Risiko der Dehydrierung während des routinemäßigen Durchfalls; Akneausbrüche sind verbreitet; Nieren- und Schilddrüsenfunktionen müssen ebenfalls beobachtet werden.
Bemerkungen: Lithium wurde als hochwirksam bei der Behandlung und Prävention der Symptome einer bipolaren Störung angesehen, als die Diagnose (damals manisch-depressive Erkrankung genannt) auf einem restriktiveren und klar zu unterscheidenden Paket von Symptomen beruhte. Es handelt sich um ein schwieriges Mittel, das selten Kindern unter zwölf Jahren verschrieben wird; viele Teenager finden es zu unangenehm, um die Einnahme fortzusetzen, selbst wenn es hilft.

Trizyklische Antidepressiva
Anwendungsgebiete: Manchmal verschrieben bei Angst- oder Erregungszuständen und Depressionen; heutzutage selten bei Impulsivität, Unaufmerksamkeit und Hyperaktivität.
Nebenwirkungen: Sedierung, Mundtrockenheit, verschwommener Blick und Verstopfung sind verbreitet.
Dosierungshinweise: Zu Beginn gewöhnlich die geringste Dosierung, die alle vier bis fünf Tage erhöht werden sollte; Dosierungen, die das Doppelte der

üblichen Eingangsdosis bei Erwachsenen überschreiten, sind umstritten wegen des Risikos seltener, aber katastrophaler Auswirkungen (siehe Bemerkungen).
Bemerkungen: Trizyklische Antidepressiva wurden in den 1990er Jahren häufig Kindern verabreicht, bis zur Veröffentlichung von Berichten über mehrere plötzliche Todesfälle, die vermutlich durch unregelmäßigen Herzrhythmus (Rhythmusstörungen) verursacht wurden; Elektrokardiogramme (EKGs) sind empfehlenswert vor Einnahmebeginn eines trizyklischen Mittels und nach Erreichen einer stabilen Dosis. Gegenwärtig gibt es wenig Grund, diese Medikation bei Kindern anzuwenden, es sei denn, alternative Medikamentengruppen haben nicht geholfen.

Präparate
Imipramin (Tofranil; dt. Tofranil, Pryleugan)
Darreichungsform: 10, 25, 50, 75, 100, 150 mg Tabletten.
Dosierungshinweise: Übliche Anfangsdosierung sind 10 oder 25 mg.
Bemerkungen: Das bekannteste der trizyklischen Antidepressiva bei der Behandlung von Kindern. Geringe Dosen noch gelegentlich gegeben, um Bettnässen zu behandeln (aber apparative Konditionierung oder das Medikament Desmopressin, bekannt auch als DDAVP, sind die Behandlungsmethoden erster Wahl bei nächtlicher Enuresis.)

Desipramin (Norpramin; dt. Pertofran, Petylyl)
Darreichungsform: 10, 25, 50, 75, 100, 150 mg Tabletten.
Bemerkungen: Das am geringsten sedierende der trizyklischen Antidepressiva, früher weit verbreitet, um stimulanzienresistentes ADHS zu behandeln.

Nortriptylin (Pamelor und Vivactyl; dt. Nortrilen)
Darreichungsform: 10, 25, 50 mg Kapseln; 10 mg/Teelöffel Suspension.

Elavil (Amitriptylin; dt. Amineurin, Laroxyl)
Darreichungsform: 10, 25, 50, 75, 100, 150 mg Tabletten.
Bemerkungen: Elavil ist das trizyklische Antidepressivum mit der sedierendsten Wirkung; kann in geringeren Dosierungen zur Schmerzlinderung (z. B. bei Kopfschmerzen) gegeben werden.

Anafranil (Clomipramin; dt. Anafranil, Hydiphen)
Darreichungsform: 25, 50, 100 mg Tabletten.
Bemerkungen: In den 1990ern weit verbreitet bei Symptomen für zwanghafte Störungen, dann aber abgelöst von den SSRIs wegen ihrer sedierenden Wirkung.

Antihypertensiva

Präparate
Clonidin (Catapres; dt. Catapresan)
Darreichungsform: 0.1, 0.2, 0.3 mg Tabletten mit Bruchkerbe; 1, 2, 3 Haut-

pflaster-Set (zu tragen auf haarlosen Bereichen des Körpers, liefert die tägliche Milligramm-Menge der oralen Dosis).
Anwendungsgebiete: Ursprünglich eingesetzt zur Behandlung von Bluthochdruck bei Erwachsenen, jetzt aber auch zur Behandlung von Impulsivität, Unaufmerksamkeit, Ablenkbarkeit, Reizbarkeit und Schlaflosigkeit (gewöhnlich aufgrund eines Stimulans); auch angewendet als erstes Mittel zur Behandlung des Tourette-Syndroms.
Dosierungshinweise: Zunächst wird die geringste Dosis verabreicht, für gewöhnlich nur 2 × täglich (obgleich die Konzentration des Mittels im Blut zeigt, dass die Medikation lediglich drei bis vier Stunden anhält); die Dosierung wird wöchentlich erhöht, bis sich eine Besserung einstellt oder Nebenwirkungen auftreten; das Hautpflaster wird wöchentlich gewechselt.
Nebenwirkungen: Sedierung; Schwindel beim Aufstehen; möglicher plötzlicher, überschießender Blutdruckanstieg, wenn das Medikament abrupt abgesetzt wird (sehr selten bei dem Dosierungsmaß, das Kindern bei psychischen Problemen verschrieben wird).
Bemerkungen: Clonidin wird selten allein gegeben bei ADHS-Symptomen, sondern oft in Kombination mit einem Stimulans verabreicht; häufig am späten Nachmittag oder abends gegeben, um überschießende Reaktionen der Stimulanzien zu behandeln oder wenn Stimulanzien Schlaflosigkeit verursachen. Die Kombination aus Clonidin und einem Stimulans ist assoziiert worden mit diversen Berichten über plötzliche Todesfälle, die zurückgeführt werden auf Herzrhythmusstörungen (Arhythmie). Insofern werden Elektrokardiogramme vor und während der Einnahme dieser Kombination empfohlen. Clonidin ist weniger sedierend und wahrscheinlich weniger wirksam bei der Behandlung des Tourette-Syndroms als Haldol.

Tenex (Guanfacin; dt. Estulic-Wander)
Darreichungsform: 1, 2 mg Tabletten.
Bemerkungen: Ein länger wirkendes Medikament mit ähnlicher Wirkung wie Clonidin. Einnahme 1 × täglich.

Atypische Antidepressiva
Diese Kategorie ist eine lockere Gruppierung diverser Medikamente, die ursprünglich auf den Markt kamen zur Behandlung von Depressionen bei Erwachsenen, ist aber seitdem – wie so viele andere Psychopharmaka – für eine Vielzahl von Problemen sowohl bei Erwachsenen als bei Kindern angewendet worden.

Präparate
Wellbutrin (Bupropion; dt. Zyban, Bupropion)
Anwendungsgebiete: Zweite Wahl bei Unaufmerksamkeit und Impulsivität; könnte als erste Wahl verschrieben werden für Teenager oder Erwachsene, wenn potentieller Missbrauch von Stimulanzien ein Problem ist; ebenfalls bei depressiven Verstimmungen und/oder möglicherweise bei Erregungszuständen.
Darreichungsform: 75, 100 mg Tabletten; 100, 150 mg Retard-Tabletten (SR).

Nebenwirkungen: Im Allgemeinen gut verträglich, etwas Reizbarkeit bei hoher Dosierung, Risiko von Krämpfen bei sehr hoher Dosierung.
Dosierungshinweise: Die meisten Ärzte wählen die SR-Lösung zur 2 × täglichen Dosierung, am Anfang die niedrigste Dosis 1 oder 2 × täglich; die typische tägliche Dosierung bei Erwachsenen liegt bei 300 mg.
Bemerkungen: Wellbutrin ist weder so wirksam wie die Stimulanzien bei ADHS-Symptomen noch so wirksam wie die SSRIs bei verbesserter Belastbarkeit oder Stimmung. Könnte die zweite Wahl sein bei beiden Symptomen-Sätzen oder erste Wahl bei kombinierten Symptomen.

Effexor (Venlafaxin; dt. Trevilor)
Anwendungsgebiete: In erster Linie Stimmungsaufheller; möglicherweise auch bei Erregungszuständen.
Darreichungsform: 25, 37.5, 50, 75 mg Tabletten mit Bruchkerbe; 37.5, 75, 150 mg Depot-Kapseln (XR).
Nebenwirkungen: Ähnlich wie bei den trizyklischen Antidepressiva: mäßige Sedierung, Mundtrockenheit, etc; theoretisches Risiko von Herzrhythmusstörungen bei Kindern.
Dosierungshinweise: Bei Tabletten wird im Allgemeinen die niedrigste Dosierung 2 oder 3 × täglich gegeben und diese alle zwei bis drei Wochen erhöht; Depot-Kapseln werden 1 × täglich verabreicht, entweder morgens oder abends; die typische Gesamtdosis für Erwachsene liegt bei 150 mg täglich.
Bemerkungen: In der Werbung heißt es über Effexor, dass es breitere Wirkungen habe als die SSRIs oder Neurotransmitter. Die Wirkungen sind jedoch denen der älteren trizyklischen Mittel sehr ähnlich, die einst abgelehnt wurden, da sie mehr Nebenwirkungen verursachten als die SSRIs. Effexor könnte eine Berechtigung haben als zweite oder dritte Wahl der Medikation.

Trazadon (Desyrel; dt. Thombran)
Anwendungsgebiete: Ursprünglich als Stimmungsaufheller propagiert, wurde aber als zu sedierend empfunden; heute in geringer Dosierung zur Schlafförderung gegeben, häufig wenn ein anderes Psychopharmakon, z. B. ein Stimulans oder SSRI, Schlaflosigkeit verursacht.
Darreichungsform: 50, 100, 150, 300 mg Tabletten.
Nebenwirkungen: Kann Priapismus, eine sehr schmerzvolle, anhaltende Dauererektion des Penis, verursachen.

Serzone (Nefazodon; dt. Nefadar)
Darreichungsform: 50, 100, 150, 200, 250 mg Tabletten.
Nebenwirkungen: Zu neu, um die Behauptungen des Herstellers, das Mittel habe weniger Nebenwirkungen als ältere trizyklische Antidepressiva, beurteilen zu können.
Bemerkungen: Neueres Antidepressivum; könnte als zweite oder dritte Wahl der Medikation gegeben werden.

Remeron (Mirtazapin; dt. Remergil)
Darreichungsform: 15 mg Tabletten.

Nebenwirkungen: Sehr neues Antidepressivum; könnte als dritte oder vierte Wahl der Medikation verschrieben werden.

Angstlösende Medikamente
Anwendungsgebiete: Erleichterung bei Sorgen, Ängsten und zur Ein- und Durchschlafförderung.
Nebenwirkungen: Sedierung (kann erwünscht sein); mögliche schwere Atemdepression oder Tod in Verbindung mit Alkohol; außer bei Buspar Entwicklung von Arzneimittelgewöhnung (das Bedürfnis nach mehr und höherer Dosierung) und Abhängigkeit (Verlangen und Entzug) möglich.
Dosierungshinweise: Im Allgemeinen wird zunächst die geringste Dosis probiert und dann erhöht, bis Sedierung eintritt; die einzigen größeren Unterschiede zwischen diesen Medikamenten sind Wirkungsbeginn und Wirkungsdauer (nachfolgend Beschreibung der einzelnen Präparate); Medikationen mit schnellem Wirkungsbeginn sind üblicherweise erwünscht als schlaffördernde Mittel. Mittel mit längerer Wirkungsdauer werden bei der Behandlung von Ängsten am Tage eingesetzt.
Bemerkungen: Diese Medikamente sind tendenziell bei Kindern weniger wirksam als bei Erwachsenen, da Tagessedierung bei Dosierungen auftritt, die gegen Ängste oder Sorgen verordnet werden. Von fortgesetzter Anwendung bei Ängsten oder Schlaflosigkeit wird wegen des Gewöhnungs- und Suchtrisikos abgeraten. Gelegentlich werden Kinder erregt anstatt sediert bei geringer und mittlerer Dosierung.

Präparate
Xanax (Alprazolam; dt. Xanax, Esparon)
Darreichungsform: 0.25, 0.5, 1, 2 mg Tabletten mit Bruchkerbe.
Dosierungshinweise: Relativ schneller Wirkungsbeginn (30 Minuten); mäßige Wirkungsdauer (4-6 Stunden).
Bemerkungen: Häufig verschrieben bei Tagesbehandlung von Ängsten.

Ativan (Lorazepam; dt. Tavor, Tolid)
Darreichungsform: 0.5, 1, 2 mg Tabletten.
Dosierungshinweise: Siehe Xanax.
Bemerkungen: Häufig verschrieben als angstlösendes Mittel mit mittlerer Wirkung.

Halcion (Triazolam; dt. Halcion)
Darreichungsform: 0.125 0.25 mg Tabletten mit Bruchkerbe.
Dosierungshinweise: Siehe Xanax.
Bemerkungen: Aufgrund von Besorgnis wegen geistiger Verwirrung bei älteren Menschen Verbrauch etwas zurückgegangen.

Valium (Diazepam; dt. Valium)
Darreichungsform: 2,5, 10 mg Tabletten mit Bruchkerbe.
Dosierungshinweise: Geringfügig langsameres Einsetzen der Wirkung als Xanax, ansonsten aber sehr ähnlich.

Bemerkungen: Ehrwürdige, bekannteste »Puppe« der 1950er Jahre, negative Werbung wegen Gewöhnung und Abhängigkeit; diese Risiken bestehen jedoch bei allen Medikamenten dieser Klasse mit Ausnahme von Buspar.

Klonopin (Clonazepam; dt. Antelepsin, Rivotril)
Darreichungsform: 0.5 mg Tablette mit Bruchkerbe; 1, 2 mg Tabletten.
Dosierungshinweise: Langsameres Einsetzen der Wirkung (60 Minuten) bei längerer Wirkungsdauer (6-8 Stunden).
Bemerkungen: Gegenwärtige Wahl bei Ganztagsbehandlung von Ängsten.

Ambien (Zolpidem; dt. Bikalm, Stilnox)
Darreichungsform: 5, 10 mg Tabletten.
Dosierungshinweise: Schneller Wirkungsbeginn (20 Minuten), kurze Wirkungsdauer, propagiert als ideale Einschlafhilfe ohne »Kater« am nächsten Morgen.
Bemerkungen: Etwas andere chemische Struktur als andere schlaffördernde Mittel, aber kein besonderer Unterschied zu Xanax, und sehr viel teurer.

Sonata (Zaleplon; dt. Sonata)
Darreichungsform: 5, 10 mg Kapseln.
Dosierungshinweise: Siehe Ambien.
Bemerkungen: Siehe Ambien.

Buspar (Buspiron; dt. Bespar, Busp)
Darreichungsform: 5, 10, 15 mg Tabletten.
Dosierungshinweise: Allmählicher Wirkungsbeginn, Wirkungsdauer 6 bis 8 Stunden; kann 2 bis 3 × täglich genommen werden.
Bemerkungen: Andere Struktur und Wirkung als andere angstlösende Mittel; scheint weniger Sedierung zu verursachen, keine Gewöhnung oder Abhängigkeit; scheint insgesamt weniger wirksam zu sein als andere angstlösende Mittel dieser Gruppe, könnte aber ziemlich sicher bei leichten Angsterkrankungen eingesetzt werden.

Register

Abenteuerprogramm 137
Abhängigkeit/Sucht 175 f., 222
Adderall 134, 146, 149, 209
ADHS s. Aufmerksamkeitsdefizit-/Hyperaktivitätssyndrom
Adrenalin 33
Advil 169
Aggressivität 67, 76, 97, 120, 138, 163, 197, 204, 235 f., 260 f.
Alkohol 175
Alternative Medizin 190 ff.
Amantadin 164
Ambien 176, 267
American Academy of Pediatrics 36
American Psychiatric Association 36, 145
Amphetamin 149, 209
Anafranil 22, 170 f., 263
Angst 34, 37, 66 f., 119, 151, 157 f., 162, 170, 209, 235, 258
angstlösende Mittel 175 ff., 222 f., 266
Angstthermometer 105 ff., 218
Antibiotika 19
Antidepressiva 18 f., 31, 157, 160
Antihistamine 159 f., 189
Antihypertensiva 172 f., 263 f.
Antikonvulsiva 18, 22, 153, 165-168, 210, 223, 235, 260 f.
Antisoziale Persönlichkeitsstörung 198
Appetit 150, 163, 172, 178, 201
Asperger-Syndrom 228, 235
Aspirin 190
Ativan 175 f., 266
Auditive Verarbeitungs- und Wahrnehmungsstörungen 65 f.
Aufmerksamkeitsdefizit-/Hyperaktivitätssyndrom (ADS/ADHS) 15, 28 ff., 35 f., 45, 52, 61, 66, 74, 78, 111, 118, 126, 128, 133, 146 f., 149, 171, 174, 188, 190 f., 196 f., 200, 209 f.
– Erwachsene mit der Diagnose 82
– erweiterte Kriterien für 145 f.
– Multimodal Treatment (MTA) for ADHD (Studie) 157
– Spezialkliniken für ADHS 73
– und bipolare Störung 153, 198
– und vergnügliche Tätigkeiten 51
Auszeiten 24, 28, 76, 78, 84, 86, 97, 112, 203, 219, 239
Autismus 162, 228 f., 231-236
Automatismus 230 f.
Autoritätspersonen 60, 65, 77, 197

Baldrian 192
Bauchschmerzen 150 f., 170
Beißen 76, 138, 235
Benadryl 159, 164, 258
Benzodiazepin 175 f., 187
Beruhigungsmittel 19
Bettnässen 31
Biederman, Joseph 198, 248
Biofeedback 191 f., 237
Bipolare Störung 52, 119, 139, 153, 163, 166, 196, 198 f., 205, 210, 260 f.
Birch, Herbert 39
Blutdruck 172 f., 264
Brazelton, T. Berry 213
Bulimie 158
Buspar (Buspiron) 176, 222

Catapres 172, 263
Celexa 161, 257
Chess, Stella 39
Chlordiazepoxid 175
Clozapin 223, 259
Clozaril 223, 259
Cogentin 164, 258
Coles, Robert 246
Concerta 146, 149 f.
Cylert 256

Delinquenz 197, 204
Depakote 167, 199, 210, 260
Dexedrin 21, 149, 212
Dextrostat 149

Epilepsie 166, 174

Familienregeln 53
Familientherapie 100, 156, 245
Fancher, Robert 19
Fernsehen 51
Fluoxetin 157, 259
Food and Drug Administration (FDA) 141 ff., 158, 167, 186, 190, 192
Freudianische Theorie 30 ff., 34, 40 f., 55, 73, 199, 203

Gehirn 20, 29, 37, 143 f., 161, 217, 220, 246 f., 250
Computertomographien des Schädels 38
– Frontal-/Parietallappen der Großhirnrinde 33, 38
geistige Behinderung 163
Geodon 259
Geschlecht 200 f., 213
Gesprächstherapie 31 f., 129
Gewalt 197
Gewichtszunahme/-verlust 152, 163, 167, 188, 201, 210, 258 f.
Goleman, Daniel 232
Grandin, Temple 232 f.
Greenspan, Stanley 234
Guanfacin 172, 264

Halcion 266
Haldol 138, 164, 172, 223, 237, 259
Halluzinationen 163, 223, 258
Händewaschen 99 f., 110, 112, 116
Hausaufgaben 95 f., 126, 144 f., 178 f.
Herzprobleme 171 ff., 189
Horgan, John 33
Hyperaktivität s. Aufmerksamkeitsdefizit-/Hyperaktivitätssyndrom

Imipramin 143, 170, 212, 222, 263
Impulsivität 33, 42, 44, 67 f., 71, 86, 116, 124, 132 ff., 147 f., 210, 251, 263 f.
Individualized Education plan (IEP) 113 ff.

Jugendliche 95 f., 121, 125 f., 136, 155-163, 169, 172, 179 f., 187 f., 197, 199, 237

Kagan, Jerome 213
Kausalität 34
Kava Kava 192
Kindergarten 63
Kindesvernachlässigung 244
Kleinkinder 206 f., 243
Klerman, Gerald L. 248
Klonopin 176, 212, 222, 267
Kopfschmerzen 150 f., 170, 173
Körpergröße 152
Kräuter/Zusätze 191 ff.

Lamictal 261
Lebensmittelzusätze 191 f.
Lehrer 14 f., 25, 48, 54, 60, 70, 77 f., 80, 93, 106, 115, 117, 122, 124, 127 f., 132, 204
– allgemeine Schulen vs. Sonderschullehrer 35 f.
– Medikamententagebücher für 182-185
– und Ärzte 59, 153
Lernschwächen 24, 48, 50, 61 f., 65, 68 f., 113 ff., 124 ff., 132 ff., 147, 157, 166, 203, 235
vs. Lernstörungen 66 f.
Levine, Melvin 66
Librium 175
Lithium 31, 165, 168 f., 179, 210, 223, 236, 262
Logik 96, 216 f.
Lovass, Ivar 233
Luvox 158 f., 161

Mahlzeiten 92, 99 f., 108, 110, 127, 150, 211

manisch-depressive Störung 168, 198 f.
- s. auch bipolare Störung
MAO-Hemmer 189
March, John 105
Masturbation 161
Medikation 14, 17, 25 f., 37 f., 46, 54, 62, 70 ff., 106, 118, 128, 131-139, 249
- randomisierte Doppelblindstudie 142
- Dosierungen 153 f., 159 f., 170 f., 173 ff., 182, 186 ff., 243, 251
- Fünf-Jahres-Regel 144, 165, 176
- gegen Ausagieren 208 ff.
- gegen Rückzug 221 ff.
- Gewöhnung 175 f., 187, 222
- Handelspräparate vs. Generika 186 ff., 258
- Medikamententagebücher 182 ff.
- Nebenwirkungen 17, 19 f., 100 f., 125 f., 135, 143 f., 166-178, 188, 190, 199 f., 223, 235 f., 251
- Risiken 20 f., 26, 100 f., 140, 153, 160 f., 173, 188, 190 f., 222 f.
- Schlucken, von Tabletten 161 f., 178, 180 f.
Meditation 237
Melatonin 192
Melleril 160, 165, 223, 259 f.
Metadate 149 f.
Methyllin 149
Methylphenidat 148
Morgenroutine 87, 91 f., 138, 187, 239
Mütter 31, 34, 48-53, 58, 64, 76 f., 106, 109, 126, 134 f., 233, 238
- depressive 35

Neuroleptika 18, 21, 153, 163-166, 236 f., 258 ff. Nebenwirkungen 139, 163 f., 210, 223, 258 f.
neuroleptisches malignes Syndrom 164

Neurontin 22, 167 f., 199, 261
Neurotransmitter 33, 157
Neurowissenschaft 39
Nichtmedikamentöse Maßnahmen 21, 23, 38, 100 ff., 132, 136 f., 151, 157
Norepinephrin 33, 174
Nortriptylin 143, 170, 222, 263

oppositionelle Verhaltensstörungen (ODD) 52, 66, 78, 111, 196 ff., 251

Pamelor 222, 263
Panik 158, 215, 266
Paxil 157-161
Phelan, Tom 91
Placebos 142 f., 151, 159, 163
Platzangst 158
Prozac 21, 37 f., 101, 112, 122, 143, 157 f., 174, 257
psychische Krankheit 22, 199
biologisches Modell 22, 24
psychologische Abhängigkeit 154
Psychosen 163, 223

Rechnen/Mathematik 127 f., 232
Reizbarkeit 174, 191, 199, 235, 260 f.
Rückzug 212 f., 215 f.

Schilddrüsenhormontabletten 223
Schlaflosigkeit 150, 222, 264
Schlaganfall 173, 190
Schlagen 51, 76, 87, 197, 200, 236
Selbstmord 112, 136, 158, 162, 170 ff., 221 ff.
Sonata 267
Sorgen (der Kinder) 33 f., 99 f., 102-107, 136 f., 214, 258 »Sorgezeit« 109 ff.
Spätdyskinesie 160, 164 f.
Spiele 97
Spielzeug 14, 56, 58, 64 f., 74, 86, 100, 108, 133 f.
Spock, Benjamin 202
Sport 64, 66 f.
Sprache 228, 232, 241

Stehlen 197
Stigma 124, 149
Stimmung/Laune 20, 158, 162, 198, 260, 264
Stimulanzien 133 f., 140, 145-157, 172 ff., 178, 188, 201 f., 205, 223, 235, 243, 251 ff.
– Dosierung 152 f., 186, 208 f., 251
– Erhöhter Verbrauch von 243, 248 f.
– Nebenwirkungen 148-153, 244, 251, s. auch Medikation, Nebenwirkungen
– s. auch Ritalin
– Studien über 148, 151 f., 155 ff.
– und Wochenenden/Ferien 153 f.
– Wirkungsdauer 149 f., 159 f., 181, 251
Stress/Belastung 112, 125, 135 f., 158, 191, 213, 228 f., 231, 237
Student study team (SST) assessment 114
Szasz, Thomas 245 f.

Tegretol 261
Tenex 172, 209, 235, 264
Thomas, Alexander 39
Thorazin 31, 160, 223, 260
Tics 150 ff., 163 ff., 236 f.
Tofranil 222, 263
Topomax 261 f.
Tourette-Syndrom 137 f., 172, 231, 237, 258, 264
Trauma 127, 204, 218
Trazadon 174 f., 265
trizyklische Antidepressiva 31, 143, 170 f., 209, 222, 262 f.

Unterbrechen 60, 64, 74 f.

Valium 175, 188, 266
Veranlagungs- und Übereinstimmungstheorie 39-46, 81 f., 249 f.
Verhalten 33 f., 46, 58, 97, 112, 149, 153, 170 ff., 242-250
– Ausagieren 196-210, 213, 215, 251

– Ausnahmesituationen im Problemverhalten 103 f.
– Bereich normalen 72
– geschlechtsspezifisches 200, 213
– oppositionelles s. oppositionelle Verhaltensstörungen
– Rückzug 211-224
– selbststimulierendes 227 f.
– störendes im Klassenzimmer 113-123
– Testverhalten 79, 83, 97 f., 197, 226 f., 229
– und Neuroleptika s. Neuroleptika
– und verschiedene Umgebungen 60, 64, 132
verhaltenstherapeutische Maßnahmen s. nicht-medikamentöse Maßnahmen
Verhaltensvertrag 118
Verstärkungen für s. Bestrafung; Belohnung
Videospiele 51, 64

Wachstumsverzögerung 150
Wellbutrin 143 f., 173 f., 205, 210, 222, 264 f.
Werbung 145 f.
Werte 125, 249 f.
White, Michael 101
Wut 28, 52 f., 85 f., 90, 104, 112, 118, 136, 196, 204 f., 209, 260 f.
Wut und Depression 201 f.
Wutanfälle 14 f., 40, 87, 138, 162, 206, 211, 215, 219, 224, 235, 238

Xanax 175 f., 188, 222, 266

Zoloft 121 f., 136, 157, 161, 212, 235, 238, 257
Zucker 14, 191
zwanghafte Störungen (OCD) 22, 38, 100, 108 f., 158
Zwangsvorstellungen 25, 33, 82, 112, 116, 221, 224, 258
Zyban 173
Zyprexa 165, 223, 258